Martha Schad

Stephanie von Hohenloh

Martha Schad

Stephanie von Hohenlohe

Hitlers jüdische Spionin

Mit 15 Abbildungen

Herbig

Bildnachweis:

Privatbesitz Prinz Franz von Hohenlohe: 1, 2, 3, 4, 5, 6, 8, 9, 14
Ullstein bild: 7, 15
Privatbesitz Boris Celovsky: 10, 11, 12, 13

MIX
Papier aus verantwortungsvollen Quellen
FSC® C014496
FSC www.fsc.org

Besuchen Sie uns im Internet unter
www.herbig-verlag.de

Neuauflage des 2002 im Heyne Verlag erschienenen Titels
»Hitlers Spionin. Das Leben der Stephanie von Hohenlohe«

Umschlaggestaltung: Wolfgang Heinzel
Umschlagbild: ullstein bild
Herstellung und Satz: VerlagsService Dr. Helmut Neuberger
& Karl Schaumann GmbH, Heimstetten
Gesetzt aus der 11,25/14,1 Punkt Minion
Drucken und Binden: GGP Media GmbH, Pößneck
Printed in Germany
ISBN 978-3-7766-2682-7

Inhalt

Die junge Wienerin 7

In diplomatischer Mission
für Lord Rothermere 25

Hitlers »liebe Prinzessin« 35

Prinzessin Stephanies Widersacher
Joachim von Ribbentrop 61

Der prodeutsche »Cliveden-Kreis«
der Lady Astor 67

Die Windsors, Stephanie und
Wiedemann 72

Die Amerikareisen mit politischem
Hintergrund 78

Zwei Rivalinnen um Hitlers Gunst:
Prinzessin Stephanie und Unity Mitford 89

Fritz Wiedemann in politischer Mission
bei Hermann Göring und Lord Halifax 95

Herrin auf Schloss Leopoldskron 106

Wiedemanns Entlassung und
Stephanies Flucht aus Deutschland 121

Der Prozess gegen Lord Rothermere 130

Hitlers Spionin als
»Friedensstifterin« in Amerika 138

Stephanies Kampf gegen
Ausweisung und Internierung 158

Als internationale Journalistin
im Dienste von Henri Nannen und
Axel Springer 191

Anhang

Briefe und Dokumente 214
Anmerkungen 241
Literatur 255
Personenregister 263

Die junge Wienerin

»Der Wille einer Frau ist Gottes Wille – diesen Ausspruch hörte ich oft als kleines Mädchen in Wien.« Mit diesem Satz beginnt Stephanie Richter, spätere Prinzessin von Hohenlohe-Waldenburg-Schillingsfürst, ihre unvollendet gebliebene Autobiografie. Und unter diesem Motto sah sie ihr außergewöhnliches Leben, das den Zeitraum der Jahre 1891 bis 1972 umspannte, und somit die zu Ende gehende Doppelmonarchie Österreich-Ungarn, den Ersten und den Zweiten Weltkrieg und die Nachkriegszeit in den Vereinigten Staaten von Amerika und in Deutschland.[1]

Stephanie Maria Veronika Juliana Richter kam am 16. September 1891 in Wien zur Welt, im Haus Am Kärtnerring 1, unmittelbar gegenüber dem damaligen Hotel *Bristol*. Ihren ersten Vornamen erhielt sie zu Ehren von Kronprinzessin Stephanie, der Gemahlin des Kronprinzen Rudolf von Österreich, der 1889 Selbstmord begangen hatte.

Ihren Vater, Dr. Johann Sebastian Richter, beschrieb Stephanie als einen sehr erfolgreichen Rechtsanwalt. Er wollte eigentlich Priester werden, verliebte sich dann aber in Ludmilla Kuranda und heiratete sie. Ihre Eltern, beide Arier – wie Stephanie betonte –, sah sie als sehr widersprüchliche Persönlichkeiten, mit denen sie und ihre fünf Jahre ältere Schwester Milla (eigentlich Ludmilla) jedoch eine glückliche Kindheit verlebten. In einem »Monolog am Morgen«, einer Art Zwiegespräch mit ihrer Zofe Anna, schreibt Stephanie von Hohenlohe später: »Ich wuchs auf in Wien, ich liebte Wien, ich war ein Wiener Mädel. Und wie alle anderen sang auch ich: ›Wien, Wien, nur du allein‹.«[2]

Der Vater war, wie sie sich erinnert, unglaublich gütig und voll zärtlicher Zuneigung zu ihr, die Mutter übertrieben ängstlich und ständig herumnörgelnd. So wurde aus ihr teils ein verwöhntes, teils ein eingeschüchtertes Kind.
Wenn die Kinderschwester mit der kleinen Steffi im Kinderwagen durch den Stadtpark fuhr, wurde das kleine Mädchen mit den großen strahlend blauen Augen stets bewundert. Als sie zu laufen anfing, sah man ihre »Wadeln, die unter den kinderlieben Wienern berühmt wurden«.
Die Mutter Ludmilla kam aus der alten jüdischen Prager Familie Kuranda. Der Vater, Johannes (Hans) Richter, war Katholik, Ludmilla trat erst wenige Tage vor der Hochzeit zum katholischen Glauben über. Dank seiner Anwaltspraxis konnte Hans Richter die Familie gut ernähren. Doch war er oft sehr großzügig und übernahm auch Rechtsfälle ohne Bezahlung, was seiner Frau wenig gefiel, die gerne viel Geld ausgab. Wegen einer Veruntreuung von Mündelgeldern musste der Rechtsanwalt einmal eine Haftstrafe verbüßen. Gegen Ende seines Lebens wurde er zunehmend fromm. Und als sich sein Gesundheitszustand immer mehr verschlechterte, zog er sich geistig und schließlich auch physisch von allen weltlichen Dingen zurück und trat dem Orden der »Barmherzigen Brüder« bei. Er wurde als Laienbruder aufgenommen, sodass seine Familie ihn jederzeit besuchen durfte.
Von Stephanies Halbschwester, der Schriftstellerin Gina Kaus[3], erfahren wir Näheres über die Eltern: Nicht der arische Wiener Rechtsanwalt Dr. Johann Richter, der aus einem Bauernhof in Nordmähren stammte, sondern ein jüdischer Geldvermittler war Steffi Richters leiblicher Vater. Während der Anwalt wegen der erwähnten Veruntreuung eine siebenmonatige Gefängnisstrafe absaß, hatte seine Frau eine mehr als bloß geschäftliche Verbindung mit einem noch ledigen Geldvermittler – dem späteren Vater von Gina Kaus. Am 16. September 1891 wurde dem Ehepaar Richter die Tochter Stephanie geboren. Als sehr alte Dame

wurde Gina Kaus nochmals nach ihrer Halbschwester gefragt. »Die Prinzessin Hohenlohe – sie war, vielleicht ohne es zu wissen, meine Halbschwester. Mein Vater – ein sehr einfacher Mann – hat gelegentlich erzählt, dass er vor seiner Heirat mit meiner Mutter ein Verhältnis mit einer Frau Richter hatte, während ihr Mann [Herr Richter] im Gefängnis war. Aber er hat das Kind [die Steffi], vielleicht gegen etwas Geld, anerkannt (...).«[4]
Gina Kaus verfolgte die aberwitzigen Touren ihrer um zwei Jahre älteren Halbschwester mit gemischten Gefühlen. Sie sollte sowohl im Deutschen Reich wie auch viele Jahre später in den Vereinigten Staaten immer wieder für Schlagzeilen sorgen.
Stephanie wuchs behütet auf. Sie ging höchst ungern in die Volksschule und war damit auch keine gute Schülerin. Am Ende der Schulzeit wurde sie für vier Monate in ein College nach Eastbourne in England geschickt. Dann hatte sie Klavierunterricht am Wiener Konservatorium. Sie erinnerte sich leidvoll daran, dass ihr Klavierlehrer sie mit einem kleinen Stöckchen auf die Knöchel schlug, wenn sie falsch spielte. Ihre Mutter wollte, dass sie eine Pianistin werden sollte. Doch ihre Hände waren so klein und schmal, dass sie die Oktave nicht richtig greifen konnte; somit kam dieser Beruf für sie nicht infrage.
Stephanie las keine Bücher, interessierte sich nicht für die sogenannten weiblichen Fertigkeiten wie Nähen, Sticken und Häkeln. So konnte sie auch nicht kochen, ja noch nicht einmal Wasser zum Sieden bringen, wenn sich nicht jemand fand, der das Feuer anzündete. Tiere liebte sie abgöttisch. Jede Art von Sport interessierte sie: Sie spielte Tennis, schwamm, segelte, jagte, radelte und ruderte. Sie konnte besonders gut Schlittschuh laufen, tanzte Walzer auf dem Eis und traf alle ihre Freunde im Wiener Eislaufverein. Besondere Freundinnen hatte sie nie. Mit 14 Jahren drehte sie sich ihre eigenen Zigaretten in der Schultoilette. Ihre Intelligenz ermöglichte es ihr, ohne große Anstrengung Fremdsprachen zu erlernen.

Bei einem Sommeraufenthalt im herrlichen Gmund am Traunsee stellte sich die 14-jährige Steffi der alljährlichen Wahl zur Schönheitskönigin, obwohl sie, wie sie selbst schreibt, doch noch eher ein pummeliger Backfisch war. Sie wurde als Schönste erkoren! Nun schauten die Leute nach ihr; andere Mädchen fingen an sie zu kopieren, die gleichen Kleider oder die Frisur zu tragen wie die »Steffi aus Wien«.
Eine vornehme Klientin ihres Vaters war die kinderlose Prinzessin Franziska (Fanny) von Metternich, geborene Gräfin Mittrowsky von Mittrowitz (1837–1918), Witwe von Lothar Stephan August Prinz von Metternich-Winneburg und Beilstein. Der »Grande Dame«, wie sie Stephanie später nannte, gefiel die 14-jährige Tochter von Dr. Richter, und sie bat darum, diese hin und wieder zu sich nehmen zu dürfen, was ihr auch gestattet wurde. Dadurch kam das junge Mädchen in Kontakt mit der exklusiven und adeligen Wiener Gesellschaft. Stephanie lernte schnell, sich in diesen Kreisen zu bewegen. Sie nahm wissbegierig alles in sich auf, was zu einer feineren Lebensart gehörte. Ihr Charme und ihr Lachen wirkten bezaubernd, und ihre Reitkünste brachten ihr bald einen aristokratischen polnischen Verehrer ein, den Grafen Gisycki. Dieser besaß in der Nähe von Wien ein Schloss, wohin sie ihn begleitete. Seinen Heiratsantrag lehnte sie jedoch ab, da der gut aussehende Lebemann so alt war, dass er ihr Vater, ja sogar ihr Großvater hätte sein können.
Graf Joseph Gisycki war von der amerikanischen Erbin Eleanor Medill Patterson geschieden, die mit der Tochter in die Vereinigten Staaten zurückgegangen war. Zum damaligen Zeitpunkt hätte niemand ahnen können, dass es der Ehemann der Patterson-Tochter Felicia sein würde, der für die journalistische Tätigkeit von Stephanie von Hohenlohe im Nachkriegsamerika eine nicht unerhebliche Rolle spielen sollte: der einflussreiche, sehr geschätzte amerikanische Kolumnist Drew Pearson.
Damals hatte sich Steffi für ein ehrgeiziges Lebensziel entschieden: Sie wollte einen Prinzen heiraten. Zu jener Zeit war sie

gerade 15 Jahre alt, und es sollte bis zu ihrem 23. Lebensjahr dauern, bis der Prinz sich fand. In ihren Aufzeichnungen steht allerdings, dass sie mit 17 Jahren bereits verheiratet gewesen sei. Den nächsten Heiratsantrag erhielt die gerade mal 15-jährige Steffi von Graf Rudolf Colloredo-Mannsfeld; doch diesen Adligen lehnte sie wegen seines Geizes ab.

Mit dem Tod von Stephanies Vater 1909 geriet die Familie in große finanzielle Not. Wer sollte der Witwe und ihren beiden Töchtern jetzt noch Geld leihen? Die Lösung aller Probleme kam durch den Bruder der Mutter. Dieser war als junger Hitzkopf von zu Hause weggelaufen und hatte nie wieder etwas von sich hören lassen. Und nun stand er vor der Tür, zurückgekehrt als reicher Mann aus Südafrika.

Robert Kuranda schüttete das Geld reichlich über seine Schwester Ludmilla und über seine Nichten aus. Während die Mutter angeblich überhaupt nicht mit Geld umgehen konnte, gelang es Stephanie, ihren Anteil gut und ertragreich anzulegen. Die Mutter hatte damals wieder ein »loses Verhältnis« mit einem Kaufmann. Das Geld reichte nun sogar für die Sommerreisen, die sehr häufig unternommen wurden.

Auf diesen Reisen begleiteten die Mutter, Stephanie und ihre Schwester ihre Tante Clothilde, die für kurze Zeit mit Herbert Arthur White verheiratet war, dem damaligen Wiener Korrespondenten der *Times*, der führenden Londoner Zeitung. Diese besaß ein schönes Stadthaus in Kensington und eine wunderbare Villa am Wannsee in Berlin. Tante Clothildes Feste waren berühmt. Sie hatte Stil und konnte es sich leisten, die damals berühmteste Tänzerin, Anna Pawlowa, einzuladen. Man reiste nach Marienbad, Karlsbad, Venedig, Berlin, Paris, Biarritz, nach Kiel zu den Regatten, an die dalmatinische Küste, nach Korsika und nach Prag.

Stephanie berichtet, dass sie bei einem von der Prinzessin Metternich veranstalteten Jagdessen gebeten wurde, etwas auf dem Klavier vorzuspielen. Ein junger Mann gesellte sich dazu, und

sie begegnete ihrem zukünftigen Mann – Prinz Friedrich Franz von Hohenlohe-Waldenburg-Schillingsfürst (15. Februar 1879 – 24. Mai 1958). Am nächsten Tag trafen die beiden sich wieder, und er bot ihr an, sie nach Hause zu bringen. Dabei bemerkte er dann, dass Stephanie eine Gouvernante hatte. Doch auch dieses »Hindernis« ließ sich überwinden, und es gelang Stephanie, drei geheime Rendezvous mit dem Prinzen zu vereinbaren. »Und innerhalb von zwei Wochen machte er mir einen Heiratsantrag.«
Als ihre Mutter von den heimlichen Spaziergängen im Park erfuhr, war sie wütend. Für Prinz Franz war es nicht leicht, mit einer solchen zukünftigen Schwiegermutter zurechtzukommen. Stephanie war bei der ernsten Unterredung zwischen den beiden nicht zugegen, aber schließlich hatte der Prinz die Mutter völlig für sich eingenommen. »Mein zukünftiger Ehemann war Militärattaché in St. Petersburg und hatte ein hohes Ansehen. Und so war ich mit 17 verheiratet. Die Hälfte der europäischen Königshäuser nannte mich nun ›Cousine‹.« So beschrieb Stephanie in ihren autobiografischen Skizzen ihren Weg von der lustigen Wienerin zur Prinzessin von Hohenlohe.[5] Sie idealisierte diesen Abschnitt ihres Lebens erheblich und schwindelte bei ihren eigenen Lebensdaten.
Die Aufzeichnungen ihres Sohnes weichen von der Darstellung der Mutter ab. Seine Mutter habe durch den abgewiesenen Verehrer Rudi Colloredo-Mannsfeld ein Mitglied des Hauses Hohenlohe kennengelernt, Prinz Nikolaus von Hohenlohe-Waldenburg-Schillingsfürst (1877–1948). Ihn empfand Stephanie als äußerst arrogant und wies ihn zugunsten seines jüngeren Bruders Prinz Friedrich Franz von Hohenlohe zurück, den sie bei einer Parforcejagd kennengelernt habe. Dieser suchte verzweifelt seinen Kneifer, der ihm bei einem Sprung über ein Hindernis verloren gegangen war. Steffi half ihm bei der Suche, und er verliebte sich in sie. Eigentlich wollte sie auch seinen Heiratsantrag zurückweisen, doch ihre Mutter schaltete

sich energisch ein und drohte ihr, sie in ein Kloster zu stecken, wenn sie Franz abweisen würde. Sie nahm den Antrag an.
Friedrich Franz Augustin Maria stammte aus der Ehe von Prinz Chlodwig Karl Joseph von Hohenlohe-Waldenburg-Schillingsfürst (1848–1929) mit Franziska Gräfin Esterházy von Galántha (1856–1884). Zur Zeit der geplanten Eheschließung war er Militärattaché an der österreichisch-ungarischen Botschaft in St. Petersburg. Nun musste der Botschafter in St. Petersburg über das Eheversprechen informiert werden, ebenso das Amt für Auswärtige Angelegenheiten in Wien. Sowohl die Zustimmung des Kaisers als auch das Einverständnis vom Chef des Hauses Hohenlohe, Fürst August Karl Christian Kraft von Hohenlohe (1848–1926), mussten vorhanden sein.
Zur Bestellung des Aufgebots waren viele Formalitäten notwendig, sodass der Prinz schließlich vorschlug, nicht in Wien, sondern in London zu heiraten. Es ist davon auszugehen, dass eine Eheschließung für Ausländer in London nicht weniger Formalitäten erforderte. Eile schien jedoch geboten zu sein. Die Wienerin Steffi erwartete ein Kind – doch nicht von ihrem Bräutigam! Die Bereitschaft von Prinz Franz, Steffi zu heiraten, lässt sich wohl dadurch erklären, dass die Braut wohlhabend genug war, seine nicht unerheblichen Spielschulden – seine »Ehrenschulden« – zu begleichen.
Der eigentliche Kindsvater war ein anderer: Unter den schon genannten Bewunderern der bürgerlichen Steffi Richter befand sich auch ein Hochrangiger, Franz Salvator Erzherzog von Österreich-Toskana (1866–1939), Sohn des Erzherzogs Karl Salvator von Österreich-Toskana und der Maria Immaculata aus dem Hause Bourbon-Sizilien. Franz Salvator war seit 1890 verheiratet mit Erzherzogin Marie Valerie, der jüngsten Tochter von Kaiser Franz Joseph I. und Kaiserin Elisabeth von Österreich.
Die Liaison des Erzherzogs mit Stephanie Richter bestand seit 1911. Und sie blieb – wie schon erwähnt – nicht ohne Folgen.

Als Stephanie ein Kind erwartete, arrangierte der »gute Kaiser Franz Joseph« die Vermählung mit dem 36-jährigen Friedrich Franz Prinz von Hohenlohe-Waldenburg-Schillingsfürst. Doch so wie die Hochzeit ablief, lässt sie nicht gerade auf eine Liebesheirat schließen. Sie fand am 12. Mai 1914 in aller Stille in der Westminster Cathedral in London statt. Nur Stephanies Mutter war anwesend. Die Trauzeugen waren angeheuert. Die Brautleute wohnten noch nicht einmal im selben Hotel. Ihren Mann beschrieb Stephanie folgendermaßen: »Nicht groß – und ich liebe große Männer –, dafür war er aber ausgezeichnet proportioniert.«

Aus London kehrte Stephanie Richter also als Prinzessin von Hohenlohe-Waldenburg-Schillingsfürst nach Wien zurück und besaß nun die österreich-ungarische Staatsbürgerschaft. Nach dem Zusammenbruch der Doppelmonarchie entschied sich ihr Mann aufgrund seiner Abstammung von dem ungarischen Haus Esterházy für die ungarische Staatsbürgerschaft. Diese behielt Prinzessin Stephanie zeitlebens bei.

Da die Hochzeit in keiner Wiener Zeitung veröffentlicht wurde, auch keine Hochzeitskarten verschickt worden waren, hatte die junge Frau gesellschaftlich in Österreich einen schweren Stand.

Sieben Monate nach der Hochzeit, am 5. Dezember 1914, brachte Stephanie ihren Sohn Prinz Franz Josef Rudolf Hans Weriand Max Stefan Anton von Hohenlohe-Waldenburg-Schillingsfürst in der Wiener Privatklinik Dr. Loew zur Welt. Die Patenschaft bei der feierlichen Taufe im Stephansdom zu Wien übernahm Graf Rudolf Colloredo-Mannsfeld.

Der Prinz spricht von einer glücklichen Kindheit. In der elegant eingerichteten Wohnung seiner Mutter und Großmutter gegenüber der Oper, Kärntner Ring 2, verbrachte Franz den größten Teil seiner ersten Lebensjahre. Sooft die politische Lage besonders angespannt schien, wurde Franz mit seinem Kindermädchen aus der Stadtmitte fortgeschickt. Er kam dann

gewöhnlich in ein Haus in der Nähe der Donau, das Josef Graf Gisycki gehörte. Dort gefiel es dem kleinen Jungen besonders gut, denn er durfte mit den Hunden im Garten herumtollen.
Seine Schulzeit begann in Wien, dann folgten Jahre in Paris. Mit zehn Jahren kam »Franzi« in die Schweizer Privatschule »Le Rosey« bei Lausanne, wohin gut gestellte Eltern ihre hoffnungsvollen Sprösslinge zur Erziehung schickten.
Der junge Prinz Franz wechselte dann an das »College de Normandie« bei Rouen, schließlich zum »Magdalen College« in Oxford.
Als der Erste Weltkrieg ausbrach, musste Stephanies Mann zu seinem Regiment einrücken. Um sie und ihr Kind kümmerte sich rührend der Kindsvater, Erzherzog Franz Salvator. Dieser nahm Stephanie auch mit in das Jagdrevier des Kaisers in der Nähe von Ischl, wo sie ihren ersten Hirsch schoss. Von der Herrlichkeit der Gebirgslandschaft war sie hingerissen. Sie wusste zu berichten, dass dort der alte Kaiser die schönsten Stunden seines Lebens verbrachte, nur umgeben von einigen Jägern. Auch von der Kaiservilla in Ischl, jenem kleinen entzückenden Städtchen im Salzkammergut, schwärmte Stephanie. In ihren Aufzeichnungen beschrieb sie ganz detailliert die sparsame Einrichtung der Räume des Kaisers. Der Betstuhl war ihr aufgefallen und der Schreibtisch mit der Fotografie seiner Gemahlin Elisabeth, davor ein paar getrocknete Blumen und ein gerahmtes kleines Gedicht, das die Kaiserin ihm am Tag ihrer Verlobung geschenkt hatte.
Stephanie muss öfter in Ischl gewesen sein. Doch es gelang ihr nie, beim Betreten der Kaiservilla ein bedrückendes Gefühl loszuwerden; ihr fielen immer wieder die vielen Schicksalsschläge im Hause Habsburg ein: die ermordete Kaiserin, das tragische Ende des Kronprinzen Rudolf – Mörder der jungen Baronin Vetsera; das Attentat in Sarajevo auf den Thronfolger Franz Ferdinand und dessen Gemahlin, Sophie Gräfin Chotek. Nach Ischl kam Stephanie immer nur zu Zeiten, in denen die kaiserliche Familie abwesend war.

Während des Ersten Weltkrieges diente Erzherzog Franz Salvator, General der Kavallerie, als Generalinspektor der freiwilligen Sanitätspflege, wobei er die Hilfsaktion für die Kriegsgefangenen in Russland leitete. 1916 erhielt er das Ehrendoktorat der Medizinischen Fakultät der Universität Innsbruck, wurde Protektor-Stellvertreter der Österreichischen Gesellschaft des Roten Kreuzes und des Vereins des Roten Kreuzes der Länder der heiligen ungarischen Krone. Da blieb es nicht aus, dass sich die Prinzessin ebenfalls für den Sanitätsdienst interessierte.
Nicht lange nach der Geburt ihres Sohnes meldete Stephanie sich als freiwillige Krankenpflegerin und erhielt eine Grundausbildung in Wien. Anschließend arbeitete sie als »Schwester Michaela« für drei Monate unter der Leitung der in Österreich sehr beliebten Erzherzogin Maria Therese.
Die Arbeit als Rotkreuzschwester in Wien wurde Stephanie zu langweilig. Erzherzog Franz Salvator setzte sich dafür ein, dass sie, wie von ihr gewünscht, an die Front geschickt wurde. Über ihre Erlebnisse gibt sie anschauliche Berichte. Sie kam zunächst an die russische Front, und zwar in das Feldlazarett von Lemberg. Ihre Schwester Ludmilla hatte sich ebenfalls entschlossen, dort als Rotkreuzschwester tätig zu werden. Stephanie reiste mit ihrem Diener und ihrer Kammerzofe Louise Mainz. Sorgte dies schon für Aufsehen, so fand man die mitgebrachte Gummibadewanne außerordentlich kurios. Allerdings war Hygiene für eine Krankenschwester natürlich besonders wichtig. Und um sich gegen den Gestank von Äther und verwesendem Fleisch zu schützen, rauchte Stephanie fast ununterbrochen Havanna-Zigarren, die sie vorsorglich in großen Mengen aus Wien mitgebracht hatte.
Allzu lange hielt sie es jedoch an der Front nicht aus. Auch der Chefarzt des Feldspitals, Prof. Dr. Zuckerkandl, zeigte keine große Begeisterung für die extravagante »Krankenschwester«. Stephanie nannte ihn einen sehr nervösen, reizbaren, doch brillanten Mediziner.

Mitten im Ersten Weltkrieg, am 21. November 1916, starb Kaiser Franz Joseph. Prinzessin Stephanie fuhr nach Wien und wollte sich unter die Trauergäste in der Wiener Hofburg mischen, was ihr aber nicht gestattet wurde. Es war ausgerechnet ein Hohenlohe, Prinz Konrad Maria Eusebius (1863–1918), Oberster Kämmerer des neuen Kaisers, der ihr den Zutritt verwehrte. So hatte sie sich mit der Rolle einer Zuschauerin außerhalb des Stephansdoms zu begnügen.
Sehr ergriffen war sie vom Anblick des jungen Kaisers Karl und der Kaiserin Zita, als diese zusammen mit dem Kronprinzen, dem kleinen Erzherzog Otto, unter Kanonenschüssen und Glockengeläute den Stephansdom verließen. Stephanie war überzeugt, dass jeder willens gewesen wäre, »sein Herz, sein Blut und alles, was er hatte, zu Füßen der drei jungen Menschen zu legen, um ihnen zu helfen, die schwere Bürde zu tragen und erfolgreich zu werden«.
Stephanie verbrachte in Wien gemeinsame Stunden mit dem Erzherzog Franz Salvator im Schönbrunner Tierpark. Da der Park damals noch nicht öffentlich zugänglich war, konnten die beiden völlig unbeobachtet dort spazieren gehen. Doch einmal passierte ein Unfall: Als Stephanie einen Bären füttern wollte und ihre Hand ins Gehege streckte, biss er sie in einen Finger. Sie hatte Angst, dass sie sich eine Blutvergiftung zuziehen würde, und brauchte dringend eine Tetanusspritze. Doch wer sollte sie zu einem Arzt fahren? Dem Erzherzog waren die Hände gebunden, da er die Prinzessin in einer Kutsche mit vergoldeten Rädern, die ausschließlich Mitgliedern der kaiserlichen Familie vorbehalten war, von ihrer Wohnung in der Hofgartenstraße abgeholt hatte. Es hätte einen Skandal gegeben, wenn man in der Öffentlichkeit erfahren hätte, dass der Erzherzog bei Hoftrauer mit seiner Geliebten im Tiergarten spazieren gegangen war. Er brachte die Verletzte daher zu einer nahen Trambahnhaltestelle, damit sie alleine von dort zu ihrem Arzt fuhr.
Die Freundschaft mit dem Erzherzog bedeutete Stephanie nach

wie vor sehr viel: es war eine »echte und herzliche, eine die nur durch den Tod enden kann«, resümierte Stephanie 1941, ein Jahr nach seinem Tod.[6]

Ihr nächster Einsatz als Rotkreuzschwester erfolgte mit dem österreichischen Heer auf dem Weg zur Schlacht am Isonzo im Oktober 1917. Da die österreichischen Truppen ungewöhnlich schnell vorankamen, ergab sich manche komische Situation. Die Straßengräben lagen voll von großen Stücken Käse, Weinfässern und anderen Dingen, die die Soldaten geplündert hatten, um sie nach Hause zu senden, und die sie nun weggeworfen hatten.

Stephanie wusste zu erzählen, dass Soldaten, als sie bei der Einnahme von Udine in Weinkellern Fässer angeschossen und sich betrunken hatten, dort fast ertrunken wären. Da sie meist auf leeren Magen unglaubliche Mengen Wein hinunterstürzten, fielen sie oft bewusstlos um und lagen dann in dem aus den angeschossenen Fässern fließenden Wein.

Stephanie empfand, dass viele Soldaten sich in den eroberten Gebieten unmenschlich benahmen. Raubzüge wurden aber nicht nur von einfachen Soldaten verübt, auch Offiziere bedienten sich ausreichend. Stephanie meinte, sie selbst hätte das Gleiche getan, wäre sie nicht zu schüchtern gewesen, keineswegs hoher Ideale wegen. »Alle unsere Offiziere nahmen, was sie wollten.« Graf Karl Wurmbrandt-Stupach, einer ihrer Freunde vom Roten Kreuz, habe ganze Waggonladungen feiner Glaswaren und Antiquitäten von Italien aus nach Wien gesandt. Sie selbst besaß das Bett, in dem Napoleon in Campo Formio geschlafen hatte, als er den Friedensvertrag unterzeichnete. Das Bett sei aber nicht geraubt, sondern einem hungernden Bauern abgekauft worden.

In der Nachbarschaft von Tolmezzo, wo Stephanie im Hospital arbeitete, hatte die Zivilbevölkerung großen Mangel an Lebensmitteln. Die Leute kamen oft ins Hospital und boten schönes handgewebtes Leinen an im Austausch gegen Zucker,

Salz und Brot. So kehrten die Schwestern und Ärzte später mit kostbaren Dingen nach Hause zurück.
Stephanie war in Görz, kurz nachdem es erobert worden war. Alle Häuser waren zerstört, der Wald um die Stadt völlig niedergebrannt. Die aus der Stadt Geflohenen wohnten im Gebirge in kleinen Hütten oder lagen in den ehemaligen Schützengräben.
Bei all ihren Einsätzen in den verschiedenen Lazaretten kam Stephanie am besten mit den Tirolern, Ungarn und Russen als Patienten zurecht. Sie konnten Schmerzen ertragen und waren sehr höflich. Am schlimmsten empfand sie die Tschechen und die Wiener, immer jammernd, sich dauernd beschwerend, nie zufrieden – so waren wenigstens ihre Erfahrungen.
Einige Zeit hielt sich Stephanie im Friaul auf. Sie erlebte Österreichs Niederlage an der Piave (Schlacht vom 15. bis 24. Juni 1918), wo die Italiener Rache für das Desaster von Caporetto nahmen. Die Prinzessin war schon längst davon überzeugt, dass dieser Krieg nicht zu gewinnen war. »Aber wenn sie ihren Freunden gegenüber von ihrer Ernüchterung sprechen wollte, bezichtigte man sie des Defätismus«,[7] schreibt ihr Sohn Franz.
Die Lage an der Front hatte sich stark verschlechtert. Es gab weder in den Hospitälern noch für die Truppen etwas zu essen. Die allgemeine Stimmung war gedrückt. Da erhielt Stephanie eines Tages die dringende Aufforderung, den Kriegsschauplatz zu verlassen. Reisefähige Verwundete wurden in ihre Heimatländer zurückgeschickt, und es gab weniger zu tun für die Pflegerinnen. Stephanie machte sich auf die Reise von Triest nach Wien. Es dauerte drei Tage und Nächte, bis sie dort ankam.
Im Hochsommer 1918 übersiedelte die Prinzessin mit ihrem Sohn für einige Zeit nach Grado, wo es in den letzten Kriegsmonaten angenehmer war als in Wien. Der Waffenstillstand vom November 1918 bedeutete auch das Zerbrechen der Habsburger Doppelmonarchie Österreich-Ungarn.

1920, zwei Jahre nach Kriegsende, nahm die nicht ebenbürtige Ehe zwischen Stephanie und Prinz Franz von Hohenlohe ihr Ende. Am 29. Juli erfolgte in Budapest die Scheidung. Es war eindeutig der Wunsch des Ehemannes, sich von seiner Frau zu trennen. Was Stephanie sehr ärgerte, war die Tatsache, dass er sich bereits ein halbes Jahr später wieder verheiratete, obwohl er ihr geschworen hatte, eine zweite Ehe käme für ihn nicht infrage. Seine zweite Gemahlin wurde bereits am 6. Dezember 1920 Emanuela (Ella) Gräfin Batthyány (1883–1964), die für ihn ihren Mann und ihre drei Kinder verlassen hatte.
Andererseits war Stephanie jetzt frei und konnte tun und lassen, was sie wollte. In einem Kapitel ihrer Memoiren »Europa zwischen den Kriegen« gab sie unumwunden zu, die Zwanzigerjahre sehr genossen zu haben. Wie sie schreibt, herrschte in der Zeit der Ersten Republik in Österreich, aber auch in der Weimarer Republik in Deutschland eine große Vergnügungssucht, besonders unter den Reichen. Und doch hatte Stephanie auch ein Ohr für die politischen Schwierigkeiten in Deutschland, die Reparationszahlungen nach dem verlorenen Krieg, bei denen – wie sie schrieb – Deutschland den »Peter ausraubte, um Paul zu bezahlen«. Sie beobachtete auch voll Sorge, wie vor allem die Balkanstaaten ins Chaos fielen.
In Wien spürte sie starke soziale Unruhen. Stephanie fragte sich: »Aber was konnten wir und speziell ich als eine Frau tun?« Ihre Antwort darauf: »Nichts, außer die müden Diplomaten und Minister, auf deren überlasteten Schultern die Verantwortung lag, aufzuheitern. Diese wünschten, sich nach getaner Arbeit mit einer Frau zu unterhalten und sich zu entspannen.«
In Wien zählte Stephanie in dieser Zeit zu den Lieblingen von Frau Sacher, der Besitzerin des berühmten, bis heute existierenden Hotels *Sacher.* Hier verbrachte sie viel Zeit, knüpfte neue Freundschaften und pflegte sie in den Chambres séparées. Doch auch auf den Golfplätzen oder als Gast bei Jagdgesellschaften lernte sie reiche, meist adelige Herren kennen.

Es war der Prinzessin damals gewiss nicht bewusst, dass die Verbindungen, die in jenen turbulenten, genusssüchtigen Zeiten geknüpft wurden, für sie eines Tages von unschätzbarem Wert sein würden. Rückblickend bestätigte sie: »Sie stellten mir einen ›Pass‹ aus, der mir jede Tür öffnen konnte und dies später auch tat.«

Stephanies geplante Erzählungen über die internationale Herrengesellschaft, in der sie verkehrte, wären – wie sie selbst schrieb – äußerst amüsant geworden, für einige Personen, die in der Öffentlichkeit standen, aber auch ziemlich entlarvend. Ihre Anekdoten hätten zu einem gewissen Grad widerspiegeln wollen, was Menschen in so hohen Positionen sagten und dachten.

In ihren Memoiren bringt Stephanie eine Liste von Personen, die in diesen »Friedenszeiten« und in späteren Jahren eine Rolle in ihrem Leben gespielt haben: der Herzog und die Herzogin von Windsor, Aga Khan, Lloyd George, Clemenceau, Papst Pius XI. und Pius XII., Arturo Toscanini, Lady Mendl (oder Mandl), Lady Cunard, Sir Thomas Beecham, König Gustav von Schweden, Manuel von Portugal, Sir Malcolm Sargent, Baron Rothschild, Leopold Stokowski, Prinzregent Admiral Horthy, Neville Chamberlain, Geoffrey Dawson, Wickham Steed, Fritz Kreisler, Peggy Hopkins, James Joyce, Lady Londonderry, der Maharadscha von Baroda, Lady Oxford, Sir Thomas Moore, Lord Brocket und Lord Carisbrooke.

Im Salon der Prinzessin in Wien verkehrten viele Freunde und Verehrer. Wie ihr Sohn immer wieder beteuert, bekam sie ständig Heiratsanträge, doch sie wollte ihr völlig ungebundenes Leben weiterführen. Einer ihrer vielen Verehrer war George de Woré, der griechische Konsul in Wien. Er stammte aus einer äußerst vermögenden Athener Familie und hieß eigentlich Anastasios Damianos Vorres. Er bot ihr das Leben, das ihr gefiel. Sie reisten gemeinsam jahrelang durch Europa, und Stephanie hatte dabei keinerlei Geldsorgen.

Dann folgte ein reicher Amerikaner, John Murton Gundy, und als Nächster der noch verheiratete Millionär Bernstiel, ihr »ergebener Sklave«, der sie reich beschenkte.
Doch Stephanie merkte immer mehr, dass durch den Krieg der Glanz Wiens erloschen war, dass das Ende der Monarchie so viele Änderungen gebracht hatte und dass sie jetzt im Grunde immer unter Beobachtung stand, wenn sie mit einem ihrer reichen, einflussreichen Galanen in dem von ihr so geschätzten Hotel *Sacher* erschien.
Auch war buchstäblich zu spüren, dass eine Inflation drohte. Klug wie sie war, entschloss sie sich 1922, Österreich zu verlassen. Es gelang ihr ziemlich rasch, einen Käufer für ihre Wohnung zu finden, die Einrichtung, das Porzellan, die Autos mit eingeschlossen. Ihr Sohn nannte den dafür erzielten Betrag »astronomisch«. Das Geld zahlte sie nicht etwa auf einer Bank ein, nein, sie stopfte ihre Reisetaschen voll damit und steuerte Paris an. Im letzten Augenblick entschied sie aber dann doch – wohl wegen der kalten Jahreszeit –, kurz vor Weihnachten nach Nizza zu fahren. Natürlich reiste sie nicht allein. Ihr Sohn Franzi mit Kindermädchen, ein Dienstmädchen, ein Diener, ihre Schwester Milla, ihre Freunde Ferdinand Wurmbrandt, Karl Habig und Graf und Gräfin Nyári waren bei ihr.
Als sie in Nizza ankam, quollen aus dem Schlafwagen dann gleich noch mehrere Hunde und jede Menge Koffer. Nachdem sie sich eine Villa an der Promenade des Anglais Nr. 123 gemietet hatte, erwarb sie einen Wagen, mit dem sie nur eines wollte, nämlich auffallen: einen gelben Tourenwagen Chenard & Walker mit silberglänzender Motorhaube und einer zweiten Windschutzscheibe für die Rücksitze.
Stephanie lebte ihr Leben in vollen Zügen. Häufiger Gast war sie in der Spielbank, einmal, wie ihr Sohn schreibt, »ohne einen Büstenhalter unter einem durchsichtigen Musselinkleid«.
Zu ihren Freunden zählten auch die damals zahlreich in Südfrankreich lebenden Russen, meistens Großfürsten. Einen

intensiven Flirt erlebte Stephanie mit dem Großfürsten Dimitri. Dieser und Stephanies langjähriger Freund Baron Hubert Pantz waren auch einige Zeit liiert mit Coco Chanel, der berühmten Modeschöpferin. Beide Damen waren darüber hinaus mit dem Herzog von Westminster befreundet. Dieser lud Stephanie zum Fischen nach Schottland ein. Dort wurde sie von einem schottischen Diener betreut und musste stundenlang die Angel auswerfen. Erst am Abend sah sie den Herzog, dessen Heiratsantrag sie nach einer Woche Aufenthalt in der schottischen Einsamkeit dankend ablehnte. Sie überließ ihn Coco Chanel, die ihn aber auch nicht heiratete.[8]

Eine sehr lange und »früchtetragende«, also lukrative Beziehung entwickelte sich mit dem Amerikaner John Warden aus Philadelphia. Er führte sie in das Finanzgeschehen an der Börse ein, an der er sehr erfolgreich war. Stephanie lernte schnell, und dieses Wissen konnte sie oft anwenden. Über zehn Jahre betete John Warden sie an; dann heiratete er eine junge Polin, die kurz darauf eine äußerst reiche Witwe wurde.

Im Herbst 1925 richtete sich die Prinzessin in einer der vornehmsten Gegenden von Paris, in der 45, Avenue Georges V eine Wohnung ein. In ihrem Haushalt beschäftigte sie zu jener Zeit neun Angestellte.

In diesem Haus wohnte damals auch Sir William Garthwaite, ein Versicherungstycoon. Sir William und die Wienerin kamen sich näher, und er half ihr immer wieder aus ihren Geldverlegenheiten. Auch eine jahrelange Auseinandersetzung mit ihrer Versicherung, die den Verlust durch einen angeblichen Raub am helllichten Tage nicht ersetzen wollte, ließ sich durch sein Eingreifen zu Stephanies Gunsten beenden.

Erwähnenswert ist auch folgende Episode: Stephanie liebte Hunde. Ihr Lieblingshund war ein Skyeterrier, dessen Stammvater Peter ein Geschenk ihres Verehrers Rudi Colloredo-Mannsfeld war. Als Stephanies Diener ihren Skyeterrier im Park spazieren führte, sprach ihn ein Herr an, der an einem solchen Hund interessiert war. Es war Michel Clemenceau, der für seinen Vater Georges Clemenceau (1841–1929), den zweimaligen Premierminister von Frankreich, ein solches Tier suchte. Michel Clemenceau sprach daraufhin bei der Prinzessin vor; er war von ihr hingerissen und wollte sie heiraten. Sie jedoch zog ein offenes Verhältnis vor, das immerhin einige Jahre dauerte. Hin und wieder lebte Stephanie von Hohenlohe in Monte Carlo, das ihr aber bald »so trostlos wie abgestandenes Wasser« vorkam. Sie favorisierte Cannes. Dort begegnete ihr der vom Gehilfen eines Leichenbestatters zu einem der größten Luxushotelbesitzer aufgestiegene François André. In der ihm gehörenden Spielbank in Cannes gewann und verspielte Stephanie hohe Summen.

Die Sommerzeit verbrachte Stephanie auch gerne im Badeort Deauville in der Normandie. Dort traf sie auf den Multimillionär Solly Joel, den Hauptaktionär der südafrikanischen Diamantengruben »De Beers Consolidated Mines«.

Der Sommer 1928 gehörte ganz einer Reise durch Europa in der angenehmen Gesellschaft von Kathleen Vanderbilt und deren Mann Harry Cushing senior, von Robert Strauss-Huppe, dem späteren US-Botschafter in Ceylon, Brüssel und Stockholm, sowie weiteren Personen.

Das Jahr 1932 brachte aus mehreren Gründen einen tiefen Einschnitt in Stephanies Leben. Zum einen hatte sie mit ihrem Chauffeur Mostny auf dem Weg nach Triest einen Autounfall. Der Wagen war schrottreif. Die Prinzessin schlug sich nach Triest durch und fuhr mit dem nächsten Expresszug zurück nach Paris. Auf dieser Bahnfahrt lernte sie den gut aussehenden amerikanischen Bankier Captain Donald Malcolm kennen. Die beiden wurden für einige Zeit unzertrennlich. Die größte Veränderung war aber, dass die Prinzessin eine hoch bezahlte, politisch tätige Dame im Dienste des Londoner Zeitungsverlegers Lord Rothermere wurde, den sie bereits seit 1925 kannte.

In diplomatischer Mission für Lord Rothermere

Einige Leute schreiben über mich, daß ich von Anfang an entschlossen gewesen sei, eine einflußreiche Rolle in der internationalen Politik einzunehmen. Nichts ist weiter von der Wahrheit entfernt als dieser Satz.« Mit dieser Klarstellung fing Stephanie von Hohenlohe ihre stichpunktartigen Aufzeichnungen für ihren Ghostwriter Rudolf Kommer an.[9] Ihre politischen Aktionen begannen mit der Zusammenarbeit mit dem englischen Zeitungsverleger Harold Sidney Harmsworth (1868–1940), seit 1913 erster Lord Rothermere. Sie hatte ihn im Sommer 1925 in Monte Carlo kennengelernt. Er war eine sehr bekannte Persönlichkeit an der Côte d'Azur; man sprach von seiner Macht, seinem Reichtum und seinem Einfluss. Im *Sport Club* von Monte Carlo begegnete sie dem leidenschaftlichen Spieler, der ständig von »Speichelleckern« umgeben war. Er lud sie zu einem Drink ein, und es wurde daraus eine 13 Jahre dauernde Verbindung.

Es gibt aber auch eine andere Version: die Bekanntschaft mit Rothermere sei durch James Kruze, einem Angestellten seiner Firma, und dessen Frau Annabelle, einer ehemaligen Geliebten Rothermeres, zustande gekommen. Es könnte aber auch so gewesen sein, dass der knapp 60-jährige Engländer und die 34 Jahre alte Wienerin sich im Spielcasino in Monte Carlo miteinander bekannt gemacht hätten. Lord Rothermere habe eine Pechsträhne am Spieltisch gehabt, und die neben ihm spielende Stephanie half ihm mit 40 000 Francs aus. Angeblich habe sie dafür Anteile an seinem Zeitungsimperium erhalten.

Jedenfalls lud Lord Rothermere nach den ersten gemeinsamen Drinks Prinzessin Stephanie in seine Villa La Dragonière nach

Cap Martin ein. Hatte die Prinzessin auf eine neue Eroberung gehofft, so wollte Rothermere vorerst jedoch nur über seine Geschäfte reden.

Lord Rothermere war mit Mary Lilian verheiratet, die ihn aber kurz nach Ende des Ersten Weltkrieges verlassen hatte und ein freies Leben in Frankreich in der Gesellschaft von Literaten wie André Gide und anderen vorzog.

Lord Rothermere, der selbst recht bescheiden lebte, hatte jedoch eine Schwäche: schöne junge Frauen. Da er mit dem großen russischen Tänzer Sergej Diaghilew bis zu dessen Tod im August 1929 befreundet war, tummelten sich oft Balletteusen um ihn, oder er gab große Abendveranstaltungen mit den renommiertesten Tänzerinnen in einem seiner prächtigen Wohnsitze.

Lord Harold Rothermere war der Bruder des aus dem Ersten Weltkrieg bekannten Zeitungsmannes Lord Northcliffe, ursprünglich Alfred Harmsworth. In den Jahren der Weimarer Republik galt Alfred als einer der schärfsten Feinde Deutschlands und als Verfechter des französischen Standpunkts. Nach dessen Tod im Jahr 1922 übernahm Lord Rothermere die volle Verantwortung für die Zeitungen *Daily Mail*, *Daily Mirror*, *Evening News*, *Sunday Pictorial* und *Sunday Dispatch*.

Im Sommer 1927 hielt sich Stephanie zusammen mit Lord Rothermere in Monte Carlo auf. Sie begegneten einem Journalisten, der dringend eine Story für seine Zeitung suchte. Stephanie erwähnte ganz nebenbei, dass sie es gut fände, wenn er einmal über die Lage in Ungarn schriebe. Rothermere, der zuhörte, war sogleich begeistert von der Idee und ließ sich von Stephanie über Ungarn »aufklären«. Zunächst wurde eine Landkarte von Mitteleuropa gekauft, und Stephanie zeigte ihm das Land Ungarn in seinen damaligen Grenzen. In ihren Aufzeichnungen stellte die Prinzessin sich selbst die Frage, ob ihr Herz auch für Ungarn geschlagen hätte, wenn sie nicht mit einem Mitglied des ungarischen Zweigs der mediatisierten

Linie einer deutschen Adelsfamilie verheiratet gewesen wäre. »Würde ich mich so für die Tschechoslowakei engagieren, wenn ich mit einem Prinzen Lobkowitz verheiratet gewesen wäre?« Letztlich erklärte sie ihr Interesse für Ungarn mit ihrer Liebe zu diesem Volk und betonte, dass damals keinerlei politische Interessen dahintergestanden hätten.

Stephanie schlug vor, den ungarischen Gesandten in London, Baron Rubido-Zichy, nach Paris einzuladen, um mit ihm Gespräche über eine Wiedererrichtung der Monarchie in Ungarn zu führen. Doch dieser lehnte ab. In seinen Blättern eröffnete Lord Rothermere nun einen Feldzug für die Revision des den Ungarn diktierten Friedensvertrags von Trianon.[10] Er lancierte in seiner Zeitung *Daily Mail* am 21. Juni 1927 einen ausführlichen Artikel mit dem Titel »Ungarns Platz an der Sonne«. Nicht nur der Titel, sondern der ganze Artikel stammte von der Prinzessin und war unglaublich erfolgreich; die Redaktion erhielt 2000 Leserbriefe an einem Tag.

Prominente Ungarn nahmen mit Rothermere Kontakt auf. Es begann ein aufwendiges Programm zur Wiedererrichtung der Monarchie in Ungarn.[11] Eine Gruppe monarchistischer Aktivisten bot Lord Rothermere sogar die ungarische Königskrone an, ein Gedanke, den er für einen Augenblick ernst nahm. Der Lord konnte sich aber auch seinen Sohn Esmond auf dem vakanten Königsthron vorstellen. Darüber war allerdings die Prinzessin sehr verärgert, denn sie dachte selbst darüber nach, ob nicht ihr adeliger Sohn König von Ungarn werden könnte.

Im Jahr 1928 fasste das ungarische Parlament den Beschluss, dem englischen Lord offiziell den Dank des ungarischen Volkes auszusprechen. Die Universität von Szeged erbot sich, ihm »für seine selbstlosen Bemühungen um das ungarische Anliegen« den Ehrendoktorhut zu verleihen. Prinzessin Stephanie riet ihm jedoch, lieber seinen Sohn Esmond nach Ungarn zu schicken, damit man diesen dort kennenlernen könne. Er wurde mit unglaublicher Begeisterung empfangen und sogar vom ungarischen Primas, Kardinal Serédi, feierlich gesegnet. Für seinen Vater nahm er ein handgefertigtes Automobil, dessen gesamtes Chassis aus verstärktem Silber bestand und dessen Kühlerhaube mit gehämmertem puren Gold überzogen war, entgegen.

Doch es darf nicht übersehen werden, dass weder der damalige Ministerpräsident, Graf Bethlen – nach wie vor ein Verfechter der habsburgischen Thronfolge –, noch der Reichsverweser Admiral Horthy, der sich mit geheimen Plänen für seine eigene Dynastie trug, von dem Geschehen um den Engländer Kenntnis nahm. Selbst die britische Regierung warnte die Ungarn vor Lord Rothermere.

Stephanies Situation in Frankreich wurde im Jahr 1932 zunehmend unangenehmer. Die französische Regierung wollte nicht, dass mit der »Kleinen Entente herumgepfuscht« werde. Man munkelte, die Prinzessin sei die treibende Kraft hinter der Ungarnkampagne, von der die Zeitungen voll waren. *The Review of Reviews* wies genau nach, dass sie die ganze Ungarnaktion in Gang gebracht habe. Sie wurde förmlich unter Druck gesetzt, ihre Aktivitäten für Rothermere aufzugeben. Der Lord selbst schwieg dazu. Außerdem bezichtigte man sie der Spionage. Die Prinzessin verließ tatsächlich Paris und übersiedelte mit ihrer Mutter und ihren Hunden nach London.

Wenn man in den nicht veröffentlichten Aufzeichnungen der einstigen Berliner Journalistin Bella Fromm liest, fällt auf die Pariser Zeit im Leben der Prinzessin Stephanie ein neues Licht.[12] Fromm weiß zu berichten, dass Prinzessin Stephanie 1932 wegen ihrer Spionagetätigkeit aus Paris ausgewiesen worden sei. Sie stand dort schon längere Zeit in Verbindung mit Otto Abetz, der in Frankreich für eine französisch-deutsche Verständigung arbeitete. Damals war er noch nicht der NSDAP beigetreten und hatte keine Vorstellung davon, dass er eines Tages Hitlers Botschafter in Frankreich sein werde.[13]

Auch in dem am 28. Oktober 1941 in den Vereinigten Staaten erstellten »Memorandum« Prinzessin Stephanie betreffend wird auf eine Ausweisung aus Frankreich wegen Spionagetätigkeit der Prinzessin hingewiesen.[14]
Schon vor ihrem Weggang aus Paris 1932 war Stephanie in große Geldnot gekommen, denn von Rothermeres gelegentlichen Geld- oder Schmuckgeschenken konnte sie ihren teuren Haushalt nicht bestreiten. So musste sie den Lord zum Jahresanfang 1932 um ein Darlehen von 1000 Pfund bitten, das dieser ihr aber nicht gab.
Captain Donald Malcolm, der durch den Börsenkrach von 1929 an der Wallstreet einen Teil seines Vermögens verloren hatte, war nach London in die Nähe der Prinzessin übergesiedelt und versuchte sich als ihr Finanzberater. Er riet der Prinzessin, mit Rothermere einen Arbeitsvertrag als Gesellschaftsjournalistin auszuhandeln. Er konzipierte selbst den Vertrag, den Rothermere am 27. Juli 1932 für die Dauer von drei Jahren unterschrieb und dann nochmals für drei Jahre verlängerte. Ihr jährliches Einkommen erreichte die beträchtliche Summe von 5000 Pfund, für jeden einzelnen Auftrag weitere 2000 Pfund. Der Vertrag bestand bis Anfang 1938. Somit hatte die Prinzessin in den fünfeinhalb Jahren eine Viertelmillion Dollar zur Verfügung.
Nachdem Stephanie von Hohenlohe nun im Dienst des einflussreichen Zeitungsverlegers stand, begann für sie ein völlig neues Leben. Ihr erster Auftrag führte sie im August 1932 nach Steenokerzeel in Belgien, wo die verwitwete Kaiserin Zita mit ihren Kindern lebte. Für die bevorstehenden Reisen erbat sie von Rothermere eine Sonderanfertigung eines Rolls-Royce in den Farben Schwarz und Gelb, den Wappenfarben des Hauses Habsburg. Die Prinzessin sollte der ehemaligen Kaiserin Zita die Pläne Lord Rothermeres in Sachen Ungarn näherbringen und ihr gleichzeitig eine jährliche Apanage anbieten.

Laut den 1976 veröffentlichten Memoiren ihres Sohnes Franz wurde die Prinzessin in Steenokerzeel von Prinz Sixtus, einem der Brüder Kaiserin Zitas, empfangen. Sie informierte diesen über das große Interesse von Rothermere an Ungarn und das Angebot, der nun schon 14 Jahre im Exil lebenden Kaiserin eine jährliche Apanage zu gewähren. Der Prinz begegnete dieser ganzen Angelegenheit mit sichtlichem Misstrauen und verlangte ein schriftliches »Angebot«.

Ganz anders beschreibt Brook-Shepherd das Geschehen in seiner 1991 erschienenen Biografie über Kaiserin Zita aufgrund der von ihm durchgeführten Forschungen im Habsburger-Archiv in Wien:[15] Die Prinzessin habe zunächst in Steenokerzeel angerufen und um ein Gespräch mit der Kaiserin gebeten. Doch die Kaiserin weilte in Frankreich, und Stephanie konnte sich lediglich mit der Hausdame, Gräfin Viktoria Mensdorff, an einem Nachmittag in einem Brüsseler Hotel treffen. Sie zeigte ihr persönliches Empfehlungsschreiben von Lord Rothermere vor sowie den an die Kaiserin gerichteten Brief in derselben Handschrift. Stephanie von Hohenlohe kannte die exorbitante Summe, die der Kaiserin angeboten wurde: 30 000 Pfund Sterling.[16]

Die Hausdame teilte der Überbringerin der Briefe nun die Telefonnummer und Adresse der Kaiserin in Vichy mit, wohin sie dann reiste. Unklar ist bis heute, ob die Summe von 30 000 Pfund Sterling angenommen wurde. Gräfin Mensdorff vermutete, dass sie möglicherweise dazu bestimmt war, europäische Zeitungen für die monarchistische Sache zu gewinnen. Über die Prinzessin schrieb sie: »Ich dachte, sie sei ein Flirt von L[ord].R[othermere]. und habe in einem guten Moment die Summe bei ihm gefordert, um helfen zu können, denn sie erwähnte, Lord Rothermere habe ein so großes Interesse an Seiner Majestät.«[17]

Viele Jahre später befragt, beurteilte »Seine Majestät« Otto von Habsburg diesen Fall konkreter: »Im Sommer 1932 ging die

Rothermere-Affäre momentan förmlich wie ein Soufflé auf. Wir kamen niemals ganz dahinter, aber wir hatten den Eindruck, daß in Wirklichkeit irgendein Zusammenhang mit Erzherzog Albrecht und seinen Ambitionen auf den ungarischen Thron bestand. Wenn dies, wie wir argwöhnten, ein Versuch war, Rothermere samt seinem großen Vermögen und seinem Einfluß für ihn zu gewinnen, dann fiel das Ganze schwer ins Gewicht, denn Albrecht war innerhalb der Familie immer der aktivste Herausforderer – natürlich mit Unterstützung durch seine Mutter, die meine Eltern immer haßte.«[18]

Auf Wunsch von Rothermere ging Prinzessin Stephanies nächste Reise nach Budapest zu dem mit ihr ebenfalls eng befreundeten Reichsverweser Admiral von Horthy. Der Auftrag lautete, die Haltung der dortigen führenden Regierungsmitglieder zur Frage einer Restauration der Habsburger zu erkunden.

Dabei war es doch ganz offensichtlich, dass – außer ein paar Hundert Royalisten – niemand einen Habsburger auf dem Thron sehen wollte. Doch Lord Rothermere war der Meinung, dass nur Otto von Habsburg als möglicher Thronfolger für Ungarn infrage käme.

Am 29. Oktober 1932 wurde die Prinzessin zum letzten Mal in dieser Mission von Rothermere nach Ungarn geschickt. Dieses Mal hatte sie General Gyula Gömbös (1886–1936), den ungarischen Ministerpräsidenten, aufzusuchen. Sie sollte Gömbös, einen Konservativen des rechten Lagers, vor der »roten Gefahr« warnen, die über Europa heraufziehe. Rothermere wollte Gömbös eindringlichst übermitteln lassen, dass das monarchistische Führungsprinzip das mächtigste Bollwerk gegen den Bolschewismus darstelle. Er befürwortete ein enges Zusammengehen mit dem Italien Mussolinis, doch es fehlte ihm eine klare politische Linie. Gömbös gab der Prinzessin einen Brief an Rothermere mit nach England und dankte ihm für alles, was er für Ungarn getan hatte.

Budapest 4. November 1932

Sehr verehrter Lord Rothermere!
Das, was Sie mir durch Prinzessin Hohenlohe mitteilen ließen, weiß ich sehr wohl zu schätzen. Nehmen Sie meinen verbindlichen Dank entgegen; alles, was ich sonst noch dazu zu sagen habe, wird Ihnen die Prinzessin wortgetreu ausrichten. Hiermit möchte ich Ihnen für alles danken, was Sie bis heute für unser Land getan haben, und meiner Hoffnung Ausdruck verleihen, daß Sie dies auch in Zukunft tun werden.

Ihr sehr ergebener Gömbös[19]

Während Lord Rothermere noch immer an einer Wiedererrichtung der Monarchie in Ungarn interessiert war, streckte er auch schon seine Fühler zum einstigen regierenden Haus Hohenzollern aus. Somit bestand die Aufgabe für die Prinzessin im Sommer 1932 in einer Reise nach Schloss Doorn in den Niederlanden zu Wilhelm II., dem abgedankten Kaiser von Deutschland. Es fiel ihr nicht schwer, dort vorgelassen zu werden, denn sie war bereits seit Langem mit dessen Sohn, Kronprinz Wilhelm, befreundet und hatte mit ihm schon ausgiebig geflirtet.
Sie selbst schrieb über diesen Besuch in Doorn: »Der Kaiser empfing mich. Er ist freundlich, aber nicht begeistert von dem Plan. Von Rothermeres Bruder, Alfred Northcliffe, stammte die Redewendung: ›Hängt den Kaiser!‹ Der Kaiser war natürlich argwöhnisch, sich mit einem Mitglied der Northcliffe-Familie einzulassen.«[20]
Im weiteren Gespräch erfuhr sie vom ehemaligen Monarchen: »Meine liebe Prinzessin, es ist sehr freundlich von Lord Rothermere, daß er sich damit an mich wendet. Aber wie auch immer heute meine Antwort lautet, ich brauche auf jeden Fall Waffen und Soldaten. Ist seine Lordschaft bereit, mich in diesem Ausmaß zu unterstützen?«[21]

Die Antwort, die sich der ehemalige Kaiser wünschte, konnte ihm Stephanie natürlich nicht geben. »Wieder eine höfliche Ablehnung«, nannte Stephanie diese Niederlage. Sie fuhr fort: »Ich bin überzeugt, daß meine Verbindung mit der ungarischen Kampagne die Sympathien des [ehemaligen deutschen] Kaisers und der Kaiserin [von Österreich] für mich hat erkalten lassen.«[22]

Es gab durchaus eine Zeit, in der Hitler selbst die Wiedererrichtung der Monarchie in Deutschland erstrebenswert fand. Bei einem Essen in den ersten Februartagen 1933 erklärte er Joachim von Ribbentrop gegenüber, dass er an den Sohn Kaiser Wilhelms, den Prinzen August Wilhelm, als deutschen Kaiser denke, und als Lord Rothermere ihm drei Jahre später in der Reichskanzlei sein Erstaunen darüber zum Ausdruck brachte, dass alle führenden Männer der gegenwärtigen Regierung Süddeutsche seien, entgegnete Hitler: »Die Hohenzollern waren auch Süddeutsche!«[23]

Ein Kaiserreich aber mit Hitler als Kanzler wies zu offensichtlich auf eine gefestigte Machtstellung Deutschlands in Europa und damit auf eine angebliche Bedrohung der britischen These der »balance of power« auf dem Kontinent hin, als dass diese Möglichkeit nicht von Anfang an bekämpft worden wäre.

Obwohl die Reaktion des ehemaligen Kaisers eindeutig war, wollte Lord Rothermere, dass die Prinzessin mit dessen ältestem Sohn in Berlin Kontakt aufnahm. »Kronprinz« Wilhelm stand dem Nationalsozialismus anfänglich positiv gegenüber, war jedoch nie wie sein jüngerer Bruder August Wilhelm, der als der »braune Auwi« bekannt wurde, ein begeisterter Anhänger Hitlers. Wilhelm war jedoch seit 1930 Mitglied der NSDAP und ab 1933 der SA.

Stephanie wurde im Kronprinzenpalais Unter den Linden in Berlin empfangen. Der Kronprinz zeigte sich sehr beeindruckt von Rothermeres Vorschlägen und der ihm angebotenen Hilfe. Da der Misserfolg ihrer vorangegangenen Missionen Stephanie

immer noch beschäftigte, bat sie den Kronprinzen damals, Rothermere sofort anzurufen.
Bei ihrem nächsten Besuch traf sie den Kronprinzen im Cecilienhof in Potsdam. Stephanie war begeistert vom Familienleben des Kronprinzen Wilhelm. Sie konnte es kaum glauben, dass er täglich zu seinem Büro nach Berlin fuhr, und zwar in einem Rennwagen über die Autobahn.
Es begann ein reger Briefaustausch zwischen Rothermere und dem Kronprinzen, der den Verleger und seine Emissärin mehrmals ins Palais nach Potsdam einlud. Der Kronprinz musste indes Lord Rothermere überzeugen, dass nicht *er* zum Retter Deutschlands auserkoren sei, sondern Adolf Hitler. Kronprinz Wilhelm war sich klar darüber, dass er es nie allein schaffen würde, aber durchaus mit einem Mann wie Hitler an seiner Seite.
Nach einem ihrer Besuche erhielt Stephanie einen ausführlichen Brief für den englischen Lord. Es verwundert schon, dass der Kronprinz seine Ansichten zur politischen Lage im Deutschen Reich in einer solchen Ausführlichkeit einem englischen Zeitungsverleger in die Hand gab. Dieser hätte Wilhelm durch eine etwaige Veröffentlichung bestimmter Passagen in große Schwierigkeiten bringen können. (Dieser Brief, ein zeitgeschichtliches Dokument von hohem Rang, ist im Anhang vollständig abgedruckt.)
Als der Kronprinz diesen Brief verfasste, hatte er sich bereits voll Ingrimm von Hitler abgewendet. Der »Führer« hatte nämlich sämtliche Feiern zum 75. Geburtstag seines Vaters am 27. Januar 1934 absagen lassen. Auch der ambitionierte Zeitungslord verlor schnell sein Interesse an dem »Unternehmen« Hohenzollern. Er beschloss, sich in ein neues Abenteuer zu stürzen und keine Monarchensprösslinge mehr zu unterstützen, sondern einen Mann aus dem deutschen Volke: Adolf Hitler.

Hitlers »liebe Prinzessin«

In ihren Aufzeichnungen zu den geplanten Memoiren beschäftigte sich Prinzession Stephanie sehr ausführlich mit dem deutsch-englischen Verhältnis in der Zeit zwischen den beiden Weltkriegen. So schreibt sie, dass viele einflussreiche Engländer wie etwa Lord Rothermere sehr freundliche Gefühle Deutschland gegenüber hegten. Sie waren der Überzeugung, dass der Versailler Vertrag für Deutschland von unverhältnismäßiger Härte war. Ihre Sympathien für Deutschland gingen sogar oft auf Kosten der Franzosen. Es schien der Prinzessin besonders erwähnenswert, dass Leute wie Lord Rothermere geradezu besessen waren von der Angst vor dem Kommunismus. In Deutschland sahen sie das wichtigste Bollwerk gegen den Bolschewismus und das mächtige Russland.
So verwundert es nicht, dass ab 1933 viele Engländer gewillt waren, dem »neuen Deutschland« eines Adolf Hitler all ihr Wohlwollen zuzuwenden. Stephanie erinnert daran, »daß es schon eine große Seltenheit ist, wenn ein Volk einem früheren Feind soviel guten Willen zeigt, wie dies in den 30er Jahren bei den Engländern der Fall war – noch dazu einem gefährlichen Diktator gegenüber«.[24]
Nach Adolf Hitlers Machtergreifung 1933 wollte Lord Rothermere diesen »neuen Mann«, der die Welt so sehr in Erstaunen setzte, persönlich kennenlernen. Die Begeisterung für den »Führer« griff weit über die Grenzen des Deutschen Reiches hinaus. »Alle Lager und Klassen wechselten zu Braun, selbst der ›Stahlhelm‹ ist zu den Nazis übergegangen«, klagte Bella Fromm, die Berliner Journalistin, die für die Ullstein-Blätter arbeitete.[25]

Und sie ärgerte sich heftig über Leute wie Lord Rothermere, der am 10. Juli 1933 in seiner Zeitung schrieb: »Alte Weiber beiderlei Geschlechts jammern über die sogenannten Greuel im jetzigen Deutschland. Sie haben es vor zehn Jahren im Falle Italiens genauso gemacht. Kleine Übergriffe einzelner Nationalsozialisten sind von keinerlei Bedeutung gegenüber den Segnungen, die das neue Regime Deutschland gebracht hat.«[26] Bella Fromm konnte dazu nur bemerken: »Wie schade, daß der edle Lord keine Gelegenheit gehabt hat, diese Segnungen in einem Konzentrationslager kennenzulernen!«[27]
Stephanie dagegen schrieb: »Rothermere war wild entschlossen, Hitlers wahre politische Absichten herauszufinden. Er wählte mich als ›Beraterin‹, und für einige Zeit zwischen den Jahren 1934 und 1938 war ich eine wichtige Zeugin des Weltgeschehens«, so ihre Selbsteinschätzung. »Eines Tages stand ich im Mittelpunkt des Geschehens.«
Lord Rothermere wusste genau, dass es auch für Hitler von Interesse sein könnte, mit ihm, dem größten Zeitungsverleger Englands, in Verbindung zu treten. In der *Daily Mail*, noch heute eine der meistgelesenen Zeitungen Großbritanniens, standen häufig Artikel, die die Leser von den Tugenden des nationalsozialistischen Deutschlands zu überzeugen versuchten. Für Rothermere waren Nazismus und Faschismus die Antwort auf alle politischen Fragen der Zeit, und er unterstützte Oswald Mosley, den Führer der britischen National Union of Fascists, die auf ihrem Höhepunkt allerdings nicht mehr als 30 000 Mitglieder hatte.
Rothermere beauftragte die Prinzessin, den persönlichen Kontakt zum deutschen Reichskanzler herzustellen. Wieder war es »Little Willie«, der Kronprinz, der durch einen Anruf in der Reichskanzlei für Stephanie einen Besuchstermin bekam.
Die Prinzessin war wie immer im Hotel *Adlon* abgestiegen, und dort fand sie eine Notiz vor, dass der Reichskanzler sie erwarte; in einer halben Stunde käme ein Wagen, um sie abzuholen. Das

war eigentlich überflüssig, die Reichskanzlei lag ganz in der Nähe des Hotels. Der genaue Tag des Geschehens ist nicht bekannt, es wird lediglich von Anfang Dezember 1933 berichtet.

Es ist schon eine äußerst ungewöhnliche Tatsache, dass der »Führer« ausgerechnet eine mit einer politischen Mission betraute *Frau* bei sich empfing. Hitler hatte sich mehrfach höchst abfällig über Frauen in der Politik geäußert und dabei wiederholt betont, viele geschichtliche Beispiele erbrächten den eindeutigen Beweis dafür, dass eine Frau, auch wenn sie noch so intelligent sei, in der Politik Dinge des Verstandes und des Gefühls nicht auseinanderhalten könne.[28] Zum gleichen Thema gibt es einen weiteren Ausspruch Hitlers: »Ein Frauenzimmer, das sich in politische Sachen einmischt, ist mir ein Greuel. Völlig unerträglich wird es, wenn es sich um militärische Dinge handelt! In keiner Ortsgruppe der Partei durfte eine Frau auch nur die kleinste Stelle haben. 1924 tauchten bei mir die politischen Weiber auf (...) sie wollten Reichstagsmitglieder werden. (...) Ich sagte ihnen, neunundneunzig Prozent aller Beratungsgegenstände sind Männerdinge, die Sie nicht beurteilen können!«[29]

Somit stellte Stephanie von Hohenlohe in ihrer politischen Mission im Auftrag des englischen Zeitungslords bei Hitler eine große Ausnahme dar. Sie war für ihn natürlich nur als Abgesandte des Mannes interessant, der als mächtiger Verleger für die Sache des Nationalsozialismus in England Bedeutung hatte.

Nun kam der große Auftritt der kleinen, zierlichen Prinzessin in der Reichskanzlei. Adolf Hitler begrüßte sie charmant mit Handkuss im Beisein von Staatssekretär Dr. Hans-Heinrich Lammers, seit 1933 Chef der Reichskanzlei. Er bat sie, Platz zu nehmen, und es wurde sofort Tee serviert. Die Prinzessin überreichte Hitler das Schreiben Lord Rothermeres, das er ungeöffnet an Lammers weitergab.

Stephanie von Hohenlohe war in einem äußerst eleganten Kostüm erschienen. Der »Führer« trug seinen hellbraunen Waffenrock, ein weißes Hemd, braune Krawatte, an der ein Hakenkreuz als Krawattennadel steckte, und schwarze Uniformhosen. Als sehr unpassend empfand Stephanie die schwarzen Socken und die schwarzen Glacélederhandschuhe.
Der »Führer« erschien ihr von absoluter Bedeutungslosigkeit, und er wirkte auf sie wie ein kleiner Angestellter, ein äußerst sauberer, einfacher und aufrichtiger Mann. Es gibt nur ganz wenige Aufzeichnungen von Frauen, die Hitler persönlich kennenlernten und die sein Aussehen und seine Wirkung auf sie beschrieben haben, so wie zum Beispiel die amerikanische Journalistin Dorothy Thompson nach ihrem Interview mit Hitler im Jahr 1931, das ihr allerdings die Ausweisung aus dem Deutschen Reich brachte. Dorothy Thompson und Stephanie von Hohenlohe sind sich damals in London und später dann wieder in den Vereinigten Staaten begegnet.[30] Besonders Frauen, die sich mit Hitlers Rassentheorie beschäftigt hatten, wunderten sich sehr, wie wenig Hitler seinen eigenen Idealen entsprach. Auch Stephanie hat ihre Beobachtung zu Hitlers Äußerem später niedergeschrieben:

> An seinem Aussehen überraschte mich am meisten seine Haarfarbe. Ich hatte mir sein Haar dunkel, sogar sehr dunkel vorgestellt. Was es jedoch nicht ist. Es ist hellbraun. Die oft karikierte Strähne, die ihm bei jeder Bewegung ins Gesicht fällt, ist in Wirklichkeit viel weniger prononciert als auf den Fotos. Er kämmt sie etwas schräg in die Stirn. (…)
> Das Häßlichste an seiner Erscheinung sind seine Nase, sein Schnurrbart, sein Mund und seine Füße. Seine Nase ist unproportioniert. Nicht am Ansatz, sondern von Nasenloch zu Nasenloch. Der Teil zwischen den Nasenlöchern ist sehr häßlich geformt, so daß man dauernd hinschauen muß und sich fragt, was das ist. Der tatsächlich Chaplinähnliche Schnurrbart, der noch kleiner ist als der

> ohnehin kleine Mund und wesentlich kleiner als die Nasenbasis, macht das Ganze noch auffallender. (...)
> Wenn Hitler spricht, so sieht man seine Zähne kaum, aber wenn man sie sieht, so ist weder ihre Farbe noch ihre Form attraktiv, und seine Vorderzähne sind mit einem dünnen Goldrand eingefaßt. Der Mund ist klein, viel zu klein für einen Mann, und wenn er ihn öffnet, so wirkt er, besonders im Affekt, äußerst unappetitlich. Er verformt sich zu einem häßlichen kleinen Loch. (...)
> Seine Augen, die von einem angenehmen hellen Blau sind, könnte man schön nennen, wenn sie nicht etwas hervorquellend wären. Das, zusammen mit seiner feinen, fast durchsichtigen Haut und daß er immer sehr blaß ist oder auf seinen Wangen kleine rosa Flecke erscheinen, machte mir den Eindruck, daß er nicht sehr gesund ist. (...)
> Das Schönste an ihm sind seine Hände. Sie sind nicht nur schön geformt, sondern tatsächlich die Hände eines Künstlers. Auch jede Bewegung, die sie ausführen, ist die Bewegung von Künstlerhänden. Der Gegensatz zwischen diesen exquisiten Händen und den vulgären Füßen könnte nicht größer sein. Nur daß er mit seinem Daumennagel immer nervös die Haut des Zeigefingers kratzt, die dadurch ständig eine wunde Stelle hat.[31]

Was ihr als sehr unangenehm in Erinnerung blieb, war die Tatsache, dass Hitler 1933 ein Österreichisch »der niedrigsten Klasse« sprach: »Wie einer, der sich in einer Sprache auszudrücken versucht, die ihm nicht angeboren ist. Schrecklich steif und geschwollen.«[32]
Fast feierlich wurde Prinzessin Stephanie von Hitler wieder verabschiedet. Sie kehrte mit einem Brief Adolf Hitlers an Lord Rothermere nach London zurück. Dieser war derart entzückt, dass er seiner Emissärin einen Extrabonus von 2000 englischen Pfund zahlte. In seinen Zeitungen begann nun eine regelrechte Pro-Hitler-Kampagne.
Hitlers Brief an Lord Rothermere vom 7. Dezember 1933, im Anhang im vollen Wortlaut abgedruckt, ist eine Art politisches

Grundsatzprogramm mit besonderem Blick auf die deutsch-französischen Beziehungen. Der Brief beginnt:

> Sehr geehrter Lord Rothermere!
>
> Sie waren so freundlich, mir durch Prinzessin Hohenlohe eine Reihe von Vorschlägen zu übermitteln, für die ich Ihnen meinen aufrichtigen Dank ausdrücken will.
> Ferner möchte ich den Gefühlen von zahllosen Deutschen, die mich als ihren Sprecher betrachten, Ausdruck verleihen hinsichtlich der ebenso klugen wie zielführenden journalistischen Unterstützung jener Politik, von der wir alle hoffen, daß sie zur endgültigen Befreiung Europas führen wird. Prinzessin Hohenlohe gab mir die Übersetzung des großartigen Artikels, den eure Lordschaft verfaßt hat; ich nahm mir schon vor einiger Zeit die Freiheit, mich auf diesen Artikel zu berufen. Im Besonderen begrüße ich den im Artikel enthaltenen Hinweis auf die Nützlichkeit eines anglo-französischen Verteidigungsbündnisses. Ich bin davon überzeugt, daß eine anglo-französische Freundschaft für die Aufrechterhaltung eines wirklichen Friedens sehr nützlich sein kann. Deutschland selbst hat keinerlei aggressive Absichten gegen Frankreich; so sehr wir entschlossen sein mögen, uns gegen einen Angriff zu verteidigen, so wenig hegen wir auch nur die geringste Absicht, einen Krieg herauszufordern. Als alte Soldaten des Weltkriegs – ich selbst stand viereinhalb Jahre an der Front britischen und französischen Soldaten gegenüber – haben wir alle eine sehr persönliche Erfahrung mit dem Schrecken eines europäischen Krieges. Jede Gemeinsamkeit mit Feiglingen und Deserteuren zurückweisend, anerkennen wir offen die Pflicht gegenüber Gott und unserer eigenen Nation, eine Wiederholung eines solchen Unglücks mit allen zu Gebote stehenden Mitteln zu verhindern. Dies kann aber für Europa nur dann erreicht werden, wenn die Behandlung jenes kritischen Problems, dessen Existenz nicht geleugnet werden kann, aus dem Klima des Hasses, in welchem sich Sieger und Besiegte gegenüberstehen, auf eine Basis geführt wird, auf welcher

Nationen und Staaten gleichberechtigt miteinander verhandeln können.
Diese Gleichberechtigung Deutschlands bedeutet keine Gefahr für die Sicherheit Frankreichs. (…) Man darf nicht übersehen, daß ich die Freundschaft eines 66-Millionen-Volkes offeriere, das auch in anderer Hinsicht so manchen Wert aufweisen kann. Und so wenig Grund ich für einen Krieg im Westen sehe, so wenig Grund sehe ich für einen Krieg im Osten.
Das Bemühen, eine Verständigung zwischen Deutschland und Polen herbeizuführen, entspringt demselben Wunsch, Gewalt auszuschließen und uns sachlich und leidenschaftslos den gestellten Aufgaben zu nähern. (…)
Wenn ich Eurer Lordschaft diese Gedanken so freimütig dargelegt habe, so habe ich dies getan, um meiner Wertschätzung für die hohe journalistische Stellung, die Eure Lordschaft in der englischen Presse einnimmt, Ausdruck zu geben.
Ich danke Ihnen noch einmal für die Unterstützung, die Sie einer wahren europäischen Friedenspolitik zukommen lassen.

Ihr ergebener
Adolf Hitler[33]

Ende Dezember 1933 reiste die Prinzessin erneut nach Berlin, diesmal, um Hitler von ihrem Auftraggeber ein 2000 englische Pfund teures Geschenk zu überreichen. Es handelte sich um eine Porträtfotografie Rothermeres in einem schweren Goldrahmen aus dem Haus Cartier in Paris. Auf der Rückseite prangte die Seite der *Daily Mail,* auf der sein am 24. September 1930 erschienener Artikel über das »Neue Deutschland« abgedruckt war:

Kriegsgefahr im Reich. Rothermere warnt England, diese Tendenz nicht außer acht zu lassen.
In einer Depesche aus München hatte Lord Rothermere damals seiner Zeitung, der *Daily Mail*, mitgeteilt, daß der Stimmengewinn unter Hitlers junger Anhängerschaft das

> deutsche Volk derart in Aufruhr versetzt habe, daß die Nationalsozialisten aus Wahlen eindeutig als stärkste Partei hervorgingen, wenn am folgenden Sonntag gewählt würde.
> Es war seine Überzeugung, daß die Kräfte, die in Deutschland am Werk waren, innerhalb der nächsten Jahre erhebliche Veränderungen auf der europäischen Landkarte brächten, nachdem die 1919 in Paris versammelten Politiker selbstgefällig geglaubt hatten, sie hätten die Grenzen in Europa ein für allemal festgelegt. Rothermere forderte die englischen Staatsmänner nachhaltig auf, diesem Trend ihre ungeteilte Aufmerksamkeit zu widmen. Sie sollten sich ernstlich bemühen, die potentiellen Quellen einer Feuersbrunst zu prüfen, die unter der derzeitigen friedlichen Oberfläche in Europa glimmen, schrieb Lord Rothermere.
> Er warf die Frage auf, ob es ratsam sei, bezüglich der Schuldenrückzahlung auf den Buchstaben des Gesetzes zu beharren, und warnte davor, sich unter der jüngeren Generation in Deutschland Feinde zu machen. Denn das hieße, daß Europa früher oder später ein furchtbares Erwachen bevorstehe.[34]

Da weder das deutsche Staatsoberhaupt noch der Leiter der Staatskanzlei der englischen Sprache mächtig waren, musste die Prinzessin im Auftrag von Rothermere den Artikel Wort für Wort übersetzen. Hitler sollte von Rothermeres »hellseherischem Genie« beeindruckt werden. Es war für Stephanie höchst unbequem, tief im weichen Sessel versunken, mit dem schweren Rahmen auf dem Schoß die Übersetzung vorzunehmen. Zudem war ihr Rock über die Knie hinaufgerutscht, und dies schien Lammers zu schockieren. Doch Hitler gefiel der Zeitungsartikel: »Er blickte auf Dr. Lammers, als ob er sagen wollte: Sehen Sie, was für ein großer Mann ich tatsächlich bin. Sogar ein Lord hat schon so früh mein Genie erkannt. Aber der Staatssekretär reagierte überhaupt nicht. Es saß steif wie ein Stock da. Sein Fischauge starrte ausdruckslos durch sein

Monokel. Die Narben in seinem Gesicht zuckten kein einziges Mal. Man hätte über den Ausdruck von Stolz und Genugtuung in Hitlers Gesicht gerührt sein können, wenn er nicht zugleich so ordinär und komisch gewesen wäre.«

Für Stephanie war die ganze Situation ausgesprochen lächerlich. »Da saß ich also und schmeichelte und tat einem Manne schön, der mir nie linkischer und plebejischer vorgekommen ist wie in diesem Augenblick.«

Am Ende der Audienz bat Hitler Stephanie von Hohenlohe, Lord Rothermere seinen besten Dank für das Geschenk zu bestellen. Sie sollte ihm auch mitteilen, dass Hitler sicher sei, dass seine Veröffentlichungen die Briten davon überzeugen würden, ein starkes und zufriedenes Deutschland sei der beste Garant für die Erhaltung eines dauerhaften Friedens.

Hitlers Erwartungen stellten sich bald ein. Rothermere publizierte in allen seinen Zeitungen, dass der deutsche Reichskanzler außenpolitisch gesehen nur friedliche Absichten habe und er für das besiegte Deutschland der Retter sei.

Es war aber nicht nur Rothermeres *Daily Mail*, die sich in Lobeshymnen über den großen »Führer« erging, sondern auch die *Times* – die wohl weltweit mächtigste Zeitung dieser Epoche. Und die *Saturday Review* in London ließ es sich nicht nehmen, dass ein paar Jahre später (am 7. März 1936) »Heil Hitler« auf dem Titel prangte.[35]

Stephanie von Hohenlohe hatte bei ihrer Tätigkeit für den englischen Zeitungslord nicht nur Freunde in der Reichskanzlei. Nicht einverstanden mit dieser offensichtlichen Zuneigung zu der Prinzessin war Hitlers Auslandspressesprecher Dr. Ernst »Putzi« Hanfstaengl. Hitlers Gunstbezeigungen gegenüber Stephanie von Hohenlohe missfielen ihm. Er beobachtete sie seit langer Zeit, und er warnte Hitler »vor der professionellen Erpresserin und Vollblutjüdin«. Hitler war jedoch so eingenommen von ihr, dass er sich weigerte, diese Warnungen überhaupt zur Kenntnis zu nehmen. Hanfstaengl setzte alles daran,

diese Beziehung zu beenden, da er fürchtete, Prinzessin Stephanie würde Hitler ebenso umgarnen, wie sie es bei anderen getan hatte, und auf diese Weise seine Karriere ruinieren.
Es half auch nichts, Hitler darauf hinzuweisen, dass eine so enge Beziehung zu einer »Volljüdin« ernste Auswirkungen auf die deutsche Bevölkerung haben könnte. Um Hanfstaengl zum Schweigen zu bringen, versprach ihm Hitler schließlich, er werde ihre Familie im Sinne der Ariergesetze überprüfen lassen. Beim nächsten Mal, als Hanfstaengl wieder zur Vorsicht mahnte, erwiderte Hitler, die Gestapo habe den Stammbaum der angeblichen Jüdin untersucht und festgestellt, dass er einwandfrei und in Ordnung sei.[36]
Am 3. März 1934 übergab Adolf Hitler der Prinzessin ein Schreiben, in dem er seine »verwandte Seele«, Lord Rothermere, einlud, ihn in Deutschland zu besuchen; ihm selbst sei eine Reise nach England nicht möglich. »(...) es ist mir teils durch meine heutige Stellung, teils durch sonstige Schwierigkeiten unmöglich, die Grenzen des Reiches zu verlassen. Ich habe aber der gütigen Übermittlerin des Briefes und der Andenken von Eurer Lordschaft schon mündlich gesagt, wie sehr es mich freuen würde, bei einem möglichen Besuch in Deutschland Ihnen, Lord Rothermere, im einzelnen das Bild der Sie interessierenden europäischen Fragen so zu entwerfen, wie es sich mir darstellt.«[37]
Hitler verabschiedete die Prinzessin auch dieses Mal wieder auffallend freundlich, küsste ihr die Hand, die er dann noch lange in der seinen hielt.
Der von Hitler ausgesprochenen Einladung konnte Lord Rothermere allerdings erst im Dezember 1934 entsprechen. Der deutsche Reichskanzler empfing den englischen Zeitungsmagnaten, der in Begleitung seines Sohnes Esmond Harmsworth sowie Prinzessin Stephanie von Hohenlohes erschien. Zur Berichterstattung war der Europakorrespondent der *Daily Mail*, Ward Price, hinzugezogen worden. Der Lord war äußerst erfreut über den »königlichen« Empfang, der ihm widerfuhr,

und versprach Stephanie, für ihre gute Vermittlertätigkeit Hitler zu bitten, sie zur Herzogin zu erheben!
Die Gegeneinladung fand am 19. Dezember 1934 statt. Lord Rothermere bat den Reichskanzler zu sich ins Hotel *Adlon*. In seiner Begleitung waren wiederum Lord Rothermeres Sohn, Prinzessin Stephanie, der Journalist Ward Price und diesmal auch der Banker E.W.C. Tennant, der gute Beziehungen zur deutschen Industrie hatte. Die Einladung an Tennant, ein bekanntes Mitglied der Anglo-German Fellowship, hing auch mit dessen freundschaftlicher Beziehung zu Joachim von Ribbentrop zusammen. Dieser hatte anlässlich eines Englandbesuches schon auf die angeblich von ihm und nicht von Rothermere geplante Einladung in Berlin hingewiesen.[38]
Zu den weiteren Gästen – es waren insgesamt 25 – gehörten auch der deutsche Reichsaußenminister Konstantin Freiherr von Neurath mit seiner Gattin, das Ehepaar Goebbels, das Ehepaar von Ribbentrop, Hermann Göring in Begleitung der Schauspielerin Emmy Sonnemann, seiner späteren Ehefrau, sowie Mitglieder der Regierung mit ihren Damen und einige deutsche Opernsänger.
Prinzessin Stephanie hatte sich auf Wunsch Rothermeres bis ins kleinste Detail um das Gestaltung des Abends gekümmert. Die Sitzordnung entsprach dem »französischen Protokoll«: Der Gastgeber saß in der Mitte der Tafel, zu seiner Rechten sein Ehrengast Hitler. Stephanie spielte die Gastgeberin und nahm Rothermere gegenüber Platz. An ihrer Seite saß Joachim von Ribbentrop. Frau Annelies von Ribbentrop, die ebenso »englandfeindlich« war wie ihr Mann, saß neben dem Sohn Rothermeres, Esmond Harmsworth. Außer dem Journalisten Ward Price war kein anderer Engländer geladen.
Woran Stephanie nicht gedacht hatte, war die Tatsache, dass am 20. Dezember 1924, also genau zehn Jahre zuvor, Hitler aus der Haft in Landsberg entlassen worden war. Von dieser für ihn gar nicht unerfreulichen Zeit in Landsberg begann Hitler ausführ-

lich zu erzählen. Seinem Monolog konnten die Engländer nicht folgen. Ein Dolmetscher war nicht dazugebeten worden, sodass Stephanie von Hohenlohe den Übersetzungsdienst übernahm. Doch das Dolmetschen für Hitler war unendlich mühsam, da er nie innehielt.

Als das Hauptgericht serviert wurde – Brathähnchen für alle, für Hitler eine vegetarische Platte –, stürzte sich Hitler auf das Thema der deutsch-englischen Freundschaft und deren Bedeutung für den Frieden Europas. Und bis zum Ende des Abendessens kam niemand mehr zu Wort. Hitler rührte sein Essen überhaupt nicht an. Es gelang dem Zeitungslord noch nicht einmal, einen Toast auszubringen, denn der »Führer« redete und redete.

Endlich stand Rothermere auf, um das Wort zu ergreifen. Doch da stieß irgendjemand versehentlich gegen eine Blumenvase, die klirrend zu Boden fiel. Sofort stürzten SS-Männer der Leibwache mit entsicherten Pistolen in den Raum, um Hitler vor einem vermeintlichen Attentat zu schützen. Der Reichskanzler verließ augenblicklich das Hotel, gefolgt von Ribbentrop und dessen Frau. So endete das Mahl ohne Nachtisch und freundliche Reden vonseiten der Gäste.

Doch Rothermere war nach wie vor begeistert von Hitler und machte seine Blätter weiterhin zum Sprachrohr der Reichskanzlei.

Am 29. April 1935 hielt Stephanie von Hohenlohe einen weiteren Brief Rothermeres in der Hand, den sie persönlich dem »Führer« nach Berlin zu überbringen hatte. Schon vier Tage später antwortete dieser in einem ungewöhnlich ausführlichen Schreiben, das seiner Bedeutung wegen im vollen Wortlaut im Anhang veröffentlicht ist.

In diesem Brief entwarf Hitler sein Zukunftsbild, ein Gebäude des Weltfriedens, das auf zwei Grundpfeilern ruhte: Deutschland und England, die beiden großen germanischen Rassen, sollten gemeinsam die Welt beherrschen.

Als am 2. Oktober 1935 italienische Truppen das ostafrikanische Kaiserreich Abessinien (heute Äthiopien) angriffen, ging ein Sturm der Entrüstung durch England.[39] Diktator Mussolini wollte sich das große Land als Kolonie sichern. Lord Rothermere war völlig verunsichert, wie man den sich ausweitenden Konflikt aufhalten könnte. Er wollte dazu Hitlers Meinung hören, um diese in seinen Blättern zu publizieren und auch an die Regierung von Premierminister Stanley Baldwin weiterzuleiten. Doch Hitler hatte vorerst keine Zeit zur Beantwortung der Fragen, obwohl der Lord ihm schrieb: »Prinzessin Hohenlohe kann Ihnen alle weiteren Informationen über das, was ich vorhabe, mündlich überbringen.« In diesem Satz zeigt sich erneut, dass Stephanie von Hohenlohe nicht nur »Briefträgerin« war, sondern die Inhalte der politisch wichtigen Briefe bestens kannte.
Am Ende des sehr unruhigen Jahres 1935 nahm der Reichskanzler am 19. Dezember ausführlichst Stellung zur politischen Lage in einem der Prinzessin übergebenen Brief, der ebenfalls im Anhang in voller Länge erscheint. Hitler dankt darin Lord Rothermere für seinen ihm von Prinzessin Hohenlohe übergebenen Brief, und er fährt fort: »(...) Wenn ich Ihnen jetzt schreibe, so bitte ich Sie, sehr geehrter Lord Rothermere, keinen öffentlichen Gebrauch von meinen Stellungnahmen zu machen, weil sie Ansichten enthalten, die ich andernorts auf andre Weise ausdrücken oder gar nicht äußern würde. Dieser Brief enthält nur meine Gedanken, und ich habe nicht den geringsten Zweifel daran, dass sie völlig ungeeignet sind, die öffentliche Meinung zu beeinflussen oder sie gar zu ändern in einer Welt und in einer Zeit, in der die öffentliche Meinung nicht immer den innersten Einsichten und der Klugheit entspricht (...).«
Kurz vor Weihnachten 1936 bat Lord Rothermere Prinzessin Stephanie, wiederum Hitler in Berlin zusammen mit einem Begleitbrief ein Geschenk zu überbringen. Es handelte sich um

einen wunderschönen Wandteppich im Wert von 2200 englischen Pfund. Lord Rothermere schrieb dazu:

> Mein lieber Reichskanzler,
>
> ich war erfreut, von Prinzessin Hohenlohe zu erfahren, daß Sie trotz der ungeheuren Arbeitslast und der Last Ihrer Verantwortung geistig und körperlich in bester Verfassung sind.
> Ich habe schon des längeren vorgehabt, Eurer Exzellenz als Zeichen meiner aufrichtigen Freundschaft ein Geschenk zu machen, und habe daher Prinzessin Hohenlohe gebeten, nach Berlin zu reisen und mit meinen besten Weihnachtswünschen die Tapisserie zu überbringen. Ich ließ mich bei der Wahl meines Geschenkes von dem Gedanken an den Künstler Adolf Hitler, und nicht den großen Staatsmann lenken, dessen vollkommene Indifferenz gegenüber weltlichem Besitz allgemein bekannt ist.
> Ich hoffe, 1937 wird Deutschland Wohlstand und der Welt Frieden bringen.
> In aufrichtiger Bewunderung und mit Ergebenheit,
>
> Ihr Rothermere[40]

Auch diesmal hatte Lord Rothermere der Prinzessin mündlich einen ganzen Fragenkatalog aufgetragen. Doch der »Führer« wollte dazu nicht schriftlich Stellung nehmen. Der Lord, der die schönen Sonnentage an der Riviera dem kalten England vorzog, erhielt einen Dankesbrief von Hitler, der wie folgt endete: »Zu den mannigfachen Fragen, die mir Prinzessin Hohenlohe vorgelegt hat, schriftlich Stellung zu nehmen, ist nicht so sehr einfach. Außerdem bin ich zur Zeit sehr stark in Anspruch genommen. Würden Sie mir, lieber Lord Rothermere, die Freude machen, etwa zwischen dem 5. und 8. Januar auf dem Obersalzberg für einen Tag mein Gast zu sein? Wir würden uns dann mündlich über alle die angeschnittenen Probleme aussprechen können.«

Lord Rothermere und seine Beraterin waren entzückt von der Idee, in Hitlers Refugium auf dem Berghof zu reisen. Hitler schickte ihnen seinen Sonderzug bis zur österreichischen Grenze entgegen. Der Salonwagen beeindruckte die Gäste sehr. In ihm waren die Wände holzvertäfelt, und es gab fließendes kaltes und heißes Wasser. Die Böden waren mit Samtteppichen ausgelegt, und ein kleines Wandtelefon erleichterte den Kontakt zu den anderen Wagen des Zugs. Sie kamen spätabends in Berchtesgaden an und durften dann, was bisher keinem Gast auf dem Berghof zuteil geworden war, dort übernachten.
Am Obersalzberg waren damals auch Magda und Josef Goebbels, der »allmächtige Propagandachef«, wie Stephanie ihn nannte, anwesend. Gegen ihn hegte sie von Anfang an eine starke Abneigung; seine Frau dagegen fand sie ganz angenehm.
Über Hitlers wenig strukturierten Tagesablauf wurde besonders von seinen Adjutanten oft geklagt, ganz besonders wenn er am Berghof weilte. Meist erschien er erst gegen 14 Uhr. Bei diesen englischen Gästen stand er wenigstens schon um zehn Uhr auf. Stephanie fiel auf, dass Hitler ein verquollenes Gesicht hatte. Sie vermutete, dass er Drogen nahm.[41]
Um elf Uhr begann das gemeinsame Frühstück in sehr familiärem Rahmen in einem kleinen Wohnraum mit Kachelofen. Zu seiner Rechten durfte die Prinzessin Platz nehmen, zu seiner Linken Lord Rothermere. Stephanie beobachtete Hitler sehr genau. Er füllte seine Tasse bis zum Rand mit Zuckerstückchen, bevor er sich Tee eingießen ließ, und verzehrte drei Stück Kuchen.
Die Gespräche zwischen Hitler und dem Lord übersetzte die Prinzessin, ansonsten stand Hitlers persönlicher Dolmetscher, Dr. Paul Schmidt, zur Verfügung. Leider hat er in seinen Erinnerungen keine Anmerkungen zu diesem Besuch auf dem Berghof gemacht.
Am Nachmittag unternahm Hitler mit dem Lord einen langen Spaziergang. Die Spaziergänge führten immer bergab, und

unten wartete schon ein Wagen, um Hitler und seine Begleiter wieder nach oben zu bringen. Hitler war unsportlich und mochte keine körperliche Betätigung. Während des Spaziergangs war die ganze Gegend abgesperrt.
Wie aus späteren Aufzeichnungen hervorgeht, hatten sich die beiden Herren vor allem über die Möglichkeit einer Allianz mit England unterhalten. Lord Rothermere war der gleichen Meinung wie sein Zeitungskollege Lord Beaverbrook, dass es zwischen England und Deutschland nie mehr einen Krieg geben dürfte. Hitler spielte den Zufriedenen und rüstete weiter auf. Das zweite Thema war die Gefahr des Weltbolschewismus. Und als drittes wurde die »Judenfrage« angeschnitten. Lord Rothermere fand sich wieder einmal in der Rolle des Zuhörers. Hitlers Monolog endete mit der Feststellung, dass die Anti-Nazi-Kampagne in England von Winston Churchill »im Auftrag seiner jüdischen Zahlmeister (...) unterstützt wird. Genau wie in Deutschland vor der Machtübernahme, kontrollieren auch in England die Juden die Presse«.[42]
Aufschlussreich sind Goebbels' Tagebuch-Eintragungen von Donnerstag, dem 7. Januar 1937:

> Lord Rothermere und Prinzessin Hohenlohe da. Ganz kleiner Mittagstisch. Rothermere macht mir große Komplimente. Erkundigt sich eingehend nach der deutschen Pressepolitik. Scharf antijüdisch. Die Prinzessin ist sehr aufdringlich. Nach Tisch Plauderstunde. Frage Spanien. Führer duldet in Europa keinen roten Brandherd mehr. Ist bereit, keine Freiwilligen mehr zuzulassen. Sein Vorschlag wegen der Kontrolle wirkt auf Rothermere verblüffend. Damit ist das deutsche Prestige gerettet. Im Übrigen wird Franco siegen. (...) Rothermere glaubt, daß auch die engl[ische] Regierung für Franco.[43]

Nach einem Essen folgte die Filmvorführung »Stoßtrupp 1917«. Alle waren tief ergriffen, besonders Lord Rothermere,

der zwei seiner Söhne, Harold und Vere, im Krieg verloren hatte. Die Prinzessin weinte.
Stephanie von Hohenlohe fühlte sich damals in Hitlers Nähe sehr wohl, denn er äußerte sich fasziniert von ihr und ließ sich zu Zärtlichkeiten hinreißen. Wie sie später immer wieder gerne erzählte, streichelte ihr Hitler über das Haar und kniff sie sogar einmal vertraulich in die Wange. Das war für sie, eine geübte Männerkennerin, der Beweis dafür, dass der »Führer« nicht, wie gemunkelt wurde, homosexuell veranlagt sei, sondern ganz »stocknormal«[44].
In ihren privaten Aufzeichnungen steht die Bemerkung: »Eva Braun in house.« Sie kannte Hitlers Geliebte. Eva Braun hatte wieder einmal die Demütigung zu ertragen, bei diesen Gästen nicht zu Tisch gebeten worden zu sein. Stephanie bedauerte Eva, die, wie sie es selbst erlebt hatte, in der Reichskanzlei in Berlin nur durch den Dienstboteneingang eintreten durfte.
Goebbels hatte nach dieser »Plauderstunde« noch eine Unterredung mit Hitler. Man war sich einig, dass Rothermere unter Umständen dem Deutschen Reich sehr wertvolle Dienste leisten könne. Er musste daher gut behandelt werden, schon im Blick auf die sieben Millionen Leser seiner Zeitungen. Die Erwartungen des Propagandaministers waren: »Rothermere schreibt guten und brauchbaren Artikel für deutsch-englisches Bündnis. Mit starkem Bekenntnis zum Führer. Zitiert dabei die Tage auf dem Obersalzberg. Sie haben also doch Zweck gehabt. Aber wie weit sind wir noch von seinem Ziel entfernt!«[45]
Über den zweitägigen Besuch der illustren Gäste auf dem Obersalzberg durfte nur wenig an die Öffentlichkeit gelangen. Goebbels hatte in Absprache mit Hitler dem Ministerialrat Berndt im Reichsministerium für Volksaufklärung und Propaganda in Berlin die ausdrückliche Weisung erteilt, keine Berichte, sondern ausschließlich Fotografien zu veröffentlichen.
Prinzessin Stephanie konnte sich darüber freuen, dass ihr Hitler eine in Silber gerahmte Fotografie, von ihm signiert und mit

der Widmung versehen: »Zur Erinnerung an einen Besuch in Berchtesgaden«, nachsandte. Das Foto ist das einzige, das die Prinzessin zusammen mit dem in Zivil gekleideten »Führer« und den weiteren Gästen auf dem Berghof zeigt.
Vor ihrer Rückreise nach London, während sie sich noch im Hotel *Vier Jahreszeiten* in München aufhielt, übersandte ihr Adolf Hitler außerdem als Zeichen seiner besonderen Freundschaft einen großen Strauß Rosen und einen jungen Schäferhund, den sie sofort nach dem Lieblingshund des »Führers« »Wolf« nannte.
Aus London bedankte sie sich in einem vier Seiten langen überschwänglichen Schreiben bei Adolf Hitler:

London, 14, Bryanston Square – 12.-1.-37

Sehr geehrter Herr Reichskanzler,

Unser Abschied war so schnell und im Beisein so vieler Menschen – dass ich kaum Zeit hatte, Ihnen richtig für Ihre Gastfreundschaft zu danken. –
Sie sind ein charmanter Hausherr – dazu Ihr schönes exzellent geführtes Haus in dieser grandiosen Gegend – hinterlassen einen bleibenden schönen Eindruck. – Es ist keine leere Phrase wenn ich Ihnen Herr Reichskanzler sage dass ich jede Minute meines Aufenthalts bei Ihnen genossen habe. –
»Mein« Hund hat mich in München besucht; er ist sehr – sehr schön. Der Mann, welcher ihn brachte war der Ansicht dass es nicht gut wäre ihn gleich auf Reisen mitzunehmen ohne ihn erst an mich zu gewöhnen. Da ich eine Egoistin bin und will dass er auch wirklich nur »mein Wolf« sein soll – habe ich dem gleich beigestimmt und wollte Sie nun fragen ob es möglich ist den Hund bis auf weiteres dort zu behalten wo er jetzt ist – um ihn erst später bis ich zu uns nach Österr. gehe zu übernehmen?
Sie haben mir mit dem Hund eine sehr große Freude gemacht, nicht nur weil ich Hunde adoriere – sondern auch weil Hunde für mich das Symbol der Treue und

Freundschaft bedeuten – was mich in diesem Fall um so mehr freut. –
Wie schade, dass Sie kein gewöhnlicher Sterblicher sind, dem man sagen kann – hoffentlich sehen wir uns bald wieder (…) !
Nochmals vielen Dank für die zwei schönen Tage.

In aufrichtiger Freundschaft
Stephanie Hohenlohe[46]

Hitlers Adjutant Fritz Wiedemann antwortete Stephanie im Auftrag des »Führers« ins Golfhotel nach Igls, dass der Hund vorerst in München bleiben könne. Die Prinzessin hat den Hund nie abgeholt. Außerdem dankte Wiedemann ihr persönlich recht herzlich für die beiden ihm aus Paris als »Muster ohne Wert« zugesandten Präsente und empfahl sich ihr mit deutschem Gruß. Es gibt keinerlei Hinweis, welch hübsches Geschenk die Prinzessin an den Adjutanten geschickt hat. Wiedemann und »Ihre Hoheit« kannten sich mindestens seit 1935 vom Reichsparteitag.

Prinzessin Stephanies Sohn Prinz Franz schreibt in der Biografie über seine Mutter, diese habe bei dem Besuch zusammen mit Lord Rothermere 1937 am Obersalzberg Freundschaft mit Hitlers Adjutanten Wiedemann geschlossen, einem »sehr kultivierten, wohlerzogenen Mann mit beträchtlichem Charme«.[47]

Es ist aber sogar anzunehmen, dass die Prinzessin bei ihren häufigen Besuchen als Briefüberbringerin in der Reichskanzlei Wiedemann immer wieder gesehen hat. Außerdem war Fritz Wiedemann schon im November 1936 im Hotel *Adlon* in Berlin bei Prinzessin Stephanie unter dem Vorwand erschienen, dass er ihr für ihren englischen Auftraggeber Lord Rothermere eine Fotografie und ein Schreiben Hitlers persönlich überreichen wolle.

Wiedemann fragte »Your Highness« (»Ihre Hoheit« – Wiedemanns Briefe an die Prinzessin sind anfangs in Englisch abgefasst), ob sie den Brief persönlich zu Rothermere bringen könne; er bat sie außerdem, ihn wissen zu lassen, wo sie zu erreichen sei. Wiedemann übermittelte noch die freundlichsten und besten Grüße des »Führers« und schloss: »I kiss your hand as your very devoted Wiedemann.«[48]

Bei dieser Briefübergabe im Hotel kamen sich die beiden näher. Als sich Stephanie von Hohenlohe und Fritz Wiedemann ineinander verliebten, waren beide 45 Jahre alt. Wiedemann war seit 18 Jahren verheiratet mit der lieben und gütigen Anna-Luise, genannt »Gueggi«, der Tochter eines wohlhabenden Zürcher Seidenfabrikanten, und sie hatten drei Kinder.

Der Adjutant des »Führers« sprühte nur so vor Charme und ließ keine Gelegenheit vorübergehen, einer schönen Frau den Hof zu machen. Die Tochter des damaligen amerikanischen Botschafters in Berlin, Martha Dodd, die an vielen Einladungen der Parteigrößen teilnahm, schwärmte von der »erotischen« Ausstrahlung dieses Mannes: »Groß, dunkel, muskulös, war er zweifellos ein Bild physischer Stärke und männlichen Muts. (...) Wiedemanns großflächiges Gesicht mit den buschigen Brauen und einer extrem niedrigen Stirn wirkte eher anziehend. (...) Aber ich gewann den Eindruck einer eher unkultivierten, primitiven Intelligenz, ausgestattet mit der Schläue und Verschlagenheit eines Tieres und alle Nuancen und Feinheiten«, so die junge Amerikanerin.

Und sie fuhr fort: »Bestimmt war es gefährlich, sich Wiedemann in den Weg zu stellen, denn trotz seiner gesellschaftlichen Naivität und seiner fesselnden Ungehobeltheit war er genauso ein rücksichtsloser Kämpfer und Intrigant wie einige seiner Landsmänner.«[49] Leider gibt es keine Charakterisierung der Prinzessin von Fritz Wiedemann. Stephanie von Hohenlohe äußerte sich nur zu Wiedemanns wenig attraktivem »preußischen Haarschnitt«.

Friedrich Wiedemann, 181 Zentimeter groß, war am 16. August 1891 in Augsburg geboren worden, machte dort 1909 Abitur und schlug die Militärlaufbahn ein. Fritz Wiedemann und Adolf Hitler kannten sich aus dem Ersten Weltkrieg, als beide im gleichen 16. Reserve-Infanterie-Regiment dienten: Wiedemann als Stabsadjutant, Hitler als Meldegänger. Somit war Wiedemann damals Hitlers unmittelbarer Vorgesetzter. Er wurde am 20. Dezember 1918 zum 3. bayerischen Infanterie-Regiment nach Augsburg versetzt. Am 19. Juni 1919 wurde er »mit dem Charakter als Hauptmann« als überzähliger Offizier vom Militär entlassen; am 18. Dezember war er nachträglich zum Hauptmann befördert worden mit Patent vom 18. Oktober 1918.

Ab dem 1. Juli 1919 war er Landwirt auf einem eigenen Bauernhof mit 24 Tagwerk in Pfronten im Allgäu, dann ab 1921 Landwirt in Fuchsgrub in Niederbayern. 1932 gründete Wiedemann in Fuchsgrub zusammen mit anderen die »Zentralmolkerei Pfarrkirchen«, die jedoch mit den NS-Behörden wegen zu geringer Butterlieferungen schnell in Schwierigkeiten geriet.

Als es Wiedemann 1933 wirtschaftlich schlecht ging, bat er einen früheren Regimentskameraden, Bruno Horn, und später auch Max Amann, den früheren Vizefeldwebel im Regimentsstab des Reserve-Infanterie-Regiments 16, für ihn bei Adolf Hitler vorzusprechen mit der Bitte, ob er nicht als Offizier zur Reichswehr kommen könnte.

Noch vor Weihnachten 1933 traf er Hitler im »Braunen Haus« in München, und dieser bot ihm eine Stelle als persönlicher Adjutant an. So trat Wiedemann am 1. Februar 1934 seinen Dienst an, zunächst zur Einarbeitung im Stab von Rudolf Heß, dem Stellvertreter des »Führers«.[50]

Vom »Braunen Haus« in München aus ging Wiedemann am 2. Januar 1935 als Persönlicher Adjutant Adolf Hitlers in die Reichskanzlei nach Berlin. Am 1. März 1934 hatte Martin Bormann den Nichtparteigenossen Wiedemann zu sich gerufen; er gewährte ihm ein Anfangsgehalt von 400 Reichsmark und nahm ihn mit einer Mitgliedsnummer über 3 600 000 als Parteigenosse in die NSDAP auf.

Hitler sprach Wiedemann zwar immer noch mit »Herr Hauptmann« an, doch es gab keinen Zweifel daran, dass er selbst nun weit oben und Wiedemann weit unten stand. Und dabei kam Wiedemann die Erinnerung daran, dass er diesen Mann einmal in Frankreich das Speisezimmer hatte anstreichen lassen. Sein Kommentar: »Es war ja auch nicht das erste Mal in der Weltgeschichte, daß ein Mann einfacher und unbekannter Herkunft (...) zu Taten hingerissen wurde, die ihm vorher niemand zugetraut hätte.«[51]
In Berlin wurde Wiedemann nicht allzu freundlich aufgenommen, vor allem von jenen, die ihre eigenen Einflussbereiche durch seine Nähe zu Hitler gefährdet sahen.
Es war bekannt, dass Wiedemann ein »geradezu bestürzend junger Parteigenosse war« und Hitler eine besondere Schwäche für ihn hatte. »Um das Maß des parteigenössischen Abscheus vollzumachen, trug ich auch noch ein Monokel«,[52] amüsierte sich Wiedemann.
1937 verfügte Hitler über vier persönliche Adjutanten: SA-Gruppenführer Wilhelm Brückner; Julius Schaub, früher Chef der Leibwache, einst mit Hitler in Landsberg inhaftiert, der sich zum Privatsekretär, zum Faktotum und »Notizbuch« entwickelte; Fritz Wiedemann; und schließlich Albert Bormann, ein Bruder der »grauen Eminenz« Martin Bormann, der ab 1941 Leiter der Parteikanzlei im Rang eines Reichsministers war.[53]
Wiedemann verschwieg nicht, dass Hitler ihn immer wieder reich beschenkte. So bekam er einmal einen sechssitzigen Mercedes zum Geschenk. Durch Max Amann hatte Wiedemann, höchstwahrscheinlich auf Anweisung Hitlers, 1934 einen Kredit von 10 000 Reichsmark bekommen, den er dringend für die Molkerei in Fuchsgrub brauchte. Die Molkerei behielt Wiedemann auch während seiner Tätigkeit als Adjutant bei. Die Einwohner von Fuchsgrub wunderten sich sicherlich sehr, wenn Prinzessin Stephanie dorthin zu Besuch kam im luxuriösen Cabriolet. Sie ließ sich durch den Molkereibetrieb führen und

traf mit der ganzen Familie Wiedemann zusammen. Von einer Scheidung des Ehepaares Wiedemann war offensichtlich nie die Rede.

Mit dem Beginn seiner Freundschaft zur Prinzessin wurde eine persönliche Anweisung Hitlers für Wiedemann besonders wichtig. Er besaß die Genehmigung, 20 000 Reichsmark als Unterstützungsgelder zu verteilen. »In Geldsachen war Hitler sehr großzügig, weil er kein Gefühl für den Wert des Geldes hatte«, sagte Wiedemann.[54] Von dem Privileg des Unterstützungsgelds machte Wiedemann ausgiebig Gebrauch, denn die Prinzessin ließ ihre Hotelrechnungen, Restaurantrechnungen, Telefonkosten, Taxirechnungen, Flugkosten, hin und wieder auch ihre Kleiderrechnungen von ihrem Freund Wiedemann bezahlen.

Stephanie von Hohenlohe schätzte München sehr. Als sie im Sommer 1937 durch die Stadt bummelte, begegnete sie einem Herrn, den sie schon seit den Tagen und Nächten in Deauville sehr gut kannte: König Alfonso XIII. von Spanien. Der Monarch, der nach wie vor an dem Gottesgnadentum seines Herrscherhauses Bourbón y Austria festhielt, war 1931 außer Landes gegangen, allerdings ohne dabei auf seinen Thron zu verzichten. Stephanie von Hohenlohe hatte 1935, am Vorabend des »Spanischen Bürgerkrieges« – einer Bitte des in London weilenden Königs folgend –, gebeten, Rothermere möge diesen bei seinen Bemühungen zur Rückkehr auf den spanischen Thron unterstützen, doch der Zeitungslord hatte energisch abgewinkt.

Bei dem Treffen bat König Alfonso die kunstinteressierte Prinzessin, mit ihm die Ausstellung »Entartete Kunst« in den Räumen des »Museums für Abgüsse klassischer Bildwerke« in der Galeriestraße 4 zu besuchen. Er brauchte »eine moralische Unterstützung«. Doch dann zeigte sich, dass es sich um 600 Werke der – von heute aus gesehen – klassischen Moderne handelte. Kein Plakat wies auf diese Ausstellung hin, sondern nur

ein roter Zettel, beigelegt im Katalog der »Großen Deutschen Kunstausstellung« 1937, machte in hetzerischer Weise auf die Veranstaltung unweit des »Hauses der Deutschen Kunst« aufmerksam.
König Alfonso XIII. von Spanien und Stephanie von Hohenlohe zählten zu den mehr als zwei Millionen Besuchern, welche die als »Ausgeburten des Wahnsinns« bezeichneten Kunstwerke von Paul Klee, Max Beckmann, Otto Dix, Wassily Kandinsky, Jean Cocteau, Max Ernst, Giorgio de Chirico, Salvador Dalí und anderen Künstlern besichtigten.[55]
Die Hängung der Werke in kleinen Räumen war entsprechend schlecht. Doch Stephanie und der spanische König begeisterten sich an den Werken, die von den Nationalsozialisten so sehr erwünschte »sittliche Empörung« fand bei ihnen nicht statt. Ob die Prinzessin die »Große Kunstausstellung« im Haus der Deutschen Kunst besucht hat, um sich auch noch an den reinen und edlen Schöpfungen arischer Künstler zu ergötzen, ist nicht bekannt.
Im Jahr 1937 wurde Stephanie von Hohenlohe besonders ausgezeichnet. Für ihre unermüdlichen Aktivitäten für das Deutsche Reich bekam sie mit ausdrücklicher Genehmigung Adolf Hitlers vom Präsidenten des Deutschen Roten Kreuzes, dem Herzog von Sachsen-Coburg und Gotha, das »Ehrenkreuz des Deutschen Roten Kreuzes« verliehen. Da die Prinzessin damals im Hotel *Ritz* in Paris residierte, reiste ihr Freund, Hauptmann Fritz Wiedemann, dorthin. Er dekorierte sie mit dem Orden und überreichte dazu eine Autorisierungsurkunde Adolf Hitlers.
Das Jahr 1937 endete mit einem sehr freundlichen Brief des Reichskanzlers an seine »liebe Prinzessin«. Darin dankte er ihr ausführlich für ihre Arbeit und das Verständnis, das sie dem deutschen Volk entgegengebracht habe.
Das neue Jahr brachte für die Prinzessin eine sensationelle Überraschung. Am 8. Juni 1938 kabelte Fritz Wiedemann an sie nach

Paris: »Empfehle dringend umgehend nach Berlin zu kommen da Chef Dich noch diese Woche sprechen möchte.«[56] Noch nicht einmal Wiedemann selbst war darüber informiert, dass seine Geliebte vom »Führer« ausgezeichnet werden sollte.

Am 10. Juni 1938 war die Prinzessin vier Stunden lang bei Hitler, und es spielte sich in der Reichskanzlei ein erstaunlicher feierlicher Akt ab: Stephanie Prinzessin von Hohenlohe-Waldenburg-Schillingsfürst, geborene Steffi Richter, nach beiden Elternteilen jüdischer Abstammung, wurde der »Nationalsozialistischen Arbeiterpartei vermählt«[57]. Der »Führer« steckte ihr das Goldene Ehrenzeichen der NSDAP an, das auf der Rückseite seine Signatur trug.

Diese Auszeichnung war nur einem verschwindend kleinen Personenkreis vorbehalten. Sie wurde von Hitler ausschließlich an Parteimitglieder mit Beitrittsnummern unter 100 000 verliehen sowie an »diejenigen, die sich um die nationalsozialistische Bewegung und um die Erreichung ihrer Ziele besonders verdient gemacht haben«. Damit war Stephanie von Hohenlohe de facto Parteimitglied geworden und deutschblütig, eine »Ehrenarierin«.[58]

Neben der Verleihung des Goldenen Parteiabzeichens sorgte die Tatsache einer vierstündigen Audienz beim »Führer« für ziemlichen Ärger und große Verwunderung auch in Hitlers nächster Umgebung. Sehr indigniert zeigte sich beispielsweise der deutsche Botschafter, Herbert von Dirksen, der sich daran erinnerte, dass er nach seiner Rückkehr aus Moskau mehrmals vergeblich versucht hatte, von Hitler empfangen zu werden. Und mit Blick auf Stephanie von Hohenlohe konnte er nicht umhin zu schreiben: »Dieser [Hitler] hatte sie zu einer mehrstündigen Unterhaltung empfangen, eine Auszeichnung, die er bekanntlich den amtlichen Vertretern des Reiches im Ausland versagte.«[59]

Die Tatsache, dass der »Führer« sich vier Stunden lang Zeit nahm für ein Gespräch mit der Prinzessin, wunderte selbst

Göring. Er sagte Stephanie von Hohenlohe, dass er darüber gut informiert sei: »Ich weiß alles. Es ist meine Pflicht alles zu wissen.« Stephanie konterte: »Aber wissen Sie auch, was wir während der ganzen Zeit gesprochen haben, Herr Feldmarschall?«[60] Das musste er natürlich verneinen. Doch dann freute er sich, weil Stephanie ihm, um seine Neugier wenigstens ein bisschen zu stillen, sagte, dass Hitler auch über ihn gesprochen habe.[61]

Stephanie war der Meinung: »Jeder von dieser Clique wollte den Führer für sich haben oder seine ganze Aufmerksamkeit, und nur für sich ganz allein. Jeder meiner Besuche in der Reichskanzlei schien ihnen ein ›unverschämter Übergriff‹ auf ihre heiligen Privilegien, und jede Stunde, die Adolf mit mir zubrachte, war eine Stunde, die er mit größerem Gewinn in deren erlauchter Gesellschaft hätte verbringen können.«[62]

Es fällt auf, dass Stephanie von Hohenlohe Hitler mit seinem Vornamen nennt. Das könnte darauf hinweisen, dass sie mit dem Reichskanzler per Du war, was natürlich im offiziellen Umgang peinlichst vermieden werden musste. So hielten es ja auch Adolf Hitler und die Herrin von Bayreuth, Winifred Wagner.[63]

Prinzessin Stephanies Widersacher Joachim von Ribbentrop

Es ist nicht bekannt, wann sich Prinzessin Stephanie und Joachim von Ribbentrop zum ersten Mal begegnet sind. Bekannt ist, dass bei der Einladung, die Lord Rothermere in Berlin 1934 im Hotel *Adlon* in Anwesenheit des Reichskanzlers gab, Stephanie von Hohenlohe die Tischdame von Joachim von Ribbentrop war. In ihren Aufzeichnungen beschäftigte sich die Prinzessin recht ausführlich mit von Ribbentrop. Sie sah in ihm den Mann, »der sich als die einzige unfehlbare politische Autorität für eine Beurteilung Englands im Dritten Reich hielt. Und jeder, der ihm nicht zustimmte, daß die Engländer hoffnungslos dekadent seien, daß sie nie gegen die Deutschen kämpfen würden und daß deren Weltreich auf dem Nullpunkt angelangt war, der war sein persönlicher Feind.«[64]

Stephanie hatte sich die führenden Nazis wie Hitler, Göring, Heß, Goebbels, Streicher, Himmler usw. genauer angesehen. Keiner von ihnen war je in England gewesen, keiner konnte Englisch weder in Wort noch in Schrift, die meisten kamen aus der unteren Mittelschicht mit einer mehr oder minder guten Erziehung und Schulbildung. Joachim von Ribbentrop, der frühere Champagnervertreter, war der Einzige mit internationaler Erfahrung, der reiche Schwiegersohn einer prominenten Familie, der außergewöhnlich gut Englisch sprach, sich bestens kleidete und sehr bemüht war, sich wie ein englischer Gentleman zu benehmen.

»Er war wirklich berechtigt, sich als den einzigen Mann von Welt in der höheren Parteihierarchie zu sehen.«[65] Stephanie sah aber auch Ribbentrops Selbstüberschätzung, wenn er sich als der große Englandexperte darstellte. Seine Vorstellungen von England fand sie zwar unreif, ohne tieferes Wissen und oft tragisch irreführend, aber sie lobte sein gutes Allgemeinwissen. Ihrer Meinung nach hatten Hitler, Göring oder Heß dagegen keine Ahnung von England.

1892 als Offizierssohn in Wesel am Rhein geboren, verbrachte Ribbentrop seine Jugend in verschiedenen Ländern, wo er schon früh Englisch und Französisch lernte. Von seinem 15. bis 17. Lebensjahr lebte er in der Schweiz und in England und ging mit 18 Jahren zusammen mit seinem jüngeren Bruder Lothar nach Kanada. Dort verdiente er sich seinen Lebensunterhalt, nahm am Ersten Weltkrieg in Deutschland teil.

Er heiratete 1920 Annelies Henkell, die Tochter des schwerreichen Besitzers der weltbekannten deutschen Sektkellerei. Ribbentrop war ein ausgezeichneter Geiger, besaß Rassepferde, ging auf die Gämsjagd und war ein guter Golfspieler. Und er machte eine erstaunliche Karriere. Joachim Fest spricht bei Ribbentrop von einer »steile(n) Karriere von geradezu abenteuerlicher Unzuständigkeit«.[66]

Schon bei ihrem ersten Zusammentreffen gewann Ribbentrop einen so starken Eindruck von Hitler, dass er überzeugt war, nur dieser könne mit seiner Partei Deutschland vor dem Kommunismus retten.

Im November 1934 hielt sich von Ribbentrop als außenpolitischer Berater Hitlers für drei Wochen in London auf. Er wurde mit Einladungen überschwemmt, die er gerne annahm. Er traf dort neben vielen anderen Lord Rothermere und Prinzessin Stephanie von Hohenlohe, Sir Austen Chamberlain, Sir Frederick Maurice, General im Ersten Weltkrieg, George Bernard Shaw und den Erzbischof von Canterbury. »Es war die Art Welt, die ihm gefiel, die Welt, in der er sich bewegen wollte – reiche, einflußreiche Männer, Angehörige der besten Klubs, die es gewohnt waren, daß die unteren Klassen zu ihnen ehrerbietig aufblickten.«[67]

Selbstverständlich interessierte von Ribbentrop, wer diese Prinzessin war, die im Dunstkreis Hitlers eine nicht unerhebliche Rolle spielte. So begann er Nachforschungen über ihren Lebensweg anzustellen, immer in der Hoffnung, einen dunklen Punkt zu finden, um den »Führer« dann zu einer gewissen Skepsis ihr gegenüber zu bewegen. »So wurde ich in seinen Augen die Erzfanatikerin, eine Umstürzlerin und ein verderblicher Eindringling.«[68]

Ähnlich wie die Prinzessin urteilte der englische Journalist Ward Price, den Hitler sehr schätzte, über Ribbentrop: »Verglichen mit allen anderen Parteigrößen war seine Laufbahn kosmopolitischer« als die der nächsten Mitarbeiter des Kanzlers.[69]

Die Beziehungen zwischen von Ribbentrop und der Prinzessin verkomplizierten sich, als ihm klar wurde, dass sie die Geliebte jenes Mannes war, der außergewöhnlich starken Einfluss auf Hitler hatte. Seinen eigenen Einflussbereich bei Hitler sah Ribbentrop durch Wiedemann nun gefährdet. Und Wiedemann selbst hielt überhaupt nichts von Ribbentrop.

Dann erfuhr Ribbentrop, dass die Prinzessin aus Hitlers Adjutanten einen Minister, am liebsten den Reichsaußenminister machen wollte. Stephanies Zofe Wally Oeler meinte dazu: »Mit dem Hauptmann Wiedemann schläft sie dann immer, drum vertraue ich ihm nicht. Sie will aus ihm einen Minister machen, er muß ihr schon unter Todesstrafe verschrieben sein. (…) Wenn er Minister werden soll, so muß er doch etwas besonderes getan haben; das bereitet die Meine ihm vor.«[70]

Ribbentrops sture antienglische Einstellung und Wiedemanns anglophile Haltung prallten aufeinander. Ribbentrop lieferte auf jeden Fall »seinen persönlichen Beitrag zu der wachsenden Abneigung, die man in Großbritannien gegenüber dem Dritten Reich verspürte«.[71] Wie Stephanie von Hohenlohe in ihren Aufzeichnungen versichert, galt für Ribbentrop die Devise: »Krieg gegen England zu jeder Zeit, um jeden Preis und unter allen

Umständen.«[72] In der Tat war Ribbentrop neben Hitler der größte Kriegstreiber.

Im Jahr 1936 wurde Ribbentrop deutscher Botschafter in England. Trotz gegenteiliger Beteuerungen empfand Ribbentrop diese Ernennung offenbar als Rückschlag in seiner Karriereplanung. Als reiner Höfling fürchtete er vermutlich, fern von der Hauptstadt Berlin, ihren Machtkämpfen und Kabalen, um seine Position.

Die Villa der deutschen Botschaft in London war während des Winters 1936/37 umgebaut worden. Die Lage an der repräsentativen Straße The Mall zwischen Buckingham Palace und Admiralität konnte kaum günstiger sein. Auf Hitlers Wunsch wurde der Architekt Albert Speer nach London gerufen, um das Botschaftsgebäude umzubauen. Zur Krönung König Georges VI. sollte es fertig sein und bei den daran anschließenden gesellschaftlichen Ereignissen besonderen Eindruck machen.[73]

Die Einweihung des Hauses erfolgte dann tatsächlich anlässlich der Krönungsfeierlichkeiten im Mai 1937. Ribbentrop hatte Hitlers Adjutanten Wiedemann als Mitglied der offiziellen deutschen Delegation zusammen mit weiteren 1400 Gästen zu einer Krönungsfeier in die elegant umgebaute deutsche Botschaft eingeladen, die Prinzessin aber stand nicht auf seiner Einladungsliste.

Prinzessin Stephanie nahm diesen Affront jedoch keineswegs hin. Sie hatte ihren quasi offiziellen Status bei der deutschen Delegation zu verteidigen. Von Lord Rothermere erhielt sie den Auftrag, die deutschen Gäste zu betreuen, vor allem den Delegationsleiter, Reichskriegsminister Werner von Blomberg. Ihn sollte sie für ein Interview gewinnen. Er war als Vertreter des deutschen Reichskanzlers entsandt worden und logierte im Hause des Botschafters.

Die Prinzessin beauftragte Fritz Wiedemann, für sie beim »Führer« um Intervention bei Ribbentrop zu bitten. Nachdem sie Wiedemann von der Situation in London in Kenntnis gesetzt hatte, besprach dieser die Angelegenheit mit Hitler, der die sofortige Einladung der Prinzessin befahl. Es war allerdings sogar noch ein zweiter Befehl »von oben« notwendig, bevor Ribbentrop sich entschloss, die Prinzessin doch noch zu dem Fest zu bitten. Hitler stellte von Ribbentrop sogar ein Ultimatum dafür und befahl, er möge sich bei Stephanie von Hohenlohe entschuldigen.[74]

Der erste offizielle Auftritt des ungleichen Paars, des Persönlichen Adjutanten des deutschen Reichskanzlers in Begleitung der geschiedenen Prinzessin Stephanie von Hohenlohe, erfolgte also aus Anlass der Krönung von George VI. im Mai 1937 in der deutschen Botschaft in London. Ribbentrop hatte die unterlassene Einladung der Prinzessin – von der auch in England hinter vorgehaltener Hand geredet wurde, dass sie Jüdin sei – damit begründet, dass der englische Adel sich weigere, »der Hohenlohe« auch nur zu begegnen, geschweige denn mit ihr einen Abend zu verbringen. Doch Ribbentrops Ängste waren unbegründet.

Wiedemann war auch recht glücklich über diesen Umstand: »Als ich die Prinzessin zu dem Empfang begleitete und sie die Räumlichkeiten der deutschen Botschaft betrat, konnte ich beobachten, daß sie von allen Seiten auf das herzlichste begrüßt und überall als zur High Society gehörend akzeptiert wurde. Klug näherte sie sich vor den Augen der Anwesenden dem Herzog von Kent, der sich höflich von seinem Stuhl erhob und einige Minuten animiert mit ihr plauderte.«

Obwohl Ribbentrop vorausgesagt hatte, dass beim Erscheinen der Prinzessin einige Gäste, namentlich der Ehrengast, George Herzog von Kent, Bruder des neuen Königs, die Party sofort verlassen würden, geschah am 13. Mai also nichts dergleichen. Unter den Gästen befanden sich auch der Bruder des Kaisers von Japan, Sir Winston Churchill, der französische Generalstabschef Maurice Gamelin, der Schatzkanzler Neville Chamberlain, Außenminister Anthony Eden, der Lordsiegelbewahrer

Edward Halifax und der Verteidigungsminister Duff Cooper.[75] Ebenfalls anwesend waren Lord und Lady Redesdale, die Eltern der sechs berühmt-berüchtigten Mitford-Sisters, von denen Unity eine Rivalin für Stephanie um die Gunst Adolf Hitlers wurde.

Dieses gesellschaftliche Ereignis war zu einem gesellschaftlichen Triumph für die Prinzessin geworden, den sie voll auskostete. In diesem Fall war Ribbentrop auf seinem eigenen Feld geschlagen worden. Und dennoch meinte Wiedemann, dass nach dem erfolgreichen Auftreten seiner Geliebten die Beziehung zwischen Ribbentrop und ihr nicht mehr ganz so gequält war. Ribbentrop selbst erwähnte in seinen Aufzeichnungen »Zwischen London und Moskau« mit keinem Wort die Problematik mit des »Führers lieber Prinzessin«.

Ein Jahr später konnte es Stephanie von Hohenlohe kaum fassen, dass sie von Joachim von Ribbentrop zu einem Gespräch nach Berlin ins Hotel *Kaiserhof* eingeladen wurde. Der mittlerweile zum Reichsaußenminister ernannte Ribbentrop empfing sie in seinem dortigen Büro in einer Luxussuite. Es folgte ein einstündiges Gespräch, das Ribbentrop beherrschte. Er wollte seinem Gast vor allem vermitteln, dass der »Führer« in der englischen und amerikanischen Presse allzu oft falsch dargestellt werde. Es hatte somit keinen konkreten Anlass für diese Einladung gegeben. Doch Ribbentrop wusste, dass es wichtig war, sich mit Hitlers »Ambassadorix« – wie sich die Prinzessin selbst nannte – im besten Einvernehmen zu befinden.

Stephanie verließ den *Kaiserhof* höchst erleichtert. Sie war sich im Vorfeld nicht ganz sicher gewesen, ob ihre Einladung zu Ribbentrop in irgendeinem Zusammenhang stünde mit dem am selben Tag stattfindenden Gespräch mit Göring, wovon noch zu sprechen sein wird.[76]

Der prodeutsche »Cliveden-Kreis« der Lady Astor

Im Londoner *Daily Herald* vom 1. Juli 1938 war mit der Überschrift »Hitler's Dear Princess« unter der Rubrik Innenpolitik die folgende Nachricht zu lesen: »Die jetzt in London lebende Prinzessin *Hohenlohe-Waldenburg-Schillingsfürst* ist eine der stärksten Persönlichkeiten unter den führenden Leuten der nationalsozialistischen Kolonie Londons. Ihr Haus gilt als gesellschaftliche Plattform der deutschen Botschaft. Sie ist in diesem Land einer von Hitlers Freunden, denen er am meisten vertraut.«[77]

Der Journalist William Hillman verfasste für den *International News Service* 1938 einen Artikel mit der Schlagzeile: »Prinzessin Hohenlohe verwirrt Europa als Hitlers ›Mme. De Staël‹.« Er nannte die Prinzessin darin »Europas Geheimdiplomatin Nummer eins, Hitlers mysteriösen Kurier« und »eine moderne Madame De Staël«. Für Hillman hatte sie den größten Einfluss auf Hitler, und er meinte auch, dass dieser sie brauche.

Selbst die amerikanische Presse interessierte sich für diese Frau, die so offensichtlich in der Gunst des »Führers« stand. So konnte der amerikanische Journalist Hugo George Roboz den Lesern des *New York Mirror* über die politisch Einflussreiche berichten: »Ihr Appartement in Mayfair wurde zu einem der Brennpunkte der britischen Aristokraten, die Nazideutschland gegenüber freundlich eingestellt sind. Ihre Soireen sind der Gesprächsstoff des Tages. In ihrem Salon hängt an prominenter Stelle ein riesiges Porträt Hitlers. Es war daher nur natürlich, dass ihre Bemühungen zugunsten des Führers sie auch mit dem

›Cliveden Set‹ in Verbindung bringen würden, zu dessen Anhängern einige der wichtigsten Staatsmänner des Empire zählen.«

Der »Cliveden Set« war eine Gruppe deutschfreundlicher Verfechter einer »Beschwichtigungspolitik« – Appeasement[78] genannt. Daneben existierten als weitere zwanglose prodeutsche Vereinigungen die beiden Londoner Organisationen »The Link« (Die Verbindung) und die »Anglo-German Fellowship« (Englisch-Deutsche Kameradschaft). Zusammen bildeten sie die Basis für nationalsozialistische Infiltration Großbritanniens sowohl auf politischer als auch auf propagandistischer Ebene. »The Link« wurde von Berlin aus finanziell gefördert, diese und ebenso die »Anglo-German Fellowship« von Lord Rothermere und dessen Sohn Esmond. So verwundert es nicht, dass man Prinzessin Stephanie zum Ehrenmitglied der »Anglo-German Fellowship« ernannte. Ihre wichtigsten und einflussreichsten Freunde in dieser Vereinigung waren Lord Elibank und Lord Sempill, der Vorsitzende der Royal Aero Society. Durch diese beiden Mitglieder des House of Lords wurde die Prinzessin ständig über Tendenzen und Stimmungen innerhalb der englischen Regierung informiert.[79]

Eine wichtige Rolle in diesen pro-deutschen Kreisen spielte auch Edith Helen Lady Londonderry, Tochter von Henry Chaplin, 1st Viscount Chaplin, und Ehefrau von Lord Londonderry, seit 1935 Lordsiegelbewahrer, und Lady Emerald Cunard, auch eine in Amerika geborene Engländerin. Cunard war die Witwe von Sir Bache Cunard. Sie pflegte einen literarischen musikalischen Salon, wurde »Königin von Covent Garden« genannt. Im Jahr 1935 schwärmte sie nicht nur für Hitler, sondern auch für von Ribbentrop, und sie soll es gewesen sein, die über Wallis Simpson den Prince of Wales prodeutsch beeinflusst habe.[80] Auf Anregung von Lady Cunard gab Sir Thomas Beecham von Covent Garden ein Konzert in der Berliner Philharmonie, dem auch Adolf Hitler beiwohnte.

Lady Londonderry besuchte zusammen mit ihrem Mann 1936 Hitler zwei Mal; sie beschrieb im Februar 1937 Hitler als Symbol des neuen Deutschlands und dessen Schöpfer als einen geborenen Führer, als einnehmende Persönlichkeit und als einen Mann, der die Größe besaß, »sich ganz normal zu geben«. Sie war davon überzeugt, er sei der Garant für Frieden und für die Freundschaft mit den Engländern. Er habe Deutschland vor dem Kommunismus bewahrt und ihm allein sei »es zuzutrauen, Europa zu retten«.[81]

Prinzessin Stephanie gehörte aber auch zum engsten Kern des »Cliveden Sets«. Der »Cliveden Set« hatte seinen Namen von dem Landsitz von Viscountess Nancy Astor. Nancy Astor, geb. Witche-Langhorne (1879–1964), war in Virginia aufgewachsen, eine der fünf außergewöhnlich gut aussehenden »Langhorne Sisters«. Nach einer unglücklichen Ehe mit Robert Gould Shaw traf sie auf ihrem Weg nach Europa 1905 Vincent William Waldorf Astor (1879–1952), seit 1917 Astor of Hever. Lord Astor war seit 1911 Verleger der englischen Sonntagszeitung *Observer,* 1918 bis 1921 Parlamentarischer Staatssekretär und von 1939 bis 1944 Bürgermeister von Plymouth. Er galt als einer der reichsten Männer der Welt.[82] Der Familie Astor gehörten zwei Zeitungen: die *Pall Mall Gazette* und der *Observer.*[83] Nancy und William heirateten Hals über Kopf. Zu ihrer Hochzeit im Mai 1906 bekamen sie vom Vater des Bräutigams Schloss Cliveden[84] als Geschenk, dazu ein Stadthaus in London am St. James's Square.[85]

Nancy verschrieb sich dem Sozialwesen und wie ihr Mann der Politik. Im Jahr 1919 wurde sie als Mitglied der Konservativen Partei ins Parlament gewählt – die erste Frau, die im House of Commons saß und dort bis 1945 blieb. Sie befasste sich mit Frauenrechtsfragen, dem öffentlichen Schulwesen, der Arbeitsgesetzgebung und kämpfte für Sozialreformen. Ihre stolzen Wortgefechte im und außerhalb des House of Commons sind wahre Highlights in dieser Zeit. Ihr Sohn David beschreibt seine Mutter als hochintelligent und als eine intuitive Frau mit großer Warmherzigkeit. Doch ihre Güte und Zuneigung zu Menschen waren durchzogen von Intoleranz. Dieser Wesenszug steigerte sich, als sie 1914 Mitglied der »Christian Science« wurde. Sie begann noch intoleranter ihren politischen und religiösen Feinden gegenüber zu werden – ganz besonders gegen die römisch-katholische Kirche, die Juden und andere Randgruppen.

Nancy Astor bewunderte nicht nur Hitlers politische Führung, sondern auch seine Lebensweise. Er trank weder, noch rauchte er, und das war für sie als Befürworterin der Prohibition in Amerika sehr wichtig. Bald sprach man in der Labour-Partei von ihr als von einer Person, die England eine Pro-Hitler-Politik aufzwingen wolle. Sie galt als eine Frau, die »tapfer für Hitler und Mussolini kämpfte«.[86]

Ein häufiger Gast bei Lady Astor in Cliveden war Joachim von Ribbentrop, den sie seit den frühen 1930er-Jahren kannte. Sie bat ihn einmal zum Lunch in ein Restaurant am St. James's Square, unweit ihres Londoner Wohnsitzes. »Als er im Lokal von jemandem angesprochen wurde, riss er seinen Arm hoch und schrie ›Heil Hitler‹. Ich sagte: ›Bitte unterlassen Sie diesen Unsinn hier.‹ Ich dachte, das sollte ein Witz sein, doch es war ihm ernst.«[87] Nach dem Abendessen mit Ribbentrop schrieb die Gastgeberin, Ribbentrop habe von einem sehr ruhelosen Hitler berichtet, der meine, »England würde ihn ständig von oben herab behandeln«.[88]

In Cliveden lieferten sich Rippentrop und Nancy Astor oft wenig anspruchsvolle Wortgefechte.[89] Reinhard Spitzy, Ribbentrops Botschaftssekretär, erinnerte sich daran, dass die »geistreiche« Lady Astor zu den Personen zählte, die immer wieder versuchten, Ribbentrop in seinen Ausfällen gegen England zu besänftigen.[90]

Im Februar 1938 platzte allerdings eine Bombe. Der sehr angesehene Londoner Journalist Claude Cockburn veröffentlichte in dem von ihm herausgegebenen Informationsblatt *The Week* den Aufsatz »Britain's Cliveden Set«. Er schrieb: »An informal but powerful pro-German group constitutes a second British Foreign Office«[90] und behauptete, an jedem Wochenende träfen sich hochrangige Politiker in Cliveden. Die britische Deutschlandpolitik werde im Grunde nicht mehr im Außenministerium, sondern in Cliveden gemacht. Es gab Cockburns Ausführungen wenig entgegenzusetzen, wenngleich der Artikel einen Sturm von Spekulationen auslöste.

Stephanie schrieb im Rückblick auf diese Zeit, dass es tatsächlich nach 1933 für viele feststand, dass Adolf Hitlers neues Deutschland noch stärker unterstützt werden müsste. Sie fand es allerdings »lächerlich und nutzlos, hinter dieser Tendenz eine Verschwörungspolitik zu suchen. Die Bezeichnung *Cliveden Set,* die später von einflussreichen Journalisten verbreitet wurde, war übertrieben. Der Cliveden Set bestand einfach aus einer Anzahl von führenden englischen Persönlichkeiten, die Nancy Astors Gastfreundschaft für lange und interessante Wochenenden in Anspruch nahmen. Es trifft zu, dass in Cliveden immer wieder Leute zusammenkamen, die die Zustände im neuen Deutschland ›beschwichtigten‹ – aber ›appeasement‹ war damals nun wirklich kein Schimpfwort.«[92]

Natürlich hatten sowohl die Appeasement-Politik als auch die echte Sympathie mit Nazideutschland von vornherein überzeugte und einflussreiche Gegner hervorgebracht. Der Politiker, der mit seinen Mahnungen und seiner politischen Linie enorme Weitsicht zeigte, war ebenfalls ein gern gesehener Gast bei Lady Astor in Cliveden: Sir Winston Churchill, den Stephanie von Hohenlohe dort kennenlernte.

Die Windsors, Stephanie und Wiedemann

Adolf Hitler hatte Bewunderer im britischen Parlament, selbst im Ranghöchsten auf dem englischen Thron, König Edward VIII. Am 10. Dezember 1936 erfolgte dessen Abdankung, da er ohne seine große Liebe, Mrs. Wallis Simpson, nicht leben und regieren wollte.[93]

Für die Entwicklung des deutsch-britischen Verhältnisses war der Rücktritt des englischen Königs nach Hitlers Ansicht eine Katastrophe. Bereits im Januar 1936 hatte der König – kurz nach seiner Thronbesteigung – durch einen Verwandten, Carl Eduard Herzog von Sachsen-Coburg und Gotha, Hitler die Nachricht zukommen lassen, dass er eine Allianz zwischen Großbritannien und Deutschland für politisch notwendig halte und daraus sogar ein Militärbündnis unter Einschluss Frankreichs entstehen könne. Daher habe er den Wunsch, den deutschen Reichskanzler baldmöglichst persönlich zu sprechen, sei es in Großbritannien oder in Deutschland.[94]

Die Abdankung Edwards war in den Augen Hitlers ein Sieg jener Kräfte, die Deutschland feindlich gesinnt waren. Joachim von Ribbentrop, der deutsche Botschafter in London, bestätigte Hitler in der Ansicht, »dass der König pro-deutsch und antijüdisch eingestellt und infolge einer antideutschen Verschwörung abgesetzt worden sei, bei der Juden, Freimaurer und mächtige politische Interessengruppen gemeinsame Sache gemacht hätten«.[95] Der Kommentar von Joseph Goebbels zur Abdankung des Königs war wenig freundlich: »Er hat es dumm und blöd angestellt. Dabei würde- und geschmacklos. So ging das nicht. Eben auch ein König.«[96]

Als König Edward sich zum Thronverzicht genötigt sah, kursierten nicht nur in Deutschland, sondern auch in England und den Vereinigten Staaten Gerüchte, die von einem »Kulissenkomplott« zur Entfernung des »nazifreundlichen« Königs wissen wollten.[97] Die auf höchste Weisung ungewöhnlich zurückhaltende Behandlung der Thronkrise in der deutschen Presse im Dezember 1936 ließ erkennen, welche Tragweite man diesem Ereignis beimaß.[98]

In London hatte Wallis Simpson in ihrer direkten Umgebung auch Befürworter in ihrer Liebe zum König. Wie der Zufall so spielt, wohnte die Amerikanerin im selben Haus im Bryanston Court wie Stephanie von Hohenlohe, die der Liebesgeschichte sehr wohlwollend gegenüberstand. Auch Prinz Edward kannte die Prinzessin schon längere Zeit aus verschiedenen Golfklubs in England und an der Côte d'Azur.

So machten sich die Zeitungsmagnaten Lord Beaverbrook und Lord Rothermere zusammen mit Prinzessin Stephanie zum Verfechter der Sache des Königs. Stephanie hatte die Idee einer morganatischen Ehe ins Spiel gebracht. Als bestes Beispiel dafür konnte Stephanie an die Ehe zwischen dem österreichischen Thronfolger Franz Ferdinand mit der nicht ebenbürtigen Sophie Gräfin Chotek erinnern. In diesem Fall wäre die Ehefrau nicht Kaiserin von Österreich geworden, sondern die Gemahlin des Kaisers. Die Kinder aus einer solchen Ehe waren nicht erbberechtigt.

Lord Rothermeres Sohn, Esmond Harmsworth, lud Wallis Simpson zum Essen ein und machte sie auf diese Art einer Eheschließung aufmerksam, wofür sie sehr dankbar war. Doch was in anderen europäischen Dynastien möglich war, scheiterte in England. Da die morganatische Ehe im englischen Recht nicht verankert war, wäre dazu ein Parlamentsbeschluss nötig gewesen. Aber dagegen verwahrte sich der Premierminister.

Von seiner langjährigen Golfpartnerin, Lady Nancy Astor, war der Prinz flehentlich gebeten worden, doch Mrs. Simpson aufzugeben. Der Grund war nicht, dass sie Amerikanerin war, sondern, dass sie schon zwei Scheidungen hinter sich hatte, und dies ohne kirchliche Dispens; daher sprach sich auch der Erzbischof von Canterbury für eine Abdankung des Königs aus für den Fall einer Vermählung mit Mrs. Simpson.

Schließlich ließ König Edward seine Abdankung am 10. Dezember 1936 in London vor den beiden Häusern des Parlaments verlesen. In der House-of-Lords-Gallery – das stand ihr als Tochter eines Peers zu – saß derweil die gerade einmal wieder aus Deutschland zurückgekehrte Faschistin Unity Mitford. Sie jammerte: »Oh, Hitler wird schrecklich unglücklich sein über diese Tatsache. Er wünschte, daß Edward König bleibe.«[99]

Joachim von Ribbentrop war sicherlich einer von vielen, die damals auf dem Weg über Wallis Simpson einen besonderen Zugang zu Edward gesucht hatten. Seine Bewunderung für Wallis Simpson zeigte sich auch darin, dass er ihr während seiner häufigen Aufenthalte in London jeden Morgen ein Bouquet mit 17 roten Rosen in ihre Wohnung in Bryanston Court schicken ließ. Bis in Berliner Diplomatenkreise waren die 17 Rosen ein Gesprächsthema. Selbst Adolf Hitler neckte seinen Botschafter mit der Frage, was denn das Geheimnis der 17 Rosen wäre. Man sprach auch von Orchideenkörben, die Ribbentrop an Wallis Simpson habe schicken lassen. Die Animositäten im Sitz der Leitung der deutschen Außenpolitik in der Wilhelmstraße in Berlin gegen »den aufdringlichen Nazi«, den »reisenden Weinhändler« Ribbentrop brachten ihm viele Sticheleien ein.

Es wurde sogar spekuliert, ob zwischen Wallis und von Ribbentrop eine Liebesbeziehung bestünde. Das ständige Gerede über diese »love affair« ärgerte Mrs. Simpson erheblich, und so gab sie schließlich im Mai 1937 der amerikanischen Journalistin Helena Normanton ein Interview, in dem sie ausdrücklich erklärte, sie habe Ribbentrop nur zweimal gesehen (obgleich beide sich immer wieder bei Empfängen trafen). Und sie bestritt energisch, in irgendeiner Weise ein Werkzeug der Nazis in London gewesen zu sein.[100]

Doch es war nicht aus der Welt zu schaffen, dass von Ribbentrop durch die Kreise um Lady Cunard und Lady Astor sehr nahe an Wallis Simpson herankam und sie zu beeinflussen vermochte. So wussten viele durchaus davon, und es spielte auch eine Rolle in der Unterhausdebatte um die Abdankung des Königs, in der der kommunistische Abgeordnete Willie Gallascher seinen Antrag vorbrachte mit den Worten: »Ich möchte auf die Tatsache hinweisen, daß Frau Simpson ein soziales Netz hat, und jedes Mitglied des Kabinetts weiß, daß das soziale Netz von Frau Simpson in engem Zusammenhang steht mit einer bestimmten Regierung und dem Botschafter dieser ausländischen Regierung.«[101]

Nach seinem Thronverzicht trug Edward nun den Titel eines Herzogs von Windsor. Seine Hochzeit mit der von ihm über alles geliebten Frau fand nicht in England, sondern am 3. Juni 1937 in Frankreich statt.

Als einer der ersten größeren Unternehmungen des Herzogpaares reiste es 1937 in das nationalsozialistische Deutschland. Jetzt kam es zu dem Treffen, das sich der König gewünscht hatte: Als Herzog von Windsor besuchte er Adolf Hitler, den Kanzler des Deutschen Reiches, zwar nicht in Berlin, doch auf dem Berghof bei Berchtesgaden.

In den stichpunktartigen Aufzeichnungen für ihren Ghostwriter Kommer weist Stephanie von Hohenlohe darauf hin, dass sie stark an der Planung und Durchführung des Deutschlandbesuchs des Herzogpaares beteiligt war, für die Fritz Wiedemann zusammen mit Rudolf Heß verantwortlich zeichnete. Stephanies Stubenmädchen, Wally Oeler, hat später darüber recht ausführlich an ein befreundetes Ehepaar in Berlin berichtet: »Er war derjenige, der den Herzog von Windsor eingeladen hat offiziell nach Deutschland, sobald man merkte, er will drüben Besuch machen. (...) Jedenfalls gehen täglich Luftpost-

briefe mit Bleistift geschrieben per Expreß hin und her und fast täglich Telephongespräche.«[102]
Bei ihrem zwölftägigen Besuch in der zweiten Oktoberhälfte des Jahres 1937 waren der Herzog und die Herzogin von Windsor offiziell Gäste von Dr. Robert Ley, dem Leiter der Deutschen Arbeitsfront. Die Reise und alle Kosten des Aufenthalts in Deutschland wurden aus der Reichskasse finanziert. Angeblich war es eine »Studienreise«, die den sozialen Einrichtungen des Landes galt. Sie hatte auch noch einen anderen Hintergrund. Der Herzog wollte seiner Frau nach der erniedrigenden Behandlung, der sie in England ausgesetzt gewesen war, ein Land zeigen, das ihr einen wahrhaft »königlichen« Empfang bot. Die Machthaber in Berlin sahen den ehemaligen König in nicht allzu ferner Zukunft »unter ihrer Schirmherrschaft« wieder auf den Thron Englands zurückkehren.
Der erste Besuch führte das Herzogpaar zu Reichsmarschall Hermann Göring in den aufwendig vergrößerten Landsitz Karinhall in der Schorfheide nordöstlich von Berlin. Am Abend gab Außenminister von Ribbentrop ein Essen für die Gäste im edlen Restaurant *Horcher* in Berlin. Paul Schmidt hatte zwischen der Herzogin von Windsor und der Schauspielerin Marianne Hoppe als Dolmetscher zu fungieren.[103] Goebbels war von dem Herzog, dem »netten sympathischen Jungen, offenbar mit gesundem Menschenverstand« versehen, ganz begeistert, er hatte ihn »richtig liebgewonnen«. »Seine Frau ist einfach, aber vornehm, elegant, aber nicht mit Stich, eine wirkliche Dame. (…) Auch Magda ist begeistert. Besonders auch von seiner Frau.«[104]
Am 22. Oktober 1937 stand dann der Besuch des Herzogspaares bei Adolf Hitler in Berchtesgaden auf dem Obersalzberg an. Er dauerte nur ein paar Stunden, rief dennoch heftige Diskussionen in England, Frankreich und den Vereinigten Staaten hervor. Die Reise des ehemaligen englischen Königs in das Deutsche Reich wurde als eine Solidaritätskundgebung mit dem Nationalsozialismus verstanden.

Wiedemann holte die Gäste in Berchtesgaden am Bahnhof ab, wo sich eine große Zahl von Pressekorrespondenten eingefunden hatte, unter ihnen auch Churchills Sohn Randolph. Nach einem kurzen Spaziergang am Königssee erfolgte die Auffahrt zum Berghof, wo Hitler die Treppe vor dem Haus herunter seinen Besuchern entgegenging und sie herzlich begrüßte. Hitlers Geliebte Eva Braun hatte sich sehnlichst gewünscht, die Herzogin kennenzulernen. Doch das wurde ihr von Hitler untersagt, und sie musste sich in ihrem Zimmer aufhalten. Nach den Aufzeichnungen des Dolmetschers Paul Schmidt sei die ganze anschließende Unterhaltung sehr unpolitisch gewesen. Der Herzog zeigte sich als ein Freund Deutschlands sehr aufgeschlossen für die sozialen Fortschritte, etwa für die Arbeiterfürsorge bei der Firma Krupp in Essen. Die Herzogin mischte sich nur gelegentlich und mit großer Zurückhaltung in das Gespräch, vor allem, wenn Themen angesprochen wurden, die sie als Frau besonders interessierten.

Nach dem Deutschlandbesuch sang die Nazipresse das Lob des Herzogs und der Herzogin. Die Zeitungen erzählten die rührende Geschichte, wie Wallis bei der Ausreise an der Grenze den gesamten Inhalt ihrer Geldbörse in die Hände eines SA-Mannes gedrückt habe: »Für KdF« – Kraft durch Freude –, soll sie gesagt haben.

Als Stephanie von Hohenlohe mit dem »Führer« zusammentraf, stellte sie ihm die Frage, welchen Eindruck die Herzogin auf ihn gemacht habe. Sie erhielt die Antwort: »Ich muß schon sagen, sie war recht damenhaft.«[105] Die Prinzessin war sehr davon angetan, dass unter der Regie ihres Freundes Fritz Wiedemann der Besuch des englischen Herzogpaares zur vollsten Zufriedenheit Hitlers abgelaufen war.

Die Amerikareisen mit politischem Hintergrund

Stephanie von Hohenlohe liebte das Reisen. Sie fuhr nicht nur mit Freunden mit dem Auto quer durch Europa, sondern sie ließ sich gerne auch nach Amerika locken. Zwar hat es den Anschein, als seien ihre ersten beiden Reisen in die Vereinigten Staaten privater Natur gewesen, doch zeigte es sich, dass sie gerade damals mit Presseleuten Verbindungen knüpfte, die ihr im späteren Exil von Nutzen sein sollten. Die dritte USA-Reise unternahm die Prinzessin zusammen mit Hitlers Adjutanten Fritz Wiedemann und dessen Ehefrau Anna-Luise. Die vierte Reise während des »Dritten Reiches« war eine politische »Auftragsarbeit« für Fritz Wiedemann.

Stephanie war 1931 und noch einmal Anfang Dezember 1932 nach New York gefahren, wo sie von Kathleen Vanderbilt und deren Mann, Börsenmakler Harry Cushing jr., empfangen worden war, die sie aus Europa kannte. Sie bewegte sich damals sogleich in Amerikas High Society und konnte sich vor Einladungen kaum retten. Auf Partys begegnete sie Dr. Rudolf Kommer, Max Reinhardts Agenten, dem Kunstsammler Jack Whitney, Major Jimmy Walker, dem Komponisten Cole Porter, dem Hotelbesitzer Honoré Palmer, dem Autoproduzenten Walter Percy Chrysler und ihrem angeheirateten Verwandten Prinz Alfred Konstantin Chlodwig von Hohenlohe-Waldenburg-Schillingsfürst (1889–1948) und seiner Gemahlin Felicitas. Stephanie wohnte im Hotel *Ambassador*, und viele Freunde trafen sich dort in ihrem Appartement, wo der Alkohol trotz Prohibition reichlich floss.

Das Weihnachtsfest verbrachte sie in Wedgwood bei Alice und

John C. Martin, Eigentümer der *Saturday Evening Post,* dem *Ladies' Home Journal,* dem *Philadelphia Ledger* und der *Curtis Martin Press.* Sie erwiesen sich als unglaublich einflussreiche Gastgeber, die die Prinzessin sehr liebevoll aufnahmen. Niemand konnte damals ahnen, dass Stephanie nach dem Zweiten Weltkrieg als Journalistin für die Zeitungsverleger Martin arbeiten würde.
Doch diese Reise endete mit einem Eklat. Als Stephanie von Hohenlohe mit dem Schiff am 2. Januar 1933 in Southampton ankam, wurde sie von ihrer Mutter mit dem Rolls-Royce abgeholt. Sie wirkte äußerst nervös, und die Freude über die Rückkehr der Tochter schien getrübt. Bald erfuhr Stephanie auch den Grund dafür. Während ihres Amerikaaufenthalts war in der *Neuen Freien Presse,* einer deutschen Zeitung, am 24. Dezember 1932 ein Artikel erschienen mit der Schlagzeile »Prinzessin Hohenlohe als Spionin in Biarritz verhaftet«. Die Meldung lautete:

> Wie die *Liberté* berichtet, ist eine Prinzessin von H[ohenlohe] in Biarritz von der französischen politischen Polizei verhaftet worden, und zwar wegen Spionage und antifranzösischer Propaganda. Die Prinzessin habe in eifrigstem Briefwechsel mit Lord Rothermere gestanden. Der Briefwechsel sei beschlagnahmt worden. Die Pariser amtlichen Stellen, das Innenministerium und die deutsche Botschaft verweigern alle näheren Angaben. Die lokalen Behörden in Biarritz haben die Nachricht sofort dementiert. Das Journal behauptet aber, die mysteriöse Verhaftung bestätigen zu können. Das Blatt will sogar wissen, daß ein Antrag auf provisorische Haftentlassung abgelehnt worden sei (...).[106]

Einen Tag nach Stephanies Ankunft in England, dem 3. Januar 1933, erschien in der deutschen Presse die folgende »Verteidigung« in Form eines äußerst schlecht recherchierten Artikels:

> Prinzessin Stefanie Juliana zu Hohenlohe-Waldenburg-Schillingsfürst, über die einige französische Blätter vor kurzem berichteten, sie sei in Biarritz verhaftet worden, kam gestern in Southampton an Bord der *MS Europa* aus New York an und fuhr sofort nach London weiter. Die Prinzessin, die den Dezember in New York verbracht hat, ist völlig außer sich über diesen Bericht in der chauvinistischen französischen Presse. Sie hat in diesem Jahr nur einige Tage in Biarritz verbracht und ist von dort direkt in die Vereinigten Staaten gefahren. Es scheint, als wäre die ganze Angelegenheit eine Intrige, die von Polen gegen die Prinzessin eingefädelt worden ist. Die Prinzessin wird für die Verlagspolitik Lord Rothermeres verantwortlich gemacht, der sich in einer Artikelserie in der *Daily Mail* für eine Rückgabe des polnischen Korridors[107] an Deutschland ausgesprochen hat. Prinzessin Hohenlohe, die mit Lord Rothermere befreundet ist, befand sich während seines Berlinaufenthalts öfters gemeinsam mit ihm in Gesellschaft deutscher Politiker.[108]

Tatsächlich hatte sich die Prinzessin 1932 keinen einzigen Tag in Biarritz aufgehalten. Ihre dortige Villa hatte sie längst aufgegeben. Sie war von Southampton und nicht von Frankreich aus nach New York gefahren.

Nach London zurückgekehrt, rief Stephanie sofort Lord Rothermere an und bat um seinen Rat, was sie in dieser Angelegenheit unternehmen solle. Er sah keinerlei Veranlassung, auf die Falschmeldung beziehungsweise die Verleumdungen im Artikel zu reagieren.

Nach Erscheinen des Artikels hatte Rothermere sein Pariser Büro angewiesen, Erkundigungen einzuziehen. Schließlich stellte sich eine ganz dreiste Erpressungsgeschichte heraus. Es wurden Fotografien, Briefe und Telegramme, die angeblich von Rothermere stammten, für wenig Geld angeboten. Da sich alle Dokumente, selbst ein Scheck mit Rothermeres Unterschrift, als gefälscht erwiesen, unternahm Rothermere auf Anraten seiner Rechtsanwälte nichts gegen die Erpresser.

Und schließlich konnte sich Stephanie erinnern, dass auch sie in ihrer Pariser Zeit einmal von einem komischen Mann irgendwelche Dokumente zum Kauf angeboten bekommen hatte, worauf sie jedoch nicht eingegangen war. Doch letztendlich blieb das Wort »Spionin« an der Prinzessin schon damals haften.

Im Jahr 1937 gelang es Stephanie, Fritz Wiedemann von einer gemeinsamen Reise in die Vereinigten Staaten zu überzeugen.[109] Hitler gab Wiedemann zwar seine Zustimmung, stattete ihn aber mit keinerlei politischer Weisung aus. Wiedemann gelang es dennoch, den Anschein einer offiziellen Mission zu inszenieren, denn der amerikanische Botschafter in Berlin, William E. Dodd, telegrafierte am 16. November 1937 an das State Department: »Wiedemann (…) reist nach Washington zum Zweck von Konsultationen mit der deutschen Botschaft im Interesse des Reiches.«

Gebucht hatte Wiedemann Kabinen der Ersten Klasse auf dem deutschen Ozeandampfer *Europa* von Cherbourg nach New York. Er zahlte die Reisespesen für sich, seine Frau Anna-Luise sowie für die Prinzessin und deren Kammerjungfer aus dem ihm zur Verfügung stehenden »Sonderfonds«. Schon auf dem Lehrter Bahnhof in Berlin hatten sich trotz mitternächtlicher Stunde einige amerikanische Reporter eingefunden. Sie wollten wissen, ob Wiedemann den Auftrag habe, mit dem Amerika-Deutschen-Volksbund Fühlung aufzunehmen. Doch Wiedemann schwieg.

Stephanie von Hohenlohe reiste zwar gemeinsam mit dem Ehepaar Wiedemann, an Bord war aber auch der damals von seinen weiblichen Fans vergötterte 41-jährige strahlende amerikanische Bariton Lawrence Tibbett. Diesen hatte Stephanie in London in der Covent Garden Opera zum ersten Mal gehört. Stephanie besuchte ihn in seiner Garderobe, man fand sich sympathisch, und daraus entstand der Plan einer gemeinsamen Reise nach Amerika.

Auf der fünf Tage dauernden Schiffsreise waren Stephanie und Lawrence Tibbett unzertrennlich. Dass sie die letzte Nacht gemeinsam in Stephanies Kabine verbrachten, das plauderte später ihre Kammerjungfer Wally Oeler aus. Diese junge Frau hatte bis Ende Juni 1937 im Dienst bei Frau von Siemens in Berlin-Wannsee gestanden. Als Stephanie eine Zofe suchte, war Wiedemann ihr dabei behilflich. Er besorgte für Wally Oeler eine Ausreisegenehmigung, und er übersandte ihr im Auftrag von Prinzessin von Hohenlohe eine Fahrkarte Dritter Klasse von Berlin nach Paris. Und damit begann ihr Wanderleben mit der Prinzessin, worüber sie häufig an Freunde berichtete. Wally Oeler war erstaunlich gut informiert und hat darüber Aufzeichnungen gemacht. So stellt sich die Frage, ob die junge Frau nicht als Gestapospitzel gelten könnte, obwohl oder gerade weil sie über Fritz Wiedemann angestellt worden war.
Die Ankunft in New York am 25. November 1937 hatten sich die Herrschaften allerdings anders vorgestellt. Sie wurden nicht nur vom deutschen Generalkonsul Dr. Hans Borchers empfangen. Es erwarteten sie eine große Anzahl Journalisten, 75 zum Teil berittene Polizisten sowie zahlreiche Sprechchöre. Auf Plakaten stand »Hinaus mit Wiedemann, dem Nazi-Spion« oder »Ich bin Wiedemann, Hitlers Agent, und gekommen, um die Demokratie zu zerstören«. Sicherheitsbeamte mussten die Angekommenen zu den bereitstehenden Taxis durchschleusen. Wiedemann ließ sich dann herbei, in englischer Sprache ein paar Worte an die Journalisten zu richten. Er sei davon überzeugt, dass die Chancen für einen dauerhaften Frieden in Europa jetzt besser seien als vor einem Jahr. Er hoffe, von Präsident Roosevelt empfangen zu werden. Er wünsche sich aber vor allem, nun das Land, von dem er schon so viel Gutes gehört habe, kennenzulernen.
Für eine Nacht logierten die Reisenden im Hotel *Waldorf-Astoria*, wo auch Lawrence Tibbett abgestiegen war. Am nächsten Tag ging die Reise mit der Bahn nach Washington. Im Zug wur-

den Sandwiches von Farbigen serviert, was bei dem Stubenmädchen Wally großes Erstaunen auslöste. Sie musste sich erst einmal überwinden, das Sandwich zu essen, denn in Deutschland hatte man ihr »Abscheu vor den Negern« eingeflößt.
In Washington wohnte die kleine Reisegruppe in der deutschen Vertretung. Wiedemann führte tatsächlich mehrere Gespräche mit Botschafter Dr. Heinz Heinrich Dieckhoff. Diesem lag sehr daran, dass Wiedemann dem »Führer« die »unbeschönigte Wahrheit über das Kräftepotential der Vereinigten Staaten«[110] schilderte.
Fritz Wiedemann war auch Gast beim späteren und letzten Botschafter der Vereinigten Staaten vor dem Krieg, Hugh Wilson. Wiedemann sollte ihm einige Informationen über seine zukünftige Tätigkeit in Berlin geben. Auf besondere Weisung des Präsidenten Roosevelt interessierte sich Wilson vor allen Dingen für den Deutschen Arbeitsdienst und die Einrichtung »Kraft durch Freude«. Botschafter Wilson reiste im Frühjahr 1938 jedenfalls mit guten Vorsätzen nach Berlin ab. Lange dauerte seine Tätigkeit allerdings dort nicht. Er wurde aufgrund seines Protests gegen das Judenpogrom im November 1938 abberufen.
In Washington traf Wiedemann auch seinen Freund, Dr. Hans Thomsen, Gesandter bei der deutschen Botschaft in Washington. Er war der Sohn eines Hamburger Großkaufmanns, promovierter Jurist und hatte eine beachtliche Karriere gemacht.[111]
Für das Ehepaar Wiedemann ging die Reise von Washington aus weiter nach Chicago. Dort nahm Wiedemann mit dem Amerika-Deutschen-Volksbund Kontakt auf. Das war ein ausgesprochen nationalsozialistischer Verein amerikanischer Staatsbürger deutscher Abstammung, Leute, die glaubten, ihrem alten Vaterland dadurch einen Dienst zu erweisen, dass sie eine Organisation gründeten, die den Grundideen ihres neuen Vaterlands scharf widersprach. So erklärte ein Chicagoer

Bundesmitglied gegenüber Wiedemann: »Ich bin natürlich amerikanischer Staatsbürger und habe den Eid auf Amerika geschworen. Aber wenn es zu einem Krieg kommen sollte, sind die Bande des Blutes doch stärker als jeder Eid!«[112]

Wiedemanns Reise führte schließlich bis in den äußersten Westen, nach San Francisco und Los Angeles. Inzwischen begleitete Stephanie von Hohenlohe ihren neuen Liebhaber zu dessen Auftritten in Philadelphia und Chicago, um auch dort mit ihm zu feiern. Im bitterkalten Chicago, der »windy city«, holte sie sich eine doppelseitige Lungenentzündung. In ihrer Verliebtheit war sie mit ihrem Angebeteten, bekleidet nur mit einer festlichen Robe und einer Pelzstola um die Schultern, durch die Stadt gebummelt.

Die Heimreise begann für alle wieder in New York. Im Hotel *Waldorf-Astoria* kam es noch zu einer stürmischen Liebesbegegnung zwischen Wiedemann und der »Diplomatin«, wie Wally Oeler an Freunde berichtete:

»Eines Tages, nachmittags 3 Uhr, wollten wir ins Zimmer. Das Zimmermädchen, ein Kellner und ich kommen bis zum Schlafzimmer, die Tür war offen. Da ist der Hauptmann beim schönsten Vergnügen mit ihr, und die haben uns drei noch nicht einmal bemerkt. Das hat eine solche Empörung unter den Deutschen im Hotel gebracht, daß sie gesagt haben, der Kerl wird angezeigt wegen Rassenschande, denn sie wüßten genau, daß die Prinzessin eine geborene Jüdin ist. Ich glaube, einer hat es dann der Frau Hauptmann hinterbracht, aber die hat sich nichts daraus gemacht. Ich tue, als wüßte ich nichts. Der W hat ein so schlechtes Benehmen und gibt sich aus als rechte Hand von Hitler.«[113]

Wally Oeler beklagte sich ihren Verwandten gegenüber auch bitter über das Verhalten ihrer Herrin auf der Reise: »Sie hat mir trotz wiederholter Bitten noch nicht einen Pfennig Gehalt gegeben und dabei ist mein Mantel nicht zur Zeit zum Schiff gekommen, und ich hatte nichts Warmes in Amerika in dieser unerbittlichen Kälte. In Chicago bin ich umgefallen vor Kälte und Schneesturm, denn der Wind hatte dort eine solche Kraft, daß er einen einfach wegfegte. Dann kommt einem eine so angenehme Schwäche in die Glieder, daß man gar nicht mehr aufstehen möchte.«[114]

Die Prinzessin war bekannt dafür, dass sie ihr Personal nicht immer pünktlich bezahlte. Ein englischer Chauffeur, mit dem sie wochenlang durch Europa reiste, bekam nie seinen Lohn. Im Gegenteil, er legte oft für die Prinzessin Geld aus. Da sie gar nicht daran dachte, ihn zu entlohnen, nahm er ihr einfach das Auto weg. Wally Oeler ließ sich wegen des ausstehenden Lohns immer wieder vertrösten, wollte sie doch ganz gerne weiterhin in der interessanten Welt der Prinzessin leben und hielt deshalb still.

Aus Amerika brachte die Prinzessin einige schöne Bücher über amerikanische Architektur mit, die sie dem »Führer« als Weihnachtsgeschenk sandte. Hitler antwortete am 28. Dezember 1937 vom Obersalzberg aus auf ihren Weihnachtsbrief:

> Hochverehrte Prinzessin!
>
> Für die Bücher über amerikanische Hoch- und Brückenbauten, die Sie mir als Weihnachtsgeschenk übermitteln ließen, sage ich Ihnen recht herzlichen Dank. Sie wissen, wie sehr ich mich für Architektur und die damit zusammenhängenden Gebiete interessiere, und können daraus ermessen, welch' große Freude mir Ihr Geschenk bereitet.
>
> Ich habe mir ferner berichten lassen, wie aufrecht und warmherzig Sie auch im vergangenen Jahre in Ihren Kreisen für das neue Deutschland und seine Lebensnotwendigkeiten eingetreten sind. Ich weiß wohl, dass Ihnen manche Unannehmlichkeiten daraus erwachsen sind, und möchte Ihnen deshalb, hochverehrte Prinzessin, aufrichtigen Dank sagen für das große Verständnis, das Sie unserem Volke im ganzen und meiner Arbeit im besonderen immer entgegengebracht haben. Ich verbinde mit die-

sem Dank meine herzlichsten Wünsche für das neue Jahr und verbleibe mit ergebensten Grüßen

Ihr Adolf Hitler[115]

Am 31. Dezember 1937 wurde am Obersalzberg ein Telegramm aufgegeben an Prinzessin Hohenlohe im *Dorchester Hotel* in London: »A happy new year and best love. Fr.« Stephanie musste offensichtlich das neue Jahr ohne ihren Geliebten begrüßen, aber gewiss in netter Gesellschaft, in der Champagner in Strömen floss. Doch auch Stephanies geliebter Fritz langweilte sich nicht in der Silvesternacht. Damals kamen sich der kraftvolle Adjutant und Gretl, Eva Brauns Schwester, auf dem Obersalzberg sehr nahe. Wiedemann hegte eine große Zuneigung zu dieser noch unverheirateten Schwester von Hitlers Geliebten. Eine weitere Reise in die Vereinigten Staaten unternahm Stephanie im Februar 1938, diesmal im ausdrücklichen Auftrag von Wiedemann. Sie reiste erneut auf der *MS Europa* mit ihrer Zofe und ihrer neuen Freundin Madame Charalambos Sinopoulos, der Gattin des griechischen Gesandten in London. Selbstverständlich wieder auf Kosten des Deutschen Reiches. Doch dieses Mal traf sie auf einen Mann, der ihrem Charme nicht erlag, nämlich den ihr aus früherer Zeit bekannten Ralph Ingersoll, dem Herausgeber der *Time*[116] in New York. Vor ihrer Abreise schrieb ihr Wiedemann nach London:

Liebe Prinzessin!

In der Anlage sende ich Ihnen – wie besprochen – einen Artikel, von dem wir annehmen, daß er günstig wirken würde, falls er in der Zeitschrift *Time* herauskäme. Sie wissen, Herr Ingersoll hat einiges an uns gutzumachen. Damit Sie unsere Einstellung zu dieser Frage sehen, übermittle ich Ihnen gleichzeitig das Schreiben aus Hamburg vom 29. Januar an Herrn Feldmann. Dieses Schreiben, das an sich wichtige Fingerzeige enthält, geht von der falschen Voraussetzung aus, daß ich den Artikel zeichnen wollte.

Das kommt gar nicht in Frage. Von mir aus kann wer will diesen Artikel zeichnen, die Hauptsache ist, daß er herauskommt. Also, bitte tun Sie Ihr Bestes und enttäuschen Sie uns nicht!

Mit Deutschem Gruß!
Ihr sehr ergebener Wiedemann
Adjutant des Führers[117]

Der vier Seiten lange Artikel »Hitler als Baumeister« war von Helmuth von Feldmann, einem Mitarbeiter Joseph Goebbels', verfasst worden. Er gipfelte in der primitiven Aussage: »Als Staatsmann ist Hitler ein Baumeister, als Baumeister ein Staatsmann.« Und daraus sollte geschlossen werden, dass Hitler für den Frieden ist, da alle von ihm geschaffenen Monumentalbauten nicht durch einen Krieg wieder zerstört werden sollten. Der Hitler-freundliche Artikel erschien dann aber doch nicht, da die Prinzessin den Herausgeber während ihres achtwöchigen Aufenthalts nicht treffen konnte.
Voller Sehnsucht schickte Stephanie ihrem »lieben Fritz« ein nettes Telegramm. Sie fühlte sich so unglücklich über die schmerzhafte Trennung von ihm. Sie vermisste ihn unendlich. Gleichzeitig hielt sie aber engen Kontakt zu ihrem in Cleveland gastierenden Liebhaber, dem Opernsänger Tibbett, und traf sich wiederholt mit ihm.
In der *Time* wurde die Öffentlichkeit aber dann doch stark auf Hitler aufmerksam gemacht. Das Magazin wählte ihn Ende 1938 zum »Mann des Jahres«, und Hitler kam auf die Titelseite als »unheiliger Organist«, der auf der »Orgel des Hasses« spielt.
Während der Zeit ihres Amerikaaufenthalts hatte sich viel in Europa verändert. Österreich, Stephanies Heimat, war dem Deutschen Reich angegliedert worden. Im Morgengrauen des 12. März 1938 ließ Hitler Wehrmachtsverbände in Österreich einrücken. Zwei Tage später meldete er auf dem Heldenplatz in Wien unter tosendem Jubel »den Eintritt meiner Heimat in das

Deutsche Reich«. Eine Volksabstimmung am 10. April bestätigte mit überwältigender Mehrheit den Anschluss der »Ostmark«, wie das Land nun hieß. Selbst der österreichische Sozialistenchef Karl Renner wählte öffentlich mit »Ja«, und auch der Wiener Kardinal Innitzer begrüßte »freudig« den Anschluss und ließ Kirchen mit Hakenkreuzfahnen »schmücken«.
Vor dem Anschluss galt Stephanie von Hohenlohe in Österreich als Agentin des Deutschen Reiches, und man wusste von ihr, dass »sie der gegenwärtigen österreichischen Regierung gegenüber feindlich eingestellt ist«.[118] Dies hatte die britische Botschaft in Wien an das Foreign Office gemeldet. Nun kam Stephanie aus den Vereinigten Staaten zurück, und es gab ein Großdeutsches Reich – und Stephanies »Widersacher« Joachim von Ribbentrop war Reichsaußenminister.

Zwei Rivalinnen um Hitlers Gunst: Prinzessin Stephanie und Unity Mitford

Prinzessin Stephanie von Hohenlohe, die Österreicherin, sollte zur großen Konkurrentin für die englische Faschistin Unity Mitford (1914–1948) werden. Stephanie, damals 47 Jahre alt und immer auffallend elegant gekleidet, stand hoch in Hitlers Gunst, aber auch die 24-jährige Unity hatte Hitler nicht wenig beeindruckt. Er hatte sie gerne in seiner Nähe, ob in München, Bayreuth, Berlin oder auf dem Berghof.

Die beiden Damen kannten sich bereits aus den prodeutschen Kreisen in London und trafen mehrmals bei den Reichsparteitagen in Nürnberg zusammen. Doch keine war darüber »amused«.

Die Reichsparteitage der NSDAP, die seit 1927 regelmäßig in Nürnberg stattfanden, übten allgemein eine große Faszination aus. Alle Welt sollte sehen, dass »Führer und Volk« eins seien. Weihevoll wurde es vor allem am Abend, wenn Flakscheinwerfer das Gelände mit einem »Lichtdom« überwölbten. Es beeindruckte durchaus, wenn zu martialischer Musik Tausende von Männern in Uniform und mit zum Hitlergruß erhobener Hand marschierten, um dann wieder in völliger Stille gebannt den Worten des »Führers« zu lauschen. Da kam Begeisterung auf für dieses »Dritte Reich«.

Die Teilnehmer an den Reichsparteitagen wurden von den örtlichen Parteiführern und Organisationen ausgewählt. Dazu kamen für die Ehrentribünen deutsche und ausländische persönliche Gäste des »Führers«.

Stephanie von Hohenlohe war durchaus beeindruckt von dieser »Weiheorgie« mit fast religiösem Charakter. Sie hatte erstmals 1935 in Vertretung von Lord Rothermere am Parteitag in Nürnberg teilgenommen. Am 2. Juli 1937 informierte Fritz Wiedemann den Reichsleiter und »lieben Parteigenossen« Martin Bormann, dass Prinzessin Hohenlohe auf Weisung des »Führers« zum »Reichsparteitag der Arbeit« nach Nürnberg eingeladen werden müsse. Es sollte gleichzeitig vorgemerkt werden, dass die Dame vermutlich noch eine weitere wichtige Persönlichkeit aus England für diese Einladung vorschlagen werde.[119]

Stephanie brachte ihre englische Freundin, die Journalistin Ethel Snowden, Witwe des 1937 verstorbenen englischen Politikers und Lordgeheimsiegelbewahrers Philip Viscount of Ickornshaw, mit. Sie schrieb für Rothermeres *Daily Mail*. Über diese Engländerin äußerte sich Goebbels in seinem Tagebucheintrag vom 14. September 1937: »Lady Snowden veröffentlicht einen begeisterten Artikel über Nürnberg. Eine Frau mit Mut. In London versteht man das nicht.«[120] Vor allem ihre jüdischen Freunde verziehen Ethel Snowden ihren Enthusiasmus für diese nationalsozialistische Selbstdarstellung nie. In Begleitung von Stephanie nahm auch Wiedemanns Ehefrau an dem Parteitag teil.

Zum »Reichsparteitag Großdeutschlands« am 5. September 1938 erschien die Prinzessin wiederum in Nürnberg und saß auf der Ehrentribüne. Wiedemann hatte an Franzi von Hohenlohe, Stephanies Sohn, im Vorfeld die Karten für die Parteikongresse, die Einlasskarten für den Appell des Reichsarbeitsdienstes sowie selbstverständlich auch die nötigen Durchfahrtsgenehmigungen gesandt.

Was der Prinzessin an diesem Parteitag sehr missfiel, war die Tatsache, dass auch die englische Faschistin Unity Mitford zusammen mit ihren Eltern, Lord David Bertram Ogilvy-Freeman-Mitford, 2. Baron Redesdale (1878–1958), und Lady Redesdale, auf der Ehrentribüne saß. Unity Valkyrie Mitford (1914–1948) und ihre fünf Schwestern galten als die berühmt-berüchtigten, durchaus interessanten Mitford-Schwestern.[121]

Unity, die erstmals im August 1933 zusammen mit ihrer Schwester Diana nach München gekommen war, entwickelte sich zur glühenden Verehrerin Hitlers, den sie im Februar 1935 in der *Osteria Bavaria* in der Münchener Schellingstraße kennengelernt hatte. Die Information darüber, dass dieses Lokal von Adolf Hitler bevorzugt und häufig aufgesucht wurde, hatte sie angeblich von Prinzessin Stephanie von Hohenlohe erhalten.

Unity war vom Nationalsozialismus fasziniert, doch auf einer sehr einfachen Ebene: Ihr gefielen schlichtweg die Paraden, die Lieder, die gut aussehenden jungen Männer in ihren Uniformen. Unity zog gerne ein schwarzes Hemd zum kurzen Rock und die dazu gehörenden schwarzen Stulpenhandschuhe an. In dieser Aufmachung glich sie mit ihren statuenhaften Proportionen und dem dichten Blondhaar jenen kriegerischen Jungfrauen, nach denen sie benannt worden war: Diese »wild gewordene Walküre«, wie sie ihre Schwester Nancy bezeichnete, hatte durch die Bekanntschaft mit Hitler plötzlich ein großes Gefühl von Wichtigkeit, sodass es ihr nicht schwerfiel, dessen antisemitische Propaganda zu schlucken und sie bei jeder sich bietenden Gelegenheit nur allzu bereitwillig wieder von sich zu geben.

»The Yids, the Yids, we've got to get rid of the Yids!« (»Wir müssen die Juden loswerden!«) Unity hatte diesen Text bei Harrods auf eine Schallplatte gesprochen, die sie nach Deutschland mitnahm.[122]

Unity Mitford entdeckte ihre tiefe Zuneigung zu Julius Streicher, dem Sadisten unter den Antisemiten. Auf dessen Einladung hin war Unity im Juni 1935 zu einer Kundgebung auf den Hesselberg bei Dinkelsbühl, dem »heiligen Berg der Franken«, gekommen, wo sie öffentlich ihre faschistischen Überzeugungen und ihren Judenhass bekundete. Sie sprach zu einer auf

25 000 Menschen geschätzten Volksmenge von ihrer Loyalität zum »Führer«.

Fritz Wiedemann beobachtete die junge Engländerin sehr genau; er hatte im Auftrag des »Führers« immer wieder mit ihr zu tun: »Dazu kam, so merkwürdig es klingt, der Einfluß der Unity Mitford, (...) die mit Hitler befreundet war. Sie hat ihrem Vaterland einen schlechten Dienst damit erwiesen, daß sie Hitler defaitistische Vorstellungen über England und das englische Volk beibrachte. Alles, was Unity Mitford Hitler erzählte, hat er für bare Münze genommen; dagegen konnten andere, die England richtig beurteilten, mit ihrer Meinung nicht durchdringen. Auch hier glaubte er wieder, was er glauben wollte«[123], bemerkte Wiedemann fast resigniert.

Unity Mitford beklagte sich bei Hitler vehement über seine offensichtliche Zuneigung zu Stephanie von Hohenlohe, obwohl diese doch Jüdin sei. »Sie sagte zu Hitler: ›Hier sind Sie antijüdisch, und trotzdem haben Sie die ganze Zeit eine Jüdin um sich, die Prinzessin Hohenlohe.‹ Hitler antwortete nicht darauf.«[124]

Auffallend ist, dass Hitler mit keinem Wort darauf reagierte, als Unity ihm die jüdische Herkunft der Stephanie von Hohenlohe vorwarf. Sein Stillschweigen kann bedeuten, dass sie für die deutsche Spionage arbeitete oder ihm Informationen lieferte, auf die er keinesfalls verzichten wollte. Und welches Spiel die faschistische Unity trieb, ist bis heute auch nicht eindeutig zu klären.[125]

Unity hasste die Hohenlohe, nannte sie eine »rusée«, ein Schlitzohr, »die Lord Rothermere genau berichtete, was Hitler vorhabe«[126]. Sie gab unumwunden zu, dass sie auf die Prinzessin grenzenlos eifersüchtig war. Unity fürchtete sich vor dem zu großen Einfluss der wesentlich älteren Prinzessin auf den geliebten »Führer«. Die beiden Damen wetteiferten miteinander darum, welche von ihnen die größte Aufmerksamkeit und den höchsten Propagandawert in England erringen konnte.

Unity Mitford glühte vor Wut, als sie erfuhr, dass Hitler Stephanie von Hohenlohe eine große signierte Fotografie von sich geschenkt hatte. Sie selbst hatte von ihm ein kleines Porträt in silbernem Rahmen erhalten, und sie zeigte es überall herum und stellte es auf ihren Nachttisch, selbst wenn sie im Schlafwagen reiste. Außerdem war für die Eifersüchtige nicht zu übersehen, dass Prinzessin Stephanie das Goldene Parteiabzeichen trug. Unity dagegen hatte von Hitler nur das normale erhalten, ein rundes, weiß emailliertes Abzeichen mit schwarzem Hakenkreuz und der Umschrift »Nationalsozialistische D.A.P.«, das von allen Mitgliedern als Anstecknadel am Revers getragen wurde.

Beim Parteitag von 1937 stand Unity Mitford schon unter Beobachtung der SS, die ihr Spionage unterstellte. Der Reichsführer SS Heinrich Himmler konnte die Engländerin ebenso wenig leiden wie Hitlers Adjutant Brückner. Letzterem missfiel das allzu enge Verhältnis zwischen Hitler und Unity, und er machte später den Einwand: »Und wenn sie eine Agentin des englischen Geheimdienstes ist, die man uns geschickt unter die Nase gesetzt hat? Wir sollten vorsichtiger sein, mein Führer!«[127]

Mit dem 3. September 1939, dem Tag der britischen Kriegserklärung, begannen sich die Ereignisse zu überstürzen. Bereits einige Tage vor diesem Datum legte der britische Konsul in München Unity Mitford erneut nahe, Deutschland zu verlassen, so wie dies ihre Landsleute in Scharen taten. Doch sie wähnte sich nach wie vor unter dem Schutze des »Führers« und blieb in München. Wurden anfänglich Unitys Eskapaden eher belächelt, so verging vielen in Hitlers Entourage das Lachen, als sie hörten, dass sie mit dem »Führer« 140-mal zusammengetroffen war.

Ernest Pope, der Korrespondent der Nachrichtenagentur Reuters, der sich an Hitlers Fersen geheftet hatte, behauptete, dass Unity unermüdlich regimekritische Äußerungen an Hitler

weitergegeben hatte und so zur »gefährlichsten Frau in München« wurde.[128]
Am Tag der Kriegserklärung wollte Unity Selbstmord begehen. Sie jagte sich auf einer Parkbank im Englischen Garten in München eine Kugel in den Kopf. Doch sie überlebte, da die Kugel im hinteren Schädel stecken geblieben war. Unitys Einlieferung in die Klinik in der Nußbaumstraße musste als »Geheime Reichssache« behandelt werden. Am 8. November besuchte der »Führer« die Engländerin. Er versprach ihr, alles für ihre Abreise zu regeln.
Mit einem Spezialwagen der Reichsbahn erfolgte der Krankentransport nach Bern in die Schweiz, zusammen mit einem Arzt und einer Krankenschwester. Von dort holte sie ihre Mutter zurück nach England. Unity Mitford erkrankte nach langen Jahren des Siechtums 1948 plötzlich an Hirnhautentzündung und starb. So war letztendlich auch sie ein Opfer des Krieges geworden.

Fritz Wiedemann in politischer Mission bei Hermann Göring und Lord Halifax

Goering And Halifax« heißt die Überschrift zu den Aufzeichnungen der Prinzessin Stephanie zu ihrer politischen Mission zusammen mit Fritz Wiedemann. Die Prinzessin hatte am 27. Juni 1938 in London ein Telegramm von Wiedemann erhalten mit der Bitte, umgehend nach Berlin zu kommen. »Empfang Mittwoch oder Donnerstag.«[129] Sie ahnte, dass an einem dieser Tage seit Längerem geplante Gespräche mit Reichsmarschall Göring stattfinden sollen. Da sie ohnehin zu einer Hochzeit nach Berlin reisen wollte, flog sie sogleich dorthin.

Die Prinzessin stieg im Hotel *Adlon* in Berlin ab und ließ sich mit einer ihr von der Reichskanzlei zur Verfügung gestellten Dienstlimousine nach Karinhall, dem imposanten Wohnsitz Görings, chauffieren.

In den zwei Stunden ihrer »Pilgerreise« von Berlin nach Karinhall bereitete sich Stephanie von Hohenlohe gedanklich auf das Treffen mit dem »konservativen, am wenigsten einem Nationalsozialisten gleichenden« Reichsminister für die Luftfahrt und Oberbefehlshaber der Luftwaffe vor.[130] Sie erinnerte sich, dass der scharfsinnige Goebbels ihn »einen aufrechten Soldaten mit dem Herz eines Kindes genannt« hatte. Aber man sagte ihr, dass er damit eigentlich meinte: »ein aufrechter Soldat mit dem Hirn eines Kindes«.

Stephanie sah in Göring den mutigen Flieger und den möglichen Nachfolger von Adolf Hitler. Über keinen anderen Mann in Deutschland sprach der »Führer« mit so viel Respekt, Bewunderung und Dankbarkeit. »Was wäre ich ohne Göring«, hatte Hitler der Prinzessin gestanden. Und er fuhr fort: »Was hätte ich ohne ihn zustande gebracht. (…) Ich habe große Ideen, aber Göring setzt sie in die Wirklichkeit um.« Mit Tränen in den Augen – und das waren echte Tränen, notierte Stephanie von Hohenlohe – hatte Hitler Göring gebeten, nicht so unverantwortlich schnell mit seinem Wagen zu fahren.

Stephanie von Hohenlohe war über den Lebenslauf von Hermann Göring bestens informiert. Sie dachte über seinen privaten Lebensweg nach, erinnerte sich an den erfolgreichen Flieger, der im Ersten Weltkrieg zwischen 30 und 40 feindliche Maschinen abgeschossen hatte und bei Kriegsende Kommandeur des Jagdgeschwaders Richthofen war. Ihm wurde der Orden Pour le mérite verliehen, Hitler dagegen hatte nur das Eiserne Kreuz. Göring, beim Hitlerputsch in München 1923 schwer verwundet, wurde danach viel zu lange mit Morphium behandelt und wurde abhängig. Die Prinzessin prangerte aber auch Görings Untaten an. Sie kannte das Geschehen um den sogenannten Röhmputsch, die Ermordung des ehemaligen Reichskanzlers Schleicher und seiner Frau und andere grausame Taten, in die Göring verstrickt war. Und plötzlich hatte sie das Gefühl, dass sie gar nicht mehr nach Karinhall fahren wollte. Doch dann fragte sie sich, ob sie denn die Richterin des Feldmarschalls sei. Hatte sie nicht sogar die Möglichkeit, auf dieses »apokalyptische Monster« mäßigend einzuwirken? Sie kam sich plötzlich vor wie ein »Advocatus diaboli«. All das Gute, das ihr in Bezug auf den »fetten Nazi Lohengrin« einfiel, gewann die Oberhand.

Stephanie hatte unzählige Geschichten und Witze über des Feldmarschalls einmalige Eitelkeit gehört, seinen Kleiderstaat, seine Preziosen, seine Passion für Pomp und Paraden. Ein »schwänzelnder Pierrot« wurde er genannt, trotz seines hohen Übergewichts.

Als der Fahrer die Besucherin durch das Eingangstor zum Grundstück von Karinhall fuhr, hatte sie sich entschlossen,

Göring freundlich zu begegnen, ganz gleich, welches Kostüm er trug, und sich außerdem nicht vor den Löwen zu fürchten, die er als Haustiere hielt. »So sollte ich endlich die Nummer 1 von Hitlers zwölf Aposteln kennenlernen. Diesen Kosenamen bekam er, als er 1928 als einer der zwölf parlamentarischen Mitglieder der Nationalsozialistischen Partei in den Reichstag aufgenommen wurde.« Die Prinzessin konnte sich vorstellen, dass Göring eines Tages in die Reihe der legendären Personen wie Hagen von Tronje, Till Eulenspiegel, Götz von Berlichingen und Schinderhannes aufgenommen werden würde.

Göring sprach mit der Prinzessin über seine persönlichen Ambitionen, seine Anstrengungen für Deutschland, seine Beziehung zum »Führer« und anderen Nazigrößen. Sie konnte nicht umhin, in diesem Gespräch Anzeichen von innerparteilichen Unstimmigkeiten zu erkennen.

Görings Wunsch war es, nach England zu reisen. Er bemerkte mit Nachdruck, dass »es kein Bluff sei, daß Hitler bald den Krieg erklären würde«. Nur er, Göring, könne dieses verhindern, wenn es ihm gelänge, mit Lord Halifax in London zu sprechen. Spannungen innerhalb der Partei würden ihn abhalten, dorthin zu reisen. Stephanie sollte ein entsprechendes Treffen vereinbaren, doch von Ribbentrop sollte davon nichts wissen. (Pikanterweise fand vor der Fahrt nach Karinhall das schon erwähnte Gespräch der Prinzessin mit Außenminister Ribbentrop im Berliner Hotel *Kaiserhof* statt.) Gewünscht war auch, dass Lord Rothermere nichts davon erfahre.

Die Prinzessin war durchaus bereit, diese Mission vorzubereiten, denn es war ja ihr Geliebter Wiedemann, der die Sondierungsgespräche in London mit Halifax führen sollte. Sie bat ihre beste Freundin, Lady Ethel Snowden, bei Halifax vorzufühlen, was dieser auch bestätigte:

»Am Mittwoch, den 6. Juli, suchte mich Lady Snowden am frühen Vormittag auf. Sie teilte mir mit, sie hätte durch jemanden mit äußerst engen Beziehungen zu Hitler – ich verstand, daß es

sich um Prinzessin Hohenlohe handelte – eine Nachricht mit folgender Absicht erhalten: Hitler wolle feststellen, ob die Regierung Seiner Majestät es begrüßen würde, wenn er einen seiner engsten Vertrauten, wie ich es verstand, zum Zweck inoffizieller Besprechungen nach England herüberschickt. Lady Snowden gab mir zu verstehen, es handle sich dabei um Reichsmarschall Göring und man wünsche festzustellen, ob er nach England kommen könne, ohne zu sehr und öffentlich beleidigt zu werden, und welche Haltung die Regierung Seiner Majestät im allgemeinen dazu einnähme.«[131]
Stephanie von Hohenlohe gelang es dann, ein Geheimtreffen zwischen Lord Halifax, Sir Alexander Cadogan und Hitlers Adjutanten Fritz Wiedemann zu arrangieren. Und schon drei Tage später konnte sie dies nach Berlin signalisieren. Der britische Außenminister schrieb am 17. Juli über die Unterredung mit Prinzessin Hohenlohe in sein offizielles Tagebuch:

> Prinzessin H. sagte, daß es W[iedemann]. nichts ausmache, wenn er Samstag und Sonntag, den 16. und 17. privat verbringt und mich erst am Montag vormittag aufsucht. Dementsprechend 10 Uhr vormittags, 88 Eaton Square vereinbart. (...) Ich beschränkte mich, klarzustellen, daß der einzige Zweck von W[iedemann].s Besuch war, Fragen über den eigentlichen Besuch zu erörtern. Ohne auf Details einzugehen, wies ich lediglich darauf hin, daß es offensichtlich war, daß G[öring].s Besuch, falls es dazu kam, überall bekannt werden würde und daß es daher zweifellos wünschenswert sei, schon im vorhinein abzusichern, daß er nicht ohne Ergebnis verläuft.[132]

Wiedemann kam heimlich aus Deutschland und wohnte bei der Prinzessin in London. Dann ging es zum Treffen bei Lord Halifax. Wiedemann wurde am 18. Juli 1938 mit Chamberlains »Erlaubnis« von Halifax in dessen Privathaus am Eton Square empfangen und behauptete, »mit Wissen Hitlers«, aber »ohne Kenntnis Ribbentrops« nach London gekommen zu sein. Er wollte in Erfahrung bringen, »ob eine hochgestellte deutsche Persönlichkeit baldmöglichst hierher kommen könne, um ein umfassendes Gespräch über die englisch-deutschen Beziehungen zu führen. Er deutete an, daß dies Feldmarschall Göring sei.«[133]

Wiedemann soll des Weiteren erklärt haben, »der Feldmarschall sei von diesem Gedanken sehr eingenommen« und Hitler wünsche gute Beziehungen zu England. Dieser hatte ihm aber persönlich aufgetragen, Halifax mitzuteilen, im Augenblick sei die entscheidende Frage die Unterdrückung der Sudetendeutschen durch die Tschechen. »Wenn nicht in absehbarer Zeit eine befriedigende Lösung zustande kommt, werde ich eben die Frage mit Gewalt lösen. Sagen Sie das dem Lord Halifax!«[134]

Den von Wiedemann vorgeschlagenen Besuch Görings in London lehnte der britische Außenminister mit der Begründung ab, dass das sudetendeutsche Problem noch nicht gelöst sei. Doch Wiedemann ließ nicht locker. Er bestand auf der Einladung, nachdem Halifax anlässlich der Jagdausstellung 1937 bereits Görings Gast in Berlin gewesen war. Nun konterte Halifax, dass er eine solche »Annäherung der deutschen Regierung« der französischen Regierung zur Kenntnis bringen müsse.

Auf diese Abweisung hin hat Wiedemann »äußerst heftig betont, daß Herr von Ribbentrop nicht mit der Angelegenheit befaßt werden solle, bis es absolut unvermeidlich sei. Er fügte vertraulich hinzu, daß Herrn von Ribbentrops Stellung beim ›Führer‹ lange nicht mehr die sei, die sie gewesen war.«

In einem Memorandum vom 11. August 1938 nahm Halifax Bezug auf sein Gespräch mit Wiedemann, indem er erklärte:

> Der Premierminister und ich haben über die Unterhaltung nachgedacht, die ich mit Hauptmann Wiedemann im letzten Monat führte. Von besonderer Bedeutung für uns sind die Schritte, die die deutsche und britische Regierung möglicherweise unternehmen könnten, um nicht

> nur die bestmöglichen Beziehungen zwischen den beiden Ländern herzustellen, sondern auch eine Befriedung der internationalen Lage, um eine Verbesserung der allgemeinen wirtschaftlichen und politischen Fragen zu erreichen. (...)
> Unsere Hoffnung ist kürzlich durch das Verhalten der deutschen Presse erschüttert worden, die, wie es uns scheint, nicht gezögert hat, die öffentliche Meinung gefährlich aufzuhetzen wegen jedes Zwischenfalls, der sich entweder in der Tschechoslowakei oder an den Grenzen ereignet.[135]

Der französische Botschafter in Berlin, André François-Poncet, gab nach Paris folgende Erklärung durch: »Die Idee, dass Hauptmann Wiedemann von Lord Halifax empfangen wird, wurde von Prinzessin Hohenlohe ausgeheckt, die allen Geheimdiensten der Großmächte bestens bekannt ist und die im Augenblick anscheinend den Interessen Englands dient, obwohl Hauptmann Wiedemann, der sich der engsten Beziehungen zu ihr erfreut und sie häufig in London besucht, der Meinung ist, daß sie sich hauptsächlich den Interessen Deutschlands verpflichtet fühlt.«[136]
Diese Aussage des sehr angesehenen Botschafters entbehrt nicht der Brisanz. Die Prinzessin – »allen Geheimdiensten der Großmächte bestens bekannt« – ließ noch nicht einmal einen François-Poncet klar erkennen, für wen sie eigentlich arbeitete beziehungsweise spionierte. Er war nicht der Einzige, der ihr Tun hinterfragte und zu keinem konkreten Schluss kam.
Der französische Botschafter wies in seinem Bericht auch darauf hin, dass der ebenso naive und mäßig intelligente wie wohlmeinende Wiedemann des Englischen nicht mächtig sei. Wiedemann sprach zwar Englisch, er war aber offensichtlich nicht in der Lage, eine so brisante politische Mission in dieser Fremdsprache zu führen. Dies brachte es mit sich, dass Stephanie von Hohenlohe während der ganzen Unterredung mit Halifax als Dolmetscherin fungierte. Ein erstaunlicher

Vorgang, der sie immer mehr zu einer Geheimagentin werden ließ.

Am 22. Juli 1938 schrieb der tschechische Botschafter in London, Jan Masaryk, ziemlich aufgeregt nach Prag: »Wenn noch etwas von Anstand in dieser Welt verblieben ist, dann wird es eines Tages einen großen Skandal geben, wenn die Rolle aufgedeckt wird, die Steffi Hohenlohe, geborene Richter, bei Wiedemanns Besuch gespielt hat. Diese weltbekannte Geheimagentin, Spionin und Schwindlerin, die eine Volljüdin ist, bildete heute den Mittelpunkt der Hitler-Propaganda in London. Wiedemann hat bei ihr gewohnt. Auf ihrem Tisch steht Hitlers Fotografie mit der Aufschrift ›Für meine liebe Prinzessin Hohenlohe – Adolf Hitler‹ und daneben steht eine Fotografie von Horthy, gewidmet der ›großen Staatsmännin‹.«[137]

Stephanie von Hohenlohe äußerte sich später ausführlich ihrem Ghostwriter Kommer gegenüber zu diesem wenig erfolgreichen Unternehmen: »Sehr bald danach erfuhr ich, daß Herr von Ribbentrop sofort nach Erhalt der Nachricht aus London bei Hitler erschien, daß er auf das heftigste gegen die Einmischung des Feldmarschalls, des Hauptmanns und meinerseits protestierte und daß es ihm gelang, Hitler gänzlich umzustimmen. (...) Ribbentrops Stern war in dieser Zeit im Aufgehen, aber auch das Wetterleuchten des Krieges kam näher. Für mich war das Kapitel abgeschlossen.«[138]

Auf jeden Fall wurde das Apartment der Prinzessin im vornehmen *Dorchester Hotel* am Hyde Park, in dem sie seit 1936 wohnte, zu einem Londoner »Stützpunkt« der Nationalsozialisten. Möglicherweise war dort eine Dependance der deutschen Spionage. Diesen Eindruck hatte auf jeden Fall der britische Botschafter in Österreich, Sir Walford Selby, der den Weg der Wienerin zu einer »internationalen Abenteurerin« verfolgt hatte. Er warnte seine Regierung vor ihr: »Zweifellos war die deutsche Propaganda während jener Jahre in London sehr aktiv. Die österreichische Regierung beobachtete diese Manöver mit tiefstem Unbehagen, insbesondere die der Prinzessin Stefanie von Hohenlohe, von der sie wußte, daß sie eine Agentin Hitlers war.«[139]

Das Thema des Göring-Besuchs stellte Wiedemann gegenüber Ribbentrop so dar, als habe nicht er, sondern Halifax diese Frage angeschnitten. Sein Bericht an Ribbentrop endet mit der überschwänglichen Behauptung: »Lord Halifax bat mich, dem Führer seine Empfehlung zu übermitteln und ihm zu sagen, daß er, Halifax, vor seinem Tode als Ziel seiner Arbeit noch sehen möchte, wie der Führer an der Seite des englischen Königs unter dem Jubel der englischen Bevölkerung in London einzieht. Er begleitete mich dann bis zur Haustür, wo wir uns herzlichst verabschiedeten.«[140]

Doch dieser Abschied an der Tür zeitigte weniger angenehme Folgen. Ein Zeitungsreporter hatte die beiden beobachtet. Als Fritz Wiedemann am nächsten Morgen in Croydon das Flugzeug bestieg, sah er eine linksgerichtete Zeitung, die in einer dicken Überschrift verkündete, dass der Adjutant Hitlers eine geheime Unterredung mit dem englischen Außenminister gehabt habe. Der Verfasser des brisanten anonymen Artikels hieß Willi Frischauer. Stephanies Halbschwester Gina Kaus war in zweiter Ehe mit Eduard Frischauer verheiratet. Dessen Onkel Willi hatte ein gut gehendes Montagsblatt in Wien bis zum Zeitpunkt seiner Emigration.[141] Er schrieb zum fraglichen Zeitpunkt für den *Daily Herald* und war höchst interessiert an der politischen »Laufbahn« der Wienerin Stephanie von Hohenlohe in London. Über sie zu berichten war immer ein lukratives Geschäft. Außerdem kannte er die Prinzessin »gesellschaftlich« aus ihrer Wiener Zeit, da sie mit seinem Freund, »Feichtl« Starhemberg, bei allerhand »internationalen Machenschaften – Waffen, Finanzen, politische Intrigen – zusammengearbeitet« habe. »Feichtl« war der Bruder des Heimwehrführers und Vizekanzlers Rüdiger Graf Starhemberg.[142]

Die Londoner Sensationsnachricht ging natürlich auch nach Berlin. Mitten in die Pressekonferenz des Auswärtigen Amtes am Dienstagvormittag platzte jemand mit der Nachricht, dass Wiedemann bei Halifax gewesen sei. Das schlug wie eine Bombe ein. Wiedemann: »Ich muß zugeben, daß es für Ribbentrop eine peinliche Angelegenheit war, und er hat sich bestimmt sofort mit Hitler telefonisch in Verbindung gesetzt.«[143]

Die ausländische Presse reagierte prompt, wie Goebbels in seinem Tagebuch notierte: »23. Juli 1938: (...) Wiedemanns Besuch bei Halifax im Auftrage des Führers beherrscht noch mehr die ganze Auslandspresse. Wust von Gerüchten.« Wie Goebbels meinte, sei die ganze Angelegenheit »von der englischen Presse über Gebühr aufgebauscht worden. Der Führer hat keine besonderen Absichten damit verfolgt, als nur England zu beruhigen.«[144]

Wiedemann flog mit recht zwiespältigen Gefühlen nach Berlin zurück und, da Hitler gerade »auf dem Berg« weilte, gleich nach Berchtesgaden weiter. Als er gegen fünf Uhr nachmittags dort landete, hieß es, der »Führer« sei mit der englischen Faschistin Unity Mitford spazieren gegangen und werde erst kurz vor dem Abendessen zurückerwartet.

Als Hitler kurz vor 19 Uhr zurückkam, forderte er Wiedemann auf, von der Reise zu erzählen. Wiedemann begann vorsichtig mit dem Gruß von Halifax und dessen Hoffnung, Hitler einmal als Gast des Königs von England in London zu sehen. Dann wollte er fortfahren: »Zum Besuch Görings ...« Weiter kam er nicht. Hitler schnitt Wiedemann sogleich das Wort ab: »Kommt gar nicht mehr in Frage, meine Herren, zu Tisch bitte!« Wiedemann selbst konnte es kaum für möglich halten, dass es ihm auch später nicht mehr gelang, auf diese Angelegenheit zurückzukommen.

So blieb Wiedemann nichts anderes übrig, als nach einiger Zeit Lord Halifax durch seine Mittelsleute in London sagen zu lassen, es tue ihm leid, aber seine Mission sei gescheitert. »Bei Hit-

ler hatte sich – in seiner großen Unsicherheit England gegenüber – das Blatt schon wieder einmal gewendet.«[145] Wiedemann wusste nicht recht, ob Unity Mitford dem »Führer« »etwas geflüstert« hatte oder ob ihm eine »politische Aufwertung Görings unheimlicher denn je erschien«.[146]
Ribbentrop verlangte von Wiedemann einen schriftlichen Bericht über den Besuch in England. Damit war auch mit ihm die Sache äußerlich erledigt. »Aber verziehen hat er mir meinen Versuch nie, in seine Außenpolitik hineinzupfuschen«[147], gab Wiedemann unumwunden zu.
In seiner Autobiografie zeigt der Botschafter Herbert von Dirksen noch einmal die Vorgänge um die Geschehnisse von Wiedemanns Londonmission auf: »Das wichtigste politische Ereignis des Sommers war ein von deutscher Seite unternommener Annäherungsversuch, der die Methoden Hitlerscher Diplomatie – ihre Vielgleisigkeit, ihre Umgehung der zuständigen Stellen, ihre Unaufrichtigkeit und mangelnde Konsequenz, sowie die völlige Unfähigkeit, sich auf die Mentalität der Gegenseite einzustellen – in hellstem Lichte zeigt. (…) Der Antrieb zu seiner Londoner Mission schien mir aus zweifacher Quelle zu stammen: dem Geltungsdrang Görings und seinem Wunsch nach Erhaltung des Friedens durch Verständigung mit England einerseits; und der parallelen Initiative einer geschickten Frau andererseits. Diese Frau, Prinzessin Hohenlohe, gebürtige Ungarin, von ihrem Mann geschieden, seit Jahren in London lebend, hatte es verstanden, auf Grund ihrer Bekanntschaft mit Wiedemann Zutritt zu Göring und auch zu Hitler zu erlangen. Dieser hatte sie zu einer mehrstündigen Unterhaltung empfangen, eine Auszeichnung, die er bekanntlich den amtlichen Vertretern des Reiches im Ausland versagte. Aber da die Prinzessin Hohenlohe eine kluge und für den Frieden arbeitende Frau war, konnte diese Einwirkungsmöglichkeit auf den Führer nur begrüßt werden. Von ihr gesteuert, betrat Wiedemann das glatte Londoner Parkett. Da sein Auftrag ganz in der

Linie meiner Bestrebungen lag, und er mich loyal über alles Wissenswerte unterrichtete, tat ich mein Möglichstes zur Förderung seines Auftrages.«[148]

Dirksen erinnerte sich, dass Ribbentrop ihm gegenüber Wiedemanns Mission nur insoweit erwähnte, als er ihn zur Vorsicht gegenüber der Prinzessin Hohenlohe ermahnte. »Ich erwiderte, ich hätte sie für über jeden Zweifel erhaben gehalten, da der Führer ihr die Ehre einer Audienz erwiesen habe, um ihre Ansichten über England zu hören. So endigte dieser von ausschlaggebender deutscher Seite unternommene amateurhafte Versuch, zu einem Ausgleich mit England zu kommen, in dem Gestrüpp persönlicher Intrigen.«[149]

Herrin auf Schloss Leopoldskron

Der Londoner *Evening Standard* vom 21. Juli 1938 brachte unter der Rubrik »The Londoner's Diary: Friend of Hitler« folgende Mitteilung:

»Prinzessin Hohenlohe-Waldenburg-Schillingsfürst, die, wie man vermutet, die Zusammenkunft des Hauptmanns Wiedemann mit Lord Halifax arrangiert hat und als Gastgeberin Wiedemanns in London fungierte, will Schloß Leopoldskron bei Salzburg, das nach dem Anschluß beschlagnahmt wurde, als Ferienwohnsitz beziehen.«[150]

Die Berliner Journalistin Bella Fromm schrieb über Stephanie damals: »Der Einbruch in die Wiedemannsche Ehe war mehr als eine Bagatelle im Vergleich zum Ergebnis der Stephanie/Wiedemann-Teamwork für die Nationalsozialisten. Zu schade für Frau Wiedemann, wenn sie untröstlich und verletzt war. Für diese außergewöhnlichen Dienste wurde Stephanie durch Hitler mit Schloß Leopoldskron nahe Salzburg belohnt, einst das Heim des weltbekannten Theatergenies Max Reinhardt.«[151]

In London hatte die Prinzessin auch immer wieder Kontakt zu Dr. Rudolf Kommer, dem Agenten von Max Reinhardt für dessen Projekte in England und den Vereinigten Staaten. Er erzählte Stephanie davon, dass Reinhardts Besitz, das Schloss Leopoldskron bei Salzburg, als »volks- und staatsfeindliches Eigentum« von der Gestapo beschlagnahmt worden sei und nun für NS-Zwecke genutzt werden sollte. Und er hatte ihr geraten, sich dafür zu interessieren. Schloss Leopoldskron wurde von der Finanzverwaltung des Deutschen Reichs mit einer Fantasiehypothek belegt, woraus angenommen werden konnte, dass Max Reinhardt verschuldet war, was überhaupt nicht stimmte. Wie Stephanie von Hohenlohe es sich wünschte, wurde ihr das im März 1938 enteignete Schloss Leopoldskron von Hitler und Göring in Anerkennung ihrer Vermittlertätigkeit bei Lord Halifax als Residenz und zur Errichtung eines »politischen Salons« zur Verfügung gestellt. »Die Fäden dieser Travestie, bei der die Jüdin für ihre Verdienste um den Nationalsozialismus mit dem Besitz des ausgebürgerten Juden belohnt wurde, zog Hitlers Adjutant Fritz Wiedemann.«[152] »Was für ein makabrer Scherz: Reinhardts Schöpfung – ein Schloß für die Nazis!«, schrieb fassungslos Reinhardts spätere Frau, die Schauspielerin Helene Thimig.

Max Reinhardt (1873–1943) – einer der großen deutschen Schauspieler, Regisseure und Begründer des neuen Regietheaters – hatte Schloss Leopoldskron 1918 erworben. Er ließ den Besitz aufs Feinste restaurieren. Zusammen mit Hugo von Hofmannsthal gründete er die Salzburger Festspiele und eröffnete sie 1920 mit »Jedermann«.

An Theaterfragen zeigte sich Hitler immer sehr interessiert. Goebbels schreibt: »Er erklärt Erscheinungen wie Mahler oder Max Reinhardt, deren Fähigkeiten und Verdienste er nicht abstreitet. In der Reproduktion vermag der Jude manchmal etwas zu leisten.«[153]

Im Jahr 1933 boten die Nazis Max Reinhardt (eigentlich Max Goldmann) eine »Ehren-Arierschaft« an, die er empört ablehnte. Reinhardt sah in »Adolf, den Kolossale(n)«, den Mann, der »wie in der Aesopschen Fabel die Fliege am Wagenrad der Zeit [sitzt] und ahnt den Lenker nicht. Er summt stolz: was für einen Staub ich aufwirble!«[154] Am 5. Oktober 1937 reiste Reinhardt nach Amerika, diesmal nicht als Tourist wie bisher, sondern als Emigrant. Kurz zuvor hatten Nazianhänger eine Bombe in die Halle von Schloss Leopoldskron geworfen.

Auf Schloss Leopoldskron wohnte zeitweilig auch Reinhardts

Theateragent und Autor Dr. Rudolf Kommer, der später ja pikanterweise der Ghostwriter von Prinzessin Stephanie werden sollte. Er hat 1941 das Geschehen um Schloss Leopoldskron auf Wunsch von Stephanies Sohn Franz noch einmal zusammengefasst, allerdings aus seiner Sicht und mit dem Ziel, Stephanie gegen die drohende Ausweisung aus Amerika Hilfe zu leisten.

Liebe Prinzessin Hohenlohe,

ich höre von Franzi, daß Ihnen Ihre Briefe und Unterlagen von 1938 zur Zeit nicht zugänglich sind und Sie Ihre Position bezüglich Prof. Max Reinhardt, Schloß Leopoldskron und mir zu klären wünschen. Ich beeile mich, Ihnen einen knappen Überblick über die Fakten zu geben:
1) Ungefähr zwei Monate nach der Besetzung Österreichs durch Deutschland (März 1938) wurde ich von Prof. Max Reinhardts Wirtschafterin auf Schloß Leopoldskron informiert, daß das Schloß, das im März beschlagnahmt worden war, einer militärischen Nazi-Organisation übergeben wird. Das hätte die physische Zerstörung großer künstlerischer Werte bedeutet. Nachdem mir prominente Nazi-Anwälte definitiv mitgeteilt hatten, daß es keinen wie immer gearteten Rechtsschutz für Prof. Max Reinhardt (und für mich) in Nazi-Deutschland gab, dachte ich darüber nach, wie dieses Juwel der Architektur vor den Barbaren gerettet werden könnte. Als ich Sie im Juni 1938 in London sah, erinnerte ich mich plötzlich, daß Sie in den vergangenen Jahren wiederholt versucht hatten, Schloß Leopoldskron von Prof. Max Reinhardt zu kaufen. Daher schlug ich vor, daß Sie nach Salzburg fahren und das Schloß von den Nazi-Behörden entweder kaufen oder mieten. Natürlich hoffte ich, daß Ihre persönlichen Beziehungen Ihnen bei diesen Bemühungen helfen würden. Es gelang Ihnen, einen Mietvertrag auf fünf Jahre zu erhalten, und damit war das Vorhaben, aus dem schönen barocken Besitz Baracken zu machen, aufgehalten. Es war ein äußerst freundlicher Akt Ihrerseits gegenüber Prof. Max Reinhardt und nicht ein feindlicher, wie einige uninformierte Zeitungen berichten.

2) Außerdem boten Sie, im Geiste echter Freundschaft, bei der Rettung des persönlichen Besitzes von Prof. Max Reinhardt (und meines) auf Schloß Leopoldskron Ihre Hilfe und Unterstützung an. Es würde zu weit führen, unsere längerfristigen Pläne zu beschreiben, denen der Kriegsausbruch ein Ende bereitete, aber es genügt, anzuführen, was tatsächlich und mit Erfolg getan wurde. Im August 1938 erhielt ich in London 26 Kisten, die meine Bibliothek enthielten (etwa 6000 Bände), Papiere, Bilder und persönliche Kleidungsstücke. Ein paar Monate später erhielt Prof. Max Reinhardt in Hollywood, Cal., eine Menge Bücher, Porzellan, Silber, Möbel etc. etc. von Schloß Leopoldskron. Das alles wurde von Ihnen auf die großzügigste Weise erledigt, und ich werde Ihnen dafür stets zutiefst dankbar sein. (...)
In der Hoffnung, daß Ihre Verfolgung durch die Presse, die einer gänzlichen Fehleinschätzung Ihrer Persönlichkeit entspringt, bald ein Ende haben wird, verbleibe ich mit den ergebensten Grüßen,

Ihr dankbarer Rudolf K. Kommer[155]

Einiges in diesem Brief ist unglaubwürdig. Schon der Hinweis, dass die Prinzessin das Schloss sogar kaufen wollte, stimmt nicht. Dazu fehlten ihr alle finanziellen Mittel. Auch die amerikanische Presse nahm diese Ausführungen nicht zur Kenntnis. Dass Stephanie einen kleinen Teil des persönlichen Besitzes von Reinhardt zurücksandte, ist richtig. Ihr Sohn wurde mit den Formalitäten der Verfrachtung beauftragt. Am 28. Oktober erhielt Wiedemann von Franz den Hinweis: »Lieber Fritz, (...) beiliegend sende ich Dir zur Beachtung die von mir jetzt genau durchgeführte Liste der Sachen, welche an Professor Reinhardt zurückkommen. Sie ist allerdings noch nicht komplett, und ich fürchte, ich werde dich in einigen Tagen nochmals mit dem zweiten Teil davon belästigen müssen. Obwohl sie sehr lang erscheint, sind es gar nicht so furchtbar viele Sachen: und Steph hätte damals nicht erschrecken brauchen.«[156]

Zu den von Wiedemann abgezeichneten Listen bekam »Franzi« am 24. November noch eine Führervollmacht zur Ausfuhr der Max Reinhardt gehörenden Gegenstände: »Der Führer hat angeordnet, daß alle persönlichen Gegenstände des früheren Besitzers von Leopoldskron, des Professors Max Reinhardt, diesem ohne weiteres zurückzugeben sind. Der Prinz Hohenlohe ist von mir beauftragt, diese Weisung des Führers auszuführen. Einer besonderen Bewilligung der Devisenstelle, einer Bestätigung der Steuerbehörde oder einer Bewilligung anderer Behörden und Verwaltungen bedarf es demzufolge nicht mehr.«[157]

Gottfried Reinhardt, der Sohn, befasste sich in seiner Biografie über den Vater ausführlich mit dem Ereignis, dass »die gewesene Prinzessin Stephanie Hohenlohe – alias Fräulein Richter aus Wien – als Schlossherrin von Hitlers Gnaden in Leopoldskron eingezogen« war. »Die Trägerin des Goldenen Parteiabzeichens war« – so schreibt er irrtümlich – »in zweiter Ehe mit Herrn Wiedemann verheiratet, dem deutschen Konsul in San Francisco, der noch vor Eintritt Amerikas in den Krieg wegen nazistischer Machenschaften außer Landes verwiesen wurde. Den Eintritt in die Weltpolitik verdankte sie dem englischen Zeitungskönig Lord Rothermere, dessen fixe Idee es gewesen war, einem Hohenzollern den Rückweg zum Thron zu ebnen. Sie muß realistischer gedacht haben, denn ihre Treue gehörte statt einem Zweiten Kaiserreich sehr bald dem Tausendjährigen. Aber auch ihre Machtergreifung von Leopoldskron entbehrte nicht eines weitsichtigen Realismus: Nach innen verwaltete die treuherzige Hitlernachbarin deutsches Stammesgut, das schändlicherweise an einen Fremden verschachert worden war; nach außen verwaltete die innere Emigrantin treuhänderisch den Besitz für den Fremdstämmigen. Kommer (...) kam durch sie wieder in den Besitz seiner Salzburger Bibliothek. Auch an Max Reinhardt sandte sie Effekten aus Leopoldskron nach Kalifornien, allerdings nur Plunder. Sie hatte dafür die Erlaubnis des Gauleiters erlangt. Das Doppelspiel dieser Dame wurde zu einem weiteren Zankapfel zwischen Max Reinhardt und Kommer, der ihm Undankbarkeit gegen die Lady vorwarf.«[158]

Worauf jener erwiderte: »Ich konnte mir jedoch niemals einbilden, daß die mir so fernstehende Prinzessin ihren Aufenthalt etwa meinetwegen nach Leopoldskron verlegt haben würde. Sie treffen mich auch nicht mit der Annahme, daß ich irgendein Gewicht darauf lege, die Prinzessin als Jüdin zu reklamieren. Ihre äußere Erscheinung sprach dafür und alle Welt sprach davon. Da außerdem ihre aristokratischen Freunde das mosaische Bekenntnis der Prinzessin immer wieder als besondere Pikanterie in ihrer Beziehung zum Allerhöchsten (in Berchtesgaden) betonten, habe ich mir nie gegenteilige Gedanken gemacht. Ich bin aber ohne weiteres bereit, ihr jede andere Konfession zu glauben (...).«[159]

Der erste kulturelle Höhepunkt nach dem Anschluss Österreichs waren die Salzburger Festspiele, die am 24. Juli 1938 begannen. Die Spitzen des nun in der »Ostmark« herrschenden NS-Regimes waren »in dieser schönen deutschen Stadt« erschienen; die Schlossherrin von Leopoldskron aber war nicht eingeladen. Goebbels legte Wert darauf, dass die Salzburger Festspiele nun richtige Reichsfestspiele werden sollten. Doch mit Rücksicht auf die Bayreuther Festspiele durfte in Zukunft »kein Wagner gegeben werden«. Die ersten Salzburger Festspiele der NS-Zeit wurden allerdings mit Wagners Schöpfung *Die Meistersinger von Nürnberg* eröffnet und nicht mit einer Oper von Wolfgang Amadeus Mozart.

Die Salzburger Parteigenossen mochten die neue Herrin auf Schloss Leopoldskron nicht. Sie war ihnen viel zu suspekt. Da aber die Gauleitung selbstverständlich den ihr durch Wiedemann übermittelten Wunsch des »Führers«, den auch Generalfeldmarschall Göring unterstützte, sofort erfüllte, erhielt der Landesstatthalter Dr. Albert Reitter die Weisung, das Schloss für die Prinzessin zur Verfügung zu stellen.

Es sollten auf jeden Fall die Besitzverhältnisse hieb- und stichfest gemacht werden. Die Rechtslage besagte, dass das Schloss Eigentum des Landes Salzburg war und dass »Ihre Fürstliche Hoheit« nur die Benutzungsrechte innehabe. Der deutsche Außenminister erhielt einen Brief seines Presseattachés Rudolf Likus mit folgender Begründung: »Da die Person der Prinzessin Hohenlohe im früheren Lande Österreich kritisch beurteilt wird, hat die Landesstatthalterei sich grundbuchmäßig das Eigentumsrecht am Schloßgut Leopoldskron gesichert. Die kritische Beurteilung der Prinzessin beruht auf dem Umstande, daß die Prinzessin Hohenlohe in Salzburg bei Volksgenossen in einem schlechten Leumund steht, die sie von ihrer in Wien als Fräulein Steffi Richter verlebten Mädchenzeit her kennen.«[160]

Die neue Herrin ließ das Schloss, ohne sich um die anfallenden Kosten zu kümmern, umbauen. Da sie von vornherein große Einladungen auf dem Schloss plante, musste ein überdimensionaler elektrischer Herd sowie ein großer Kühlschrank samt modernsten elektrischen Küchenhilfen installiert werden, für die wiederum ein Transformator nötig war. Eine Zentralheizung wurde eingebaut. Da Stephanie sich gerne sportlich betätigte, bot sich der Bau eines Tennisplatzes an. Die aufwendig neu gestalteten Gartenanlagen verschlangen Geld. Dazu kamen noch die sehr hohen Personalkosten.

Die enormen Umbau- und Ausstattungskosten trug nicht das Land Salzburg, sondern die Reichsregierung in Berlin, da es sich um lauter Rechnungen handelte, die, »wie der Führer selbst sagte, den Wert des Schlosses erhöhen, und da das Schloß heute Staatsbesitz ist, sind diese Verhältnisse ja geklärt«, so sicherte sich Wiedemann ab und bezahlte die Rechnungen. Nach seinem Weggang nach San Francisco kam sein Freund General Bodenschatz nur sehr zögerlich der Begleichung der hohen Rechnungen nach. Schließlich übernahm Reichsparteiführer Martin Bormann die Bezahlung der bis zum Sommer 1939 eingereichten Handwerkerrechnungen.

Da die Prinzessin von vielen Seiten angegriffen wurde, hatte ihr Wiedemann ein entsprechendes Dokument ausgestellt:

> 10. Juni 1938. Prinzessin Stephanie von Hohenlohe ist dem Führer persönlich bekannt. Sie hat sich jederzeit für das neue Deutschland im Ausland in anerkennenswerter Weise eingesetzt. Ich bitte deshalb alle deutschen Behörden des In- und Auslandes, ihr bei jeder Gelegenheit das *besondere* Entgegenkommen zu zeigen, das wir Ausländern schuldig sind, die in so betonter Weise für das heutige Deutschland eintreten.
>
> Hauptmann a. D. Wiedemann,
> Adjutant des Führers[161]

Sobald sich die Prinzessin auf Schloss Leopoldskron etabliert hatte, begann sie ihre Rolle als Gastgeberin zu spielen. Es gelang ihr, eine ganze Reihe mehr oder minder bedeutender Franzosen, Engländer und Amerikaner nach Leopoldskron zu holen, immer mit dem gleichen Erfolg: Die Leute waren von dem Gesehenen begeistert und schrieben in ihre Heimatländer, wie gut die Salzburger Festspiele seien und dass man nirgends bessere Musik hören könne als in Deutschland.

Als einen sehr angenehmen Gast empfand Stephanie von Hohenlohe den amerikanischen Dirigenten Leopold Stokowski; mit ihm besprach die Prinzessin Opernfreilichtaufführungen im Schlosspark. Gäste waren auch der Theaterkritiker Philipp Carr und Mrs. Carrol Carstairs, die Gattin eines prominenten New Yorker Kunsthändlers. Die französische Kulturwelt war durch die Präsidentin der Pariser Mozart-Gesellschaft, Madame Octave Hombert, vertreten. Es fehlte nicht der Intimus des Herzogs von Windsor, Charles Bedaux, der häufig im nahe gelegenen Schloss Mittersill Ferien machte, um Golf oder Tennis zu spielen.

Enttäuscht war Stephanie vom »Führer«, der seine »liebe Prinzessin« nicht auf Schloss Leopoldskron besuchte. Auch Hermann Göring kam nicht, obwohl er eine Residenz auf dem nahen Obersalzberg hatte. Der häufigste Gast war Fritz Wiedemann, auch in Begleitung seiner Frau Anna-Luise und seiner drei Kinder.

Der angesehene Diplomat Herbert von Dirksen gehörte zu denen, die Stephanie auf Schloss Leopoldskron wiederholt besuchten; er kam mit seiner Stiefmutter Viktoria von Dirksen, zumal sich die Herrschaften aus Berlin gut kannten. Und Stephanie ließ sich mit dem Botschafter häufig fotografieren. Herbert von Dirksen war von 1928 bis 1933 deutscher Botschafter in Moskau gewesen, danach von 1933 bis 1938 in Tokio, schließlich in London, wo er 1938 Ribbentrops Nachfolger als deutscher Botschafter am Hof von St. James wurde. Schon 1940 wurde er in den Wartestand versetzt.

Die Stiefmutter des Botschafters, Viktoria von Dirksen, war die zweite Ehefrau des verwitweten Botschafters a. D. und Geheimen Legationsrats Willibald von Dirksen, der 1928 starb.[162] Als sie Hitler in Berlin kennenlernte, war sie 48 Jahre und er 33 Jahre alt. In kurzer Zeit nannte man sie in Berlin »Mutter der Revolution« und »Mutter der Bewegung«.[163] Die »Donnerstagssoiréen« von Viktoria von Dirksen – ein politischer Jour fixe – fanden in ihrem Palais in der Berliner Margaretenstraße statt. Zu den ausgewählten Gästen zählte das Ehepaar Bechstein, Besitzer der Pianofabrik, das mit um die Gunst Adolf Hitlers buhlte. Dieser stieg in kürzester Zeit zum »Glanzstück«[164] des politischen Salons auf. Karl August von Laffert, Viktoria von Dirksens Bruder, sowie ihr Schwiegersohn Werner von Rheinbaben, der von 1920 bis 1933 Staatssekretär in der Reichskanzlei war, gehörten zu diesem Kreis.

Wenn man sich mit Viktoria von Dirksen unterhielt, dann wies sie immer wieder auf ihre »diplomatische Tätigkeit« hin. Sie hielt auch im privaten Kreis begeisterte Reden über die Größe des »Führers«. Bei einer gemeinsamen Bootsfahrt auf dem Wannsee mit Personen des diplomatischen Korps fasste der

französische Botschafter François-Poncet eine »Rede« von Viktoria von Dirksen folgendermaßen zusammen: »En somme, Madame, sind Sie für Deutschland das, was Jeanne d'Arc für Frankreich gewesen wäre, hätte man sie nicht noch im richtigen Augenblick auf dem Scheiterhaufen verbrannt.«[165]
Auch eine ihrer »Eroberungen« aus der Jugendzeit in Wien besuchte Prinzessin Stephanie auf Schloss Leopoldskron: Fritz Schönbichler, ein äußerst gut aussehender großer Blonder mit strahlenden blauen Augen. Er war immer noch einer ihrer guten Freunde, ein brillanter Pianist, der durch sein Spiel alle verzauberte.
In dieser Zeit auf Schloss Leopoldskron sollten die Weichen für eine berufliche Laufbahn von Stephanies Sohn Franz gestellt werden. Sein Berufswunsch war der diplomatische Dienst. Und er nutzte seine Bekanntschaft zu Fritz Wiedemann, dem Adjutanten Adolf Hitlers. An ihn wandte er sich um Hilfe.

Leopoldskron 5.2.1938

Lieber Hauptmann Wiedemann,

Es tut mir riesig leid zu hören dass man Sie dieser Tage am Knie wird operieren müssen. Hoffentlich fällt alles recht gut aus sodass Sie Ihren sportlichen Tätigkeiten bald wieder nachgehen können.
Derweil werde ich mir aber erlauben die Zeit da Sie noch liegen müssen und vielleicht etwas weniger zu tun haben zu benützen um eine Bitte an Sie zu stellen.
Könnten Sie so liebenswürdig sein mir einige Fragen die ich schon lange Zeit an Sie richten will, zu beantworten? Vor allem welche Vorbereitungen, Prüfungen oder Formalitäten sind für den deutschen Diplomatendienst nötig? Werden ausländische Zeugnisse sowie die beiden französischen ›Baccalaureats‹, oder die englischen ›Diploma of Responsions‹ und ›Degree of Bachelor of Arts‹ für die deutsche Diplomaten Karriere anerkannt? Weiter würde ich gerne wissen ob, im Falle eine Aufnahmeprü-

fung obligatorisch ist man diese vor dem Militär- und Arbeitsdienst ablegen kann.
Ich wäre Ihnen, lieber Herr Hauptmann, riesig verpflichtet wenn Sie diese Fragen so bald als möglich beantworten könnten. Meine Adresse ist 51 High Street Oxford.
Nun darf ich Sie aber nicht länger belästigen und aufhalten.
Ihnen im Vorhinein vielmals dankend verbleibe ich mit allerbesten Grüssen und Wünschen zu einer baldigen Besserung.

Ihr aufrichtig ergebener,
Franz Joseph Hohenlohe[166]

Schon am 6. Februar ließ Wiedemann daraufhin mit dem Vermerk »persönlich, vertraulich« den Brief des Prinzen nach Berlin an den Vortragenden Legationsrat von Kotze im Auswärtigen Amt weiterreichen mit der Bitte um Übersendung der gewünschten Unterlagen. Wiedemann fügte noch an, dass der »Führer« darüber informiert sei, dass der Sohn der Prinzessin in deutsche diplomatische Dienste einzutreten gedenke.
Das Antwortschreiben von »Wiedi« – wie Franz ihn nannte – gibt genaue Auskunft über die Voraussetzungen des angestrebten diplomatischen Dienstes. Franz scheint dafür jedoch nicht alle Voraussetzungen erfüllt zu haben, denn am 25. Oktober 1938 bestätigt Wiedemann, dass er auf Stephanies Wunsch hin mit Dr. Ilgner von IG Farben gesprochen habe[167]. Dieser wäre bereit, Franz in seine Firma aufzunehmen. Nun sollte der junge Prinz schnellstens seine Bewerbungsunterlagen dorthin senden. Wiedemann gab Franz noch den Rat, bei der Frage der arischen Abstammung möge er sich auf ihn berufen – »nachdem ich die Unterlagen ja selbst angesehen habe«.[168]
Weiter führte Wiedemann aus: »An sich bin ich mit Deiner Mutter der Ansicht, daß Du diese Gelegenheit, bei den IG-Farben einzutreten, ergreifen sollst. Sie bietet Dir alle Chancen und verschließt Dir für später keine Möglichkeit. Weiterhin legt Dr. Ilgner Wert darauf, wie ja auch Deine Mutter, daß Du den

kurzfristigen Militärdienst mitmachst. (...) Ich würde ferner in dem Schreiben erwähnen, daß Du zur Zeit noch ungarischer Staatsangehöriger bist, aber die Absicht hast, die deutsche Staatsangehörigkeit zu erwerben.«[169]

Die Beziehungen Wiedemanns zu den IG Farben bestanden schon lange. So soll Wiedemann eine äußerst herzliche Beziehung zu Lilo (Liselotte) von Schnitzler, Tochter des IG Farben-Vorstandsmitglieds Georg von Schnitzler, gehabt haben. Sie heiratete 1934 Dr. Herbert Scholz, der eine NS-Bilderbuchkarriere machte[170].

Im Zusammenhang mit Stephanies Sohn ist ein Brief von Wiedemann vom 23. November 1938 »An Seine Excellenz Gesandter Döme Sztójay, Berlin« interessant. Wiedemann bittet in diesem Brief, die beigefügte Parfümflasche Lavendel von Prinzessin Hohenlohe an Herrn Scholz, den Adjutanten des ungarischen Reichsverwesers Horthy, weiterzugeben.[171] Somit half Prinzessin Stephanie der Bewerbung ihres Sohnes etwas nach mit Geschenken an Schnitzlers Schwiegersohn.

Für den im Schreiben von »Wiedi« erwähnten »kurzfristigen Militärdienst« bat Prinz Franz um genauere Mitteilung. Das war ein Militärdienst für Männer, die älter als 24 Jahre waren. Diese wurden zu kürzeren vier- bis achtwöchigen Übungen gelegentlich einberufen. Somit könne Franz bei IG-Farben ohne Verzug seine Arbeit aufnehmen.

Damit der junge Prinz nicht zu Fuß gehen musste, wurden ihm von der Daimler-Benz AG in München ein Typ 170 V Offenwagen III A 41488 sowie ein Kompressor-Cabriolet zur Verfügung gestellt. Doch im Dezember 1938 wollte die Firma die beiden Autos zurückhaben. Brigadeführer Fritz Wiedemann beantwortete das Schreiben dahingehend, dass sowohl der Prinz als auch die Prinzessin Hohenlohe an Weihnachten die Wagen noch zu benutzen wünschten. Er könne erst Anfang des kommenden Jahres feststellen, wie lange noch beide Wagen gebraucht würden.

Auch in anderen Angelegenheiten wurde Stephanie von Hohenlohe vermittelnd tätig. Sie sandte am 8. Oktober 1938 dem Staatsrat Gritzbach ein an sie persönlich gerichtetes Schreiben, in dem von einer ausländischen Interessentengruppe angeregt wurde, Kunstgegenstände aus Österreich gegen Bardevisen ins Ausland zu verkaufen. Sie erhielt zur Antwort, dass ihr Brief zuständigkeitshalber an den Herrn Reichsminister für Wissenschaft, Erziehung und Volksbildung Bernhard Rust weitergeleitet wurde.

Von Oberregierungsrat von Normann kam eine ausführliche Stellungnahme des Reichsministeriums an Wiedemann, mit der dieser aber nicht einverstanden war. Er wollte, dass das Anliegen dem Generalfeldmarschall Göring vorgelegt werden sollte, und zwar in Anbetracht der dringenden Notwendigkeit, Devisen zu beschaffen.

Stephanie von Hohenlohes ungarischer Rechtsanwalt Dr. Ernö Wittmann teilte ihr die Wünsche des Kunsthändlers Lord Joseph Duveen nach Berlin mit, wo sie im Hotel *Adlon* abgestiegen war. Wittmann schrieb ihr, dass er in Paris auch mit Dr. Simon Meller gesprochen habe, der für den Seniorchef Lord Joseph Duveen tätig war. »Meller meint, dass falls Berlin zum Verkauf von Kunstgegegenständen des XVIII J. geneigt waere, die Potsdamer Bilder Watteau's/besonders L'enseigne de cher Guersain/sein Syndikat gerne kaufen und gut bezahlen würde, ev. etliche Juden Bilder Rembrandt 13! Es waere wünschenswert, wenn Sie in Berlin diese Angelegenheit erledigen würden.«[172] Diese Aufgabe zu übernehmen hätte der Prinzessin keine Mühe bereitet. Sie hatte einen sicheren Kunstverstand und Verhandlungsgeschick, doch die Zeit arbeitete gegen sie – wie sich schon bald zeigen sollte.

Ein ganz besonderer Gast auf Schloss Leopoldskron war der Politiker und Reeder Lord Walter Runciman. Er war seit 1938 Vermittler der britischen Regierung in den Auseinandersetzungen zwischen der Prager Regierung und der Sudetendeutschen

Partei. Als er im Sommer dieses Jahres in das Sudetenland geschickt worden war, um die Stimmung dort zu erkunden, war Prinzessin Stephanie – wahrscheinlich von Wiedemann – empfohlen worden, diesen auch nach Leopoldskron einzuladen. Der Grund war klar. Runciman verbrachte einige wundervolle Tage auf dem Schloss.
Als er nach einem dreiwöchigen Aufenthalt in der Tschechoslowakei nach England zurückkehrte, berichtete er der britischen Regierung, dass das »Sudetenland sich danach sehnt, von Deutschland übernommen zu werden, und dass die Sudetendeutschen heim nach Deutschland wollen«. Die Prinzessin hatte gute Arbeit geleistet, kommentierte Bella Fromm.[173]
Auch die Presse brachte Stephanie von Hohenlohe in Verbindung mit dem Münchener Abkommen am 29./30. September 1938 in München: Die Staats- und Regierungschefs Großbritanniens, Frankreichs, Italiens und des Deutschen Reiches berieten über Hitlers Forderung nach Angliederung des deutsch besiedelten Sudetenlandes. Es hatte bis zur Angliederung an die Tschechoslowakei im Jahr 1918 zu Österreich-Ungarn gehört; Hitler leitete daher aus dem *Anschluss* Österreichs deutsche Ansprüche auf dieses Gebiet ab. Er hatte seit Mai 1938 einen beispiellosen Nervenkrieg geführt, indem er die Sudetendeutsche Partei unter Konrad Henlein, Reichskommissar für das Sudetenland, die Forderungen nach Autonomie an Prag immer höher schrauben ließ, die Propaganda über angebliche tschechische Gräuel anheizte und mit militärischen Maßnahmen drohte.
Der britische Premier Chamberlain war schließlich zur Rettung seiner *Appeasement*-Politik mehrmals mit Hitler zusammengetroffen und hatte die Konferenz, vermittelt durch Mussolini, akzeptiert. Sie diente – ohne Befragung des Opfers – nur noch der Bemäntelung des Zurückweichens vor dem deutschen Diktator, das im Münchener Abkommen vom 30. September festgeschrieben wurde: Die Tschechoslowakei musste das fragliche

Gebiet zwischen dem 1. und dem 10. Oktober an Deutschland herausgeben und erhielt dafür vage Versprechungen einer internationalen Garantie. Hitler bekräftigte zwar, dass dies »die letzte territoriale Forderung« sei, doch stand sein Entschluss zur »Zerschlagung der Resttschechei« längst fest.
Chamberlain verkündete seinen »Erfolg« als Sieg des Friedens, ignorierte dabei aber den tiefen Schock, den das Arrangement der Westmächte mit dem NS-Staat in Moskau auslöste. Von München führte ein direkter Weg zum *Hitler-Stalin-Pakt* und damit zum Zweiten Weltkrieg.
Fritz Wiedemann hatte damals an Lord Rothermere geschrieben: »Es waren ihre [Stephanie von Hohenlohes] Vorbereitungen des Bodens, die das Münchener Abkommen möglich machten.« Dass die Prinzessin nicht unerheblich daran beteiligt war, dieses politische Ereignis in München zustande zu bringen, wurde auch von der Presse hochgespielt.
Obwohl sie das selbst nicht so sah, wollte sie dem britischen Premierminister und dem deutschen Reichskanzler ein Glückwunschschreiben zukommen lassen. Damals gerade im Hotel *Adlon* in Berlin logierend, schrieb sie an Adolf Hitler:

> (...) Es gibt Momente im Leben, die so gross sind – ich meine, wo man so tief empfindet, dass es einem fast unmöglich wird – die richtigen Worte zu finden um seine Gefühle auszudrücken. – Herr Reichskanzler, bitte glauben Sie mir, dass ich jede Phase der Vorgänge dieser letzten Wochen mitgelebt und mitempfunden habe. Was sich keiner Ihrer Untertanen in seinen kühnsten Träumen zu hoffen wagte – haben Sie wahr gemacht. – Das ist wohl das Schönste was ein Staatsoberhaupt sich und seinem Volk, geben kann. Ich gratuliere Ihnen von ganzem Herzen.
>
> In treuer Freundschaft,
> Ihre aufrichtige Stephanie Hohenlohe[174]

Wiedemanns Entlassung und Stephanies Flucht aus Deutschland

Anfang Januar 1939 platzte das Versteckspiel um Prinzessin Stephanie und Fritz Wiedemann. Hitler erfuhr, dass Wiedemann ihr Geliebter war.

Es war aber nicht nur die Liebesgeschichte, die Wiedemanns Entlassung bewirkte. Stephanie bemerkte immer öfter eine bestimmte Missmutigkeit an Wiedemann. Er warf ihr vor, dass sie das Leben im Deutschen Reich nur aus der Perspektive ihrer Suite im Hotel *Adlon* kannte. Wie Stephanies Sohn Franz berichtet, hatte seine Mutter auch mit Frau Wiedemann über die deutlich sichtbaren Probleme ihres Mannes gesprochen. Anna-Luise Wiedemann beschrieb seine »Schreianfälle« zu Hause, wenn es in der Reichskanzlei schlimm zugegangen war.[175] Sie wäre am liebsten auf das Gut Fuchsgrub zurückgekehrt. Doch dies wollte Wiedemann nicht, vor allem um den Kindern nicht ihre Zukunftsaussichten zu verbauen.

Seit dem Judenpogrom vom 9. November, der »Reichskristallnacht«, kam kaum mehr ein richtiges Gespräch zwischen Hitler und Wiedemann zustande. Wenn Wiedemann mit Hitler über diesen oder jenen Mangel im System sprechen wollte, hörte dieser einfach nicht zu. So wundert es nicht, dass sich bei Goebbels in seinem Tagebuch bereits am 24. Oktober 1938 der Eintrag findet: »Der Führer erzählt mir dabei, daß er nun auch Wiedemann entlassen müsse. Er habe sich in der Krise nicht bewährt und keine Nerven behalten. Und solche Leute könne er für den Ernstfall nicht gebrauchen.«[176]

Wiedemann ahnte schon lange, dass er bald entlassen werde: »Das hielt so lange an, bis Hitler mich in die Wüste schickte.«[177] Als Wiedemann am 19. Januar 1939 in die Reichskanzlei kam, sagte sein Kollege Julius Schaub, dass er sofort zu »ihm« kommen solle. Hitler stand im Wintergarten. Er erklärte Wiedemann, wie dieser später aufzeichnete: »Ich kann Leute in hoher Stellung – damit meinte er wohl Schacht – und in meiner nächsten Umgebung – das ging auf mich – nicht brauchen, die mit meiner Politik nicht einverstanden sind. Ich entlasse Sie als Adjutant und ernenne Sie zum Generalkonsul in San Francisco. Sie können die Stelle annehmen oder ablehnen.« Wiedemann antwortete kurz, dass er die Stelle annehme.

Der englische Hitlerbiograf Ian Kershaw kommentierte dieses Geschehen: »Echte Wärme und Zuneigung fehlten, die Zurschaustellung von Freundlichkeit und Aufmerksamkeit war oberflächlich. Hitlers Mitarbeiter waren, wie die meisten anderen menschlichen Wesen, für ihn nur so lange von Interesse, wie sie Nutzen versprachen. Wie lange und wie treu sie ihm auch dienen mochten, sobald sie ihren Zweck erfüllt hatten, entledigte er sich ihrer.«[179]

Der entlassene Adjutant wollte allerdings nicht weniger verdienen als bisher – 1500 Reichsmark. Hitler versicherte, dass Konsuln gut bezahlt würden und dass er immer in finanziellen Dingen für Wiedemann da wäre. Schließlich gelang es Wiedemann sogar, ein besseres Gehalt als das seines Vorgängers in San Francisco, Baron Manfred Killinger, auszuhandeln. Er erhielt 4000 Reichsmark pro Jahr mehr als dieser, und zwar mit der Begründung, dass er vier Jahre der Persönliche Adjutant des »Führers« gewesen sei.

Wiedemann schilderte, dass Hitler, der sich bei diesem nur wenige Minuten dauernden Abkanzeln ständig an der Nase zupfte, während er gleichzeitig zur Decke blickte und gelangweilt wirkte, ihn auch auf sein Verhältnis zu der Prinzessin angesprochen habe. Er solle sofort mit ihr brechen, zumal sie »unter Verdacht« stünde.

Goebbels kommentierte erneut: »Die Prinzessin Hohenlohe entpuppt sich nun als Wiener Halbjüdin. Sie hat in allem ihre Finger gehabt. Wiedemann arbeitet viel mit ihr zusammen. Ihr hat er wohl auch seinen Fall zu verdanken, denn ohne sie hätte er wahrscheinlich in der Tschechenkrise nicht schlappgemacht.«[180] Wiedemann musste noch eine weitere Demütigung auf sich nehmen. Er unterstand von nun an seinem Erzfeind Joachim von Ribbentrop.

Am 13. Januar 1939, kurz vor Wiedemanns Entlassung, kam der Reichsführer SS Heinrich Himmler, Chef der Geheimen Staatspolizei, mit weiteren Enthüllungen heraus. Er legte Hitler einen Bericht eines Vertrauensmannes des deutschen Geheimdienstes in England vor, der glaubhafte Beweise dafür erbrachte, dass Prinzessin Hohenlohe seit geraumer Zeit für den British Intelligence Service tätig war. Diese Mitteilung reichte für einen furchtbaren Wutausbruch Hitlers[181], der gegen die Prinzessin einen Haftbefehl ausstellen ließ. Es existieren dazu handschriftliche, schwer lesbare und undatierte Aufzeichnungen der Prinzessin, in denen der Satz steht: »Dankbarkeit der Nazis: Sollte in Berlin vor einem Jahr verhaftet werden.«[182] Der Haftbefehl trat jedoch nie in Kraft.

Aber auch die Dienststelle des SS-Gruppenführers Reinhard Heydrich sammelte Material über die Prinzessin. So gab es Ende 1938 einen Bericht des SS-Obersturmführers Bielstein vom Amt III für SS-Oberführer Jost, den Leiter von Amt III. Jost wurde darin darauf hingewiesen, dass die Akte des »Falles der Prinzessin Hohenlohe« nicht vorschriftsmäßig geführt werde. Dokumente seien nicht an die richtigen Dienststellen geschickt worden. So habe Heydrich einen Bericht über die rassische Zugehörigkeit der Prinzessin erhalten, der nicht von der für Judenfragen zuständigen Abteilung, deren Leiter Adolf Eichmann war, verfasst worden war. Der Bericht sei »sehr widerspruchsvoll« gewesen und »eine wirklich stichhaltige Beurteilung« könnte »nur von einem Sachkenner auf diesem

Gebiet abgegeben werden«. Der SS-Obersturmführer Hagen, Eichmanns Mitarbeiter, fällte dann das »fachmännische Urteil: Halbjüdin«.[183]
Nachdem Hitler von der engen Beziehung seines Adjutanten mit Stephanie von Hohenlohe informiert worden war, zeigte sich, dass Hitlers Paladine längst das offene Geheimnis kannten. Nun trug jeder von ihnen dazu bei, vor allem die Prinzessin in ein wenig günstiges Licht zu stellen.
Wiedemann erfuhr zu seinem größten Erstaunen, dass auch der Militärgeheimdienst, die »Abwehr«, sich mit ihm und seiner Geliebten zu befassen hatte. Admiral Wilhelm Canaris, der dem Oberkommando der Wehrmacht zugeteilt war, und Wiedemann waren sich recht sympathisch. So wundert es nicht, dass Wiedemann bereits Ende Juli 1938 zu einem Gespräch zu Admiral Canaris eingeladen worden war. Dieser hatte nicht umhingekonnt, den Adjutanten Hitlers vor dem Intrigenspiel zu warnen, das offensichtlich gegen ihn im Gange war. Nachdem Wiedemann sich daraufhin mit Stephanie von Hohenlohe besprochen hatte, plante diese, gegen Zeitungen, die diffamierende Artikel über sie publiziert hatte, vorzugehen. Wiedemann hatte sich am 29. August 1938 nochmals an Admiral Canaris im Reichskriegsministerium in Berlin gewandt[184]:

> Hochverehrter Herr Admiral!
>
> 1.) Anbei sende ich Ihnen einen Agentenbericht, der Sie vielleicht interessiert. Er stammt von dem bekannten Lescrinier.
> 2.) Die Prinzessin Hohenlohe möchte, um dem Klatsch über sie ein für alle Mal ein Ende zu bereiten, und den letzten Veröffentlichungen ausländischer Zeitungen entgegenzutreten, eine der Zeitungen herausgreifen und durch Klage zum Widerruf der aufgestellten falschen Behauptungen zwingen. Als Rechtsberater hat sie den Ihnen ja auch bekannten Rechtsanwalt Dr. Sack gewählt. Zur Durchführung dieses Prozesses aber wäre ich Ihnen,

sehr verehrter Herr Admiral, sehr verbunden, wenn Sie mir alle im letzten Halbjahr über die Prinzessin Hohenlohe in den Zeitungen erschienenen Nachrichten vorübergehend überlassen würden. Es bedarf keiner Erwähnung, daß ich – der ich immer in Verbindung mit der Prinzessin genannt werde – auch ein gewisses Interesse habe, daß diese Dinge endlich beigelegt werden.

Mit deutschem Gruß!
Ihr sehr ergebener
Wiedemann – Adjutant des Führers

In seinem Buch »Der Mann, der Feldherr werden wollte« beschrieb Wiedemann seine Versetzung so, wie er sie sehen wollte: »Schon einige Wochen vorher hatte mir Oberst Oster erzählt, der besonders gute Beziehungen zum Auswärtigen Amt unterhielt, daß ich General-Konsul in San Francisco werden sollte. Die Versetzung dorthin war der letzte Ausdruck persönlichen Wohlwollens, das Hitler mir als seinem früheren Vorgesetzten zeigte. Denn als ich im Herbst 1937 von meiner Amerikareise zurückgekommen war, hatte ich jedem, der es hören wollte, gesagt: ›Wer es gut mit mir meint, der schickt mich als Generalkonsul nach San Francisco.‹ Das war auch Hitler zu Ohren gekommen. Ribbentrop unterstützte meine Versetzung lebhaft, denn er hatte mir immer unterstellt, daß ich einmal Außenminister werden wollte. Somit war er froh, mich auf diese Art und Weise los zu werden.«[185] Ribbentrop hatte aber Hitler unmissverständlich darauf hingewiesen, dass Wiedemann mit der Jüdin Hohenlohe eng liiert sei.
Der Diplomat Ulrich von Hassell, der 1938 als Botschafter in Rom abberufen worden war, notierte am 25. Januar 1939 in seinem Tagebuch: »Ich höre übrigens, daß Wiedemann auch ganz brüsk von H[itler] persönlich hinausbefördert worden ist, interessanterweise ebenfalls mit dem Zusatz: ›falls Sie den Posten annehmen wollen‹. Von einer beachtlichen Seite wurde hinzugefügt, H[itler] habe ihm gesagt, er wolle ihm Konflikte

zwischen seiner eigenen Auffassung und ›der des Führers‹ ersparen. Das würde meine Vermutung bestätigen, daß Ribbentrop mit dahintersteckt, mit dem W[iedemann] erheblich disharmonierte.«[186]

Reinhard Spitzy, der seit 1936 Sekretär des deutschen Botschafters in London war, gibt ohne Umschweife seinen Kommentar zum damaligen Geschehen: »Aber unser Botschafter merkte bald, daß Wiedemann bei Hitler gegen ihn intrigierte, und Madame [Frau Ribbentrop, d. V.] erklärte ihn sofort zu einem der gefährlichsten Feinde. Es dauerte nicht lange, und tatsächlich gelang es Ribbentrop, Wiedemann abzuschießen, wie das so schön hieß.«[187] Spitzy schreibt weiter von Wiedemanns Bekanntschaft mit Prinzessin Stephanie und erinnert sich, dass diese als die Tochter eines jüdischen Zahnarztes bezeichnet wurde. Ribbentrop habe dann erst recht ins Feuer geblasen und habe bald Wiedemann ausgespielt gehabt.

Auch Leni Riefenstahl, die von Hitler so sehr geschätzte Schauspielerin und vor allem Filmemacherin, erinnerte sich, dass Wiedemanns »Verhältnis zu Hitler wegen seiner halbjüdischen Freundin distanzierter war«.[188]

Vom Tag seiner Entlassung an betrat Wiedemann die inneren Räume der Reichskanzlei nicht mehr. Kurz vor seiner Abreise Anfang März in die Vereinigten Staaten ließ Hitler ihn noch einmal kommen und ging mit ihm im Salon auf und ab. Später hat Wiedemann durch einen Freund erfahren, dass es Hitler bereits leidgetan hatte, ihn entlassen zu haben. Wiedemann konnte über seinen Arbeitgeber nichts Negatives sagen. Er sei ihm immer wohlwollend entgegengekommen, habe ihm nie einen Auftrag erteilt, dessen Durchführung ihn mit seinem Gewissen in Konflikt gebracht hätte.

Wiedemann erwähnt in seinen Aufzeichnungen seine Geliebte, Prinzessin Stephanie, nur ganz kurz. Einmal, als der Gauleiter Forster von Danzig von einer Englandreise zurückgekehrt war und darauf hinwies, dass man sich dort »drüben mit dem

Gedanken trage, Göring zu einem Besuch einzuladen (…). Ich rief sofort die mir befreundete Prinzessin Hohenlohe an und bat sie, festzustellen, was an diesem Gerücht wahr sei.«[189] Und dann noch im Zusammenhang mit Stephanies Plan, eine persönliche Begegnung zwischen Hitler und Rothermere zustande zu bringen. Kein einziges Wort von seiner Liebe zu ihr. Und doch war es ihm das größte Anliegen, seine Geliebte und deren Sohn Franzi auf Schloss Leopoldskron in Sicherheit zu wissen. Er vertraute sich Göring an:

> Ich bitte Sie um Schutz meiner Ehre und um Ihre Vermittlung beim Führer. Der Führer hat mich bei meiner Abschiedsmeldung vor der Prinzessin H. gewarnt im Interesse meiner zukünftigen Karriere. Der Führer glaubt nicht an die Zuverlässigkeit der Przn. u. [Prinzessin und] meint, es seien verschiedene Deutschland abträgliche Artikel in der Auslandpresse auf sie zurückzuführen.
> Ich habe dem Führer gemeldet,
> 1) daß ich absolut einstehe für die Sauberkeit und Loyalität der Prinzessin im 3. Reich und seinem Führer gegenüber (…).
> 2) daß ich selbstverständlich der Przn. [Prinzessin] als Ausländerin keine Mitteilung gemacht habe, die ich im vaterländischen Interesse nicht machen durfte.
> Ich kann diese Dinge nicht beweisen, dagegen kann ich beweisen, daß die Przn. [Prinzessin] die Haltung des Lord R[othermere]. u[nd]. damit der Daily Mail maßgebend beeinflußt hat (…).
> Meine Feinde und Neider werden nach meinem Weggang erneut gegen meine Ehre vorgehen. Ich bin dagegen wehrlos. Aber vor dem Führer möchte ich doch bis zu einem gewissen Grade gerechtfertigt sein.[190]

Hitler wusste aus den verschiedensten Quellen mehr über seine Mitarbeiter, als er sich anmerken ließ. Der Luftwaffenadjutant Nicolaus von Below bestätigt, dass es für alle eine völlige Überraschung war, als eines Tages ohne Begründung die Entlassung Wiedemanns und seine Versetzung in den auswärtigen Dienst bekannt wurde. Nicolaus von Below war allerdings froh, Wiedemann nicht mehr begegnen zu müssen. Er wirkte auf ihn undurchsichtig, und seine auffälligen Verbindungen zu ausländischen Diplomaten und Politikern hatte er immer mit Misstrauen beobachtet.[191]

Obwohl die Entlassung Wiedemanns in der in- und ausländischen Presse hohe Wellen schlug, scheint Landesstatthalter Reitter in Salzburg davon nichts gewusst zu haben. Außerdem konnte er nicht ahnen, dass die Prinzessin von heute auf morgen Schloss Leopoldskron verlassen würde. Er teilte dieser noch am 18. Januar 1939 mit, dass Prof. Dr. Joseph Gregor von der Nationalbibliothek in Wien sich durch einen Mittelsmann wegen der Reinhardt-Bibliothek in Leopoldskron an ihn gewandt habe. Gregor sei ein bedeutender Theatergeschichtsforscher der »Jetztzeit«, der durchaus dafür Verständnis habe, dass die Reinhardt-Bibliothek geschlossen in Leopoldskron verbleiben solle. Doch er sei der Meinung, dass sie nicht ein totes Schaustück bleiben, sondern für Interessierte dadurch nutzbar gemacht werden könnte, dass Gelehrten von Rang die wissenschaftliche Benutzung von Fall zu Fall zu gestatten sei.

Reitter bezweifelte bei der von der Prinzessin in Leopoldskron eingeführten großzügigen Gastfreundschaft nicht, dass sie die Bitte des Wissenschaftlers, sie einmal besuchen zu dürfen, um alles mit ihr zu besprechen, erfüllen würde.

Der Brief wurde nicht von der Prinzessin, sondern von Wiedemann aus Berlin beantwortet. Er ließ Reitter wissen, dass die dem Professor Reinhardt gehörige Bibliothek »auf ausdrücklichen Befehl des Führers diesem wieder zugestellt wurde«.[192]

Ende Januar verließ die Prinzessin zusammen mit ihrer Mutter Leopoldskron in Richtung London. Der Traum der Schlossherrin, in einer der herrlichsten Gegenden der »Ostmark« zu leben, hatte sich als ein kurzer erwiesen. Sie reiste nur mit einigen persönlichen Dingen ab, beauftragte dann ihren Geliebten

in San Francisco, sich darum zu kümmern, dass alles Weitere ihr nach London nachgeschickt werde. Diese Aktion dauerte sehr lang. So versicherte der Salzburger Landesstatthalter Dr. Reitter Ende August 1939 Wiedemann in San Francisco, dass er sich bemühen werde, die Sache zu vollster Zufriedenheit in Ordnung zu bringen. An sich sollte die Hausdame von Schloss Leopoldskron, Frau Gwinner, die schon bei Reinhardt beschäftigt gewesen war, genau angeben können, was der Prinzessin gehörte. Doch da es zwischen der Prinzessin und der Hausdame Differenzen gegeben hatte, scheint Letztere nicht bereit gewesen zu sein, große Hilfestellung zu leisten.
Nachdem Stephanie von Hohenlohe Schloss Leopoldskron verlassen hatte, wurde es der Wohnsitz des Gauleiters – bis mit dem Kriegsende die Amerikaner nach Salzburg kamen. Nach dem Krieg erhielt die Familie Reinhardt das Schloss zurück. Heute ist es im Besitz von »The Salzburg Seminar – A Community of Fellows«.
Was ihre verwitwete Mutter betraf, so schätzte Stephanie sich glücklich, dass sie diese am Ende des Salzburger Festspielsommers 1938 mit dem 90-jährigen Kalman Negyessy de Szepessy in dem Provinzstädtchen Boldva in Ungarn verheiratet hatte. Der »Ehemann« stellte keinerlei Bedingungen an seine »Ehefrau«. Er blieb in Ungarn, Ludmilla Richter kehrte als Baronin Kalman de Szepessy nach Leopoldskron zurück. Somit besaß ihre Mutter ebenso wie sie selbst und ihr Sohn einen ungarischen Pass.[193]
Stephanie von Hohenlohe konnte leider nicht erreichen, dass ihre Tante Olga, die jüngere Schwester ihrer Mutter, mit nach England ausreisen durfte. Olga wurde kurz nach der Verheiratung ihrer Schwester verhaftet und starb am 27. September 1942 im Konzentrationslager Theresienstadt.

Der Prozess gegen Lord Rothermere

Stephanie von Hohenlohe kehrte mit ihrer Mutter von Salzburg nach London zurück, wo sie, wie ihr Sohn Franz bestätigte, vier Häuser besaß. Genau ein Jahr zuvor, im Januar 1938, hatte die Prinzessin per Brief den letzten Scheck von Lord Rothermere für ihre Tätigkeit erhalten samt der Nachricht, dass er sie nicht weiter beschäftigen werde. Rothermere wollte den Vertrag mit ihr lösen, da man ihn »missverstehen« könnte, wenn er die großenteils fruchtbaren Bemühungen um eine Verständigung zwischen England und Deutschland fortsetzen würde. Was er Stephanie schriftlich mitteilte, hatte er ihr schon nach ihren detaillierten Informationen über die Blomberg/Fritsch-Krise mündlich eröffnet.

Für Wiedemann war es unvorstellbar, dass sich Rothermere nach wie vor für Hitler engagieren wollte. Stephanie von Hohenlohe warnte Rothermere, obwohl er sie zum damaligen Zeitpunkt schon gefeuert hatte:

»Wichtig ist, was sich derzeit in Deutschland abspielt. Die gehen dort durch eine schwere Krise. Es gehen Veränderungen vor sich, die für die Zukunft Europas von größter Bedeutung sind. Alle Konservativen werden hinausgeworfen und nur die Extremisten haben oder bekommen ihren Platz. (…)

Sie müssen in Zukunft sehr vorsichtig sein. Ganz offen gesagt, ich sehe nicht, wie es Ihnen unter diesen neuen Bedingungen möglich sein soll, Hitler auch in Zukunft noch weiter zu unterstützen und gleichzeitig den Interessen Ihres eigenen Landes zu dienen.«[194]

Klugerweise fügte sie noch hinzu: »Heben Sie diesen Brief auf, damit es einen Beweis gibt, wie genau ich Sie informiert habe. Im Ernst, werfen Sie diesen Brief nicht weg.«[195]

Nun war also eine berufliche Zusammenarbeit von sieben Jahren und eine einstmals recht innige persönliche Freundschaft an ihr Ende gelangt. Rothermere ließ Stephanie wissen, dass er vorerst keinerlei politische Aktionen mehr plane. Doch sie wurde nach wie vor durch Wiedemann genauestens über den Schriftverkehr zwischen der Reichskanzlei und Rothermere unterrichtet und wusste, dass er seinen Kontakt zu Hitler durchaus aufrechterhielt. Stephanie war ziemlich verzweifelt, da die Einstellung von Rothermeres Zahlungen sie in erhebliche Geldschwierigkeiten brachte.

Stephanie kam in dieser Situation nun auf eine kuriose Idee. Sie wollte herausfinden, was Rothermere wirklich über sie dachte. Unter dem Vorwand, wegen eines Artikels, den er für die *Deutsch-Englischen Hefte* zu schreiben beabsichtige, sich mit Rothermere unterhalten zu müssen, war ein gewisser Theodor Freiherr Geyr von Schweppenburg nach London gereist. Was er mit Rothermere besprach, schrieb er fein säuberlich auf und präsentierte es seiner »Auftraggeberin«.

> Beiläufig erwähnte ich anschließend, daß ich von einem amerik[anischen]. Journalisten bestimmte Andeutungen dahingehend erhalten hatte, daß ein großer Konzern in Amerika ein bestimmtes Interesse habe, eine »story« zu bringen, in welcher Lord Rothermeres Verbindung zu Frauen, insbesondere zur Prinzessin Hohenlohe, glossiert werden sollte in der Absicht, Lord R[othermere]'s politische Informationsquellen hiermit zu verknüpfen. Lord R. schien mir sehr verlegen; er sagte sofort: »Ha, Ha! I have not seen the Princess for 14 months. I wish you would tell Herr von Ribbentrop that I consider her a very indiscreet woman. I don't think, he likes her and I believe, she was not received at the Embassy in London, when he was Ambassador here (...).« Ich ging sofort danach auf ein anderes Thema über und fragte ihn, was er von der politi-

> schen Lage halte. Er gab hierzu nur eine kurze Stellungnahme und fügte hinzu: »But you will tell Herr von Ribbentrop that I have no communication with the Princess H. and that I consider her very indiscreet!« Ich sagte Lord R[othermere]., daß ich keine Gelegenheit hätte, Herrn v. Ribbentrop zu sehen, daß ich nur einer seiner vielen Mitarbeiter sei, worauf er mir antwortete, er würde mir ein Geschenk für Herrn v. R[ibbentrop]. (400 Jahre altes Augsburger Silber) mitgeben und bei der Übergabe könnte ich ja mit Herrn v. R[ibbentrop]. sprechen und es ihm erzählen. (…) »Vielleicht können Sie auch ein Geschenk für den Führer mitnehmen?«[196]

Stephanie von Hohenlohe hatte sich nach der Mission Geyr von Schweppenburgs entschieden, gegen Rothermere zu klagen. Leider standen ihr damals keine guten Berater zur Seite, die sie von ihrem Vorhaben hätten abbringen können.
Als Anwalt hatte sie sich den damals prominentesten ausgesucht: Anwalt Goddard, der drei Jahre zuvor die zweite Scheidung von Wallis Simpson durchgeführt hatte. Die schon vor dem Prozess zu begleichenden Kosten waren erheblich, und von den à conto deponierten 800 englischen Pfund waren schon 600 Pfund aufgebraucht. Stephanie wurde um Geldüberweisung gebeten, die sie aber nicht vornahm. Fünf Tage vor Prozessbeginn bekam sie ein Ultimatum gestellt. Sie sollte 500 Pfund hinterlegen. Es gelang ihr, wenigstens 200 Pfund aufzutreiben und den restlichen Betrag mit einem postdatierten ungedeckten Scheck zu hinterlegen.
Der Prozess gegen Rothermere begann am 8. November 1939 und dauerte sechs Verhandlungstage im vollbesetzten Gerichtssaal des King's Bench Court. Die Klägerin behauptete, 1932 hätte ihr Lord Rothermere versprochen, ihr als seiner außenpolitischen Repräsentantin auf Lebenszeit jährlich 5000 englische Pfund zu bezahlen. Außerdem habe er ihr zugesagt, ihren guten Ruf wiederherzustellen, da sie in gewissen ausländischen Zeitungen als »Spionin, Vamp und unmoralische Per-

son« bezeichnet worden sei. Stephanie machte dem Lord allerdings auch klar, dass sie das Angebot eines amerikanischen Verlages nicht ausschlagen werde, im Falle, dass sie den Prozess verliere, ihre Memoiren zu veröffentlichen mit besonderer Hervorhebung der politischen Aktivitäten Lord Rothermeres und seiner zahlreichen pikanten Beziehungen zu Frauen.

In Deutschland verfolgte Goebbels den Prozess: »In London tagt ein Prozess Rothermere gegen Prinzessin Hohenlohe um eine Rente, die diese ›Dame‹ von dem Lord verlangt. Dort werden allerhand Peinlichkeiten ausgewalzt. Z[um].T[eil]. auch über Wiedemann. Aber trotzdem glaube ich nicht, dass die Hohenlohe eine Spionin gewesen ist. Sie ist manchmal doch für uns eingetreten.«[197] Joseph Goebbels, Minister für Volksaufklärung und Propaganda, der als der scharfe Denker unter Hitlers Paladinen galt, war offensichtlich verunsichert, ob und für wen die Prinzessin spioniert habe.

Bei der Verhandlung zog Lord Rothermeres Verteidiger eine seiner Trumpfkarten. Er war im Besitz des erwähnten Briefs von Fritz Wiedemann, den dieser im Herbst 1938 zugunsten seiner Geliebten an Lord Rothermere gesandt hatte und der, obwohl als »streng geheim und vertraulich« gekennzeichnet, vom Verteidiger verlesen wurde.

Wiedemann hatte damals Rothermere wissen lassen, dass sich die Prinzessin an ihn gewandt habe, mit der Bitte, Herrn Hitlers Einwilligung zu erwirken, dass die Korrespondenz zwischen ihm und Lord Rothermere bei einem eventuellen Gerichtsverfahren als Beweismaterial vorgelegt werden könne. »Sie wissen, mein Lord, wie sehr der Führer die Tätigkeit der Prinzessin zur Verbesserung der Beziehungen zwischen unseren beiden Ländern schätzt. (...) Es war sie, die Sie beim Führer eingeführt hat. Eine Tatsache, für die er ebenfalls dankbar ist. (...) Unter diesen Umständen, und den edlen und großzügigen Charakter des Führers in Betracht ziehend, (...) hege ich keinen Zweifel, daß er ihr die Erlaubnis erteilen wird, die erwähn-

te Korrespondenz als Beweis dafür zu verwenden, daß sie in Ihren Diensten stand, da er die Ansicht vertreten wird, dadurch einer Frau in ihrem Kampf gegen einen mächtigen Mann zu helfen. Auch wenn es außerordentlich peinlich für ihn ist.«[198]
Bei der Urteilsverkündung war der Saal bis auf den letzten Platz besetzt. Richter Tucker wies die Klage der Prinzessin ab. Der von ihr angemeldete Anspruch auf eine lebenslange Apanage sei ungerechtfertigt. Ein derartiges Versprechen ihres bisherigen »Arbeitgebers« sei durch nichts erwiesen.
Die sehr hohen Prozesskosten übernahm großzügig der Lord. Weitere Zahlungen auch in Zukunft für sie und ihren Sohn zu übernehmen, lehnte er ab. Er wünschte auch nicht, dass sie in die Vereinigten Staaten ginge, sondern in Europa bliebe. Möglicherweise fürchtete er Enthüllungen von ihrer Seite, die ihm schaden könnten, gerade in dem Augenblick, wo er seine Bemühungen um Hitler aufgeben wollte. Rothermere veröffentlichte damals das mit einem Vorwort von Winston Churchill versehene Buch »Meine Kampagne für Ungarn«, in dem die Prinzessin und ihre Vermittlertätigkeit mit keinem einzigen Wort erwähnt wurden.
Seit Kriegsbeginn zwischen England und Deutschland am 3. September 1939 sprach man laut aus, was man bisher oft genug hinter vorgehaltener Hand über die Prinzessin gesagt hatte: Stephanie von Hohenlohe-Waldenburg-Schillingsfürst, gebürtige Jüdin, sei eine enge Freundin Hitlers und Deutschlands prominenteste Propagandistin im Ausland.
Auch das *Time Magazine* schoss sich nun auf die Vorgänge in London um Stephanie von Hohenlohe ein. Es berichtete von einem Vorfall im Hotel *Ritz* in London, in dessen Mittelpunkt Prinzessin Stephanie gestanden hatte. An Anpöbelungen hatte sie sich schon gewöhnt. Doch im *Ritz* war es zu einem Eklat gekommen: Als sie das Hotel betreten hatte, hatte sie sofort die Aufmerksamkeit von vier Damen der Londoner High Society, der Herzogin von Westminster, von Lady Stanley, Lady Duffe-

rin und von Frau Richard Norton, erregt. »Noch bevor die Prinzessin zu ihrem Tisch geleitet werden konnte, war von den Damen der Gesellschaft ein Murmeln zu hören. Eine Stimme rief laut und klar, daß es in der Stille des Saales deutlich zu hören war: ›Hinaus, Sie dreckige Spionin!‹ Die Prinzessin nahm jedoch, ohne mit einer Wimper zu zucken, ihren Platz ein, und die Damen aßen weiter. Aber als sie gingen, hielt Mrs. Norton beim Oberkellner an und teilte ihm mit, daß sie und ihre adeligen Freundinnen in Zukunft anderswo zu speisen gedächten, wenn man die Prinzessin weiterhin ins Ritz läßt.«[199] So kam zur Finanznot auch noch die gesellschaftliche Ächtung.

Stephanie musste sich eingestehen, dass sich wegen des verlorenen Prozesses von nun an niemand mehr mit ihr, »einer alleinstehenden Frau«, beschäftigen werde. So entschloss sie sich im Dezember, London zu verlassen und nach Amerika zu gehen. Sie hatte längst erkannt, dass Hitler auf dem Weg in einen Weltkrieg war. Viele amerikanische Freunde schickten ihr Einladungen, obwohl auch in amerikanischen Zeitungen über die Prinzessin zu lesen war, dass sie »eine Spionin, eine glamouröse internationale Agentin, eine Freundin Hitlers« sei.

Vier Tage nach dem für die Prinzessin negativen Urteil in ihrem Prozess gegen Lord Rothermere überbrachte Lady Ethel Snowden – nach wie vor eine gute Freundin Stephanies – deren »Bettelbrief« an Lord Rothermere:

»Ich weiß nicht, ob Sie vorhatten, mich zu ruinieren, auf jeden Fall ist es Ihnen gelungen. Dieses Schreiben an Sie ist die Krönung Ihres Sieges über mich. Ich will versuchen, so unmelodramatisch wie nur möglich zu sein, was nicht leicht ist, denn Sie haben aus meinem Leben ein Horrordrama gemacht. Ein gutes Wort von Ihren an mich hätte alles verhindern können. Sie hatten nie eine bessere und ergebenere Freundin als mich. Für Sie wäre ich durchs Meer geschwommen, und meine Ergebenheit für Sie war die eines treuen Hundes. Das wußten Sie.

Das wußten Sie genau. Das wußten Sie auch, als Sie das Gericht betraten. Es war Ihre feige Umgebung, die mich haßt, die Ihren Gerechtigkeitssinn verwirrte und Sie gegen mich aufbrachte, was ich, wie Sie wissen, nicht verdiene.
Ihre Anwälte und Rechtsbeihilfen, siebzehn an der Zahl, und alle sonstigen Freunde füllten bei Gericht die halbe Galerie, während ich nur von meiner 78jährigen Mutter begleitet wurde, da mein Sohn mir davongelaufen ist, weil er den passiven Widerstand nicht länger ertragen konnte, der daher stammt, daß ich angeblich eine Spionin war und den Ruf einer Spionin habe. Sie besaßen Millionen, ich nur 250 Pfund – das war alles, was mir blieb, nachdem mich meine Anwälte trockengemolken hatten und ich fast zwei Jahre lang ohne das Einkommen existieren mußte, auf dem ich mein Leben aufgebaut hatte. Daß ich heute noch unter den Lebenden bin, hat seinen Grund nur darin, daß ich meinem Jungen ersparen will, das Opfer einer weiteren Sensation zu sein – des Selbstmords seiner Mutter. Aber mein unsagbares Elend wird mich vielleicht auch diese Rücksicht vergessen lassen.
Ich sage das alles ohne jeden Versuch, um Mitleid zu flehen«, schrieb sie. Dann griff sie zu einer weiteren List. Sie berichtete Rothermere von erstaunlichen finanziellen Angeboten aufgrund eines geradezu »perversen« Interesses der Presse an den mit ihm verbrachten Lebenszeiten. Sie wolle zwar nie darüber Interviews geben oder Berichte veröffentlichen, drohte Rothermere aber, sie hoffe, dass sie es nie tun müsse. Sie bat ihn, ihr einen völligen gesellschaftlichen Abstieg zu ersparen und ihr ein sorgenfreies Leben wenigstens für die nächsten drei Jahre zu garantieren. Sollte er nicht mehr mit ihr direkt verkehren wollen, so könne er dies über ihre einzige, selbstlose Freundin Lady Snowden tun.
Stephanie von Hohenlohe schloss ihren Brief: »Es sind zwei Menschenleben, die Sie in Ihren Händen halten, ein junges, voll der Hoffnung auf die Zukunft, und meines, dem Sie jede

Zukunft geraubt haben. – An Ihnen allein liegt es, zu entscheiden, was aus diesen beiden Leben werden soll! S.H.«[200]
Rothermere wäre damals bereit gewesen, Stephanies Lebensunterhalt samt dem ihrer Mutter und Zofe etwa auf Mallorca zu finanzieren, aber keinesfalls in den Vereinigten Staaten, wo ihr Geliebter auf sie wartete. Prinzessin Stephanie von Hohenlohe und Lord Rothermere, die durch einige spektakuläre politische Aktionen für Aufsehen gesorgt hatten, sollten einander nicht mehr begegnen. Rothermere starb knapp ein Jahr nach dem Prozess auf den Bermudas.
Im *Time Magazine* war zu lesen: »Rasch senkte sich der Vorhang über der ›opéra buffa‹ des Prozesses Ihrer Fürstlichen Hoheit Prinzessin Stephanie Hohenlohe-Waldenburg-Schillingsfürst gegen Viscount Rothermere.«

Hitlers Spionin als »Friedensstifterin« in Amerika

Eine der fanatischsten Exponentinnen der nationalsozialistischen Ideologie (...) war Stefanie, Prinzessin Hohenlohe-Schillingsfuerst, die ›Anführungszeichen‹ Prinzessin, so genannt, weil sie nicht in Samt und Seide geboren wurde. Sie wurde durch Heirat eine Prinzessin (...) Sie war eine der ersten Agentinnen, die nach Übersee von den Nazis geschickt wurde, lange bevor sie an die Macht kamen.«[201]

Diese Aussage stammt von der seit 1939 im Exil in den Vereinigten Staaten lebenden jüdischen Journalistin Bella Fromm. Diese geht in ihrem noch nicht veröffentlichten Nachlass auf die Spionagetätigkeit von Nationalsozialistinnen in den Vereinigten Staaten während des Zweiten Weltkriegs genauer ein. Wie effektiv und weitreichend Hitlers Agentinnen in den USA operierten, wollte sie enthüllen. Viele der Frauen, die in politische Intrigen in den Vereinigten Staaten verstrickt waren, waren Nachkommen von in Amerika geborenen Deutschen, andere wiederum Besucher der Vereinigten Staaten.

Zu den der Bella Fromm bekannten Nazispioninnen zählten Lily Barbara Stein und Elisabeth Dilling aus Chicago, ebenso die Kellnerin Hedwig Engemann aus Brooklyn. Die amerikanische Fliegerin Laura Ingalls stand in engster Verbindung mit zwei der gefährlichsten Männer Himmlers, Kurt Ludwig Freiherr von Gienanth und Kulturattaché Richard Sallet. Da diese beiden Nazis offizielle Diplomatenpässe hatten, dauerte es ziemlich lange, bis ihre antiamerikanischen Aktivitäten entdeckt wurden. Dazu kam noch die »schöne Nazi-Spionin« Inga

Arvad, die als John F. Kennedys große Liebe für Schlagzeilen sorgte, und Stephanie von Hohenlohe.[202]

»Hitlers Spionin« Prinzessin Stephanie kehrte zusammen mit ihrer Mutter im Dezember 1939 Europa den Rücken. »Auch ich war inzwischen überzeugt, dass Hitler den Pfad der Zerstörung gewählt hatte.«[203] Es zog sie in ein Land, das noch neutral war und in dem ihr Freund Fritz Wiedemann als Generalkonsul in San Francisco wirkte.

Wenn die Prinzessin auch glauben machen wollte, dass sie freiwillig England verlassen habe, so war dies nur bedingt richtig. Ihre Freundin in London, Lady Ethel Snowden, ließ vorsichtshalber Anfang Dezember 1939 im House of Commons anfragen, ob die Regierung Seiner Majestät »in Hinblick auf ihr Nahverhältnis zur deutschen Reichskanzlei« die Ausweisung der Prinzessin beabsichtige. Da aber dem Innenminister schon zu Ohren gekommen war, dass die betreffende ungarische Staatsbürgerin bereits Vorkehrungen getroffen habe, England in den nächsten Tagen zu verlassen, wollte er von sich aus nichts unternehmen.

So schiffte sich Stephanie von Hohenlohe unter dem Pseudonym Mrs. Maria Waldenburg zusammen mit ihrer Mutter am 11. Dezember in Southampton auf der *S.S. Veendam* ein und erreichte New York am 22. Dezember. Die amerikanische Journalistin Helen Worden, die für das *New Yorker World-Telegram* schrieb, war am Quai und schildert die Ankunft der ihr bekannten Prinzessin: »Ihr rotgoldenes Haar war glatt nach oben gekämmt. Sie trug einen Silberfuchsturban, an dem herausfordernd eine rosarote Rose steckte, einen dreiviertellangen Silberfuchsmantel, ein schwarzes Seidenjerseykleid (von Alex) und schwarze Sandalen aus Glacéleder von Perugia mit himmelblauen Plateausohlen. Herrliche Clips steckten an ihren kleinen, hübschen Ohren, und an ihrem dunklen Kleid glitzerte eine auffallende Diamantbrosche.«

Diese elegante Aufmachung und extrem hohe Schuhe, dazu fal-

sche Angaben über ihr Alter – sie machte sich sechs Jahre jünger – halfen allerdings nicht, den Einwanderungsbeamten zu täuschen. Er erkannte die seit der Ankunft Wiedemanns vom FBI zur Beobachtung ausgeschriebene Prinzessin Hohenlohe, die mit einem Besuchervisum ausgestattet war. Sie reiste aber mit 106 Gepäckstücken an, was nicht darauf hindeutete, dass sie Amerika so bald wieder verlassen wollte. Dem FBI wurde ihre Ankunft ebenso gemeldet wie den führenden Zeitungen.
Daraufhin interessierten sich jede Menge Presseleute für Stephanie. Sie hatte zusammen mit ihrer Mutter ein Apartment im Hotel *Waldorf-Astoria* bezogen. Eine Meute von Bildreportern stürzte sich auf die Prinzessin und wollte sie in ihrem Apartment fotografieren. Bei Interviews in der Hotelhalle erklärte Stephanie von Hohenlohe, dass sie England verlassen habe, um in Ruhe und Frieden für die amerikanische Presseagentur Curtis Brown Ltd. ihre Memoiren zu schreiben.
Als Brown 1976 nach seiner Erinnerung an die Prinzessin gefragt wurde, konnte er sich durchaus an diese »Dame mit sehr viel Charme« erinnern. »Wie alle, die damals Deutschland verließen, wollte sie ein Buch schreiben. Zweifellos über Skandale unter Nazi-Größen (…). Sie fragen, ob über Geld gesprochen wurde? – Sie sprach über kaum etwas anderes!«[204]
Ihr erster Anruf nach ihrer Ankunft in New York galt ihrem Geliebten, Fritz Wiedemann, in San Francisco, der sofort zu ihr fahren wollte. Doch sie zog es vor, nicht gleich mit ihm gesehen zu werden.
Bereits am Nachmittag des 25. Dezember zog Stephanie mit ihrer Mutter in das gleichwertige, aber ruhigere Hotel *Plaza* in kleinere Zimmer ohne Telefonanschluss; aber die Presse erschien auch dort.
Schon kurz nach ihrer Ankunft erhielt Stephanie ein Schreiben von Harry Bull, dem Herausgeber von *Town & Country.* Er fragte an, ob sie, »eine Berühmtheit«, für seine internationale Leserschaft eine Artikelserie schreiben könnte. Einer der Arti-

kel sollte lauten »Der Verstand des Adolf Hitler«. Harry Bull wollte wissen, ob sich der »Führer« immer auf seine Intuition verließ oder nur von »kalter« Logik geleitet wurde. Hatte er irgendetwas, das mit Humor bezeichnet werden konnte? War er der Typ des mathematisch-geschäftsmäßig denkenden Mannes? Weshalb verbrachte er so viel Zeit in Berchtesgaden und belästigte die Regierung und die ausländischen Gesandten damit, mit ihren Anliegen in die bayerischen Alpen fahren zu müssen? Dann interessierten ihn noch Stephanies Vorhersagen über Dauer und Ausgang des derzeitigen Kriegs. Die Prinzessin konnte sich jedoch nicht dafür erwärmen, diese Artikelserie zu schreiben.

Da Stephanie nicht bereit war, ständig Interviews zu geben, wurde die Belästigung durch die Reporter immer massiver, und sie hoffte, dass sich das Interesse an ihr bald legen möge. Doch Alan Collins, der Leiter des New Yorker Büros des Literaturverlages Curtis Brown, schrieb ihr am 12. Januar 1940: »Es genügt nicht als einzige Antwort, immer nur zu sagen: Wann wird das alles endlich aufhören? Es wird erst dann aufhören, wenn die Zeitungen, die ein Interview haben wollen, zumindest die Chance bekommen, Sie zu sehen. Ich weiß, daß das lästig ist – aber das ist eben der Preis dafür, wenn man berühmt ist.«[205]

Drei Tage später, am 15. Januar 1940, konnte man im *Hearst Magazines Inc.* folgenden Beitrag lesen:

> Wesentlich ist, daß Prinzessin Steffi immer behauptet, unser Material sei vollkommen falsch und es würde ein falsches Bild von ihr gegeben – dann soll sie die wahre Geschichte eben selbst erzählen. Sie behauptet, sie sei bis 1932 eine einfache Staatsbürgerin gewesen und sie könne nicht begreifen, wieso sie so berühmt sei und derart mißverstanden werden könne. Um das Dunkel rund um ihre Person etwas aufzuhellen, sollte sie damit beginnen, einen Überblick über ihre Jugend, ihre Hochzeit, die frühen Jahre ihres Privatlebens, ihre Verbindung zu Lord Rotherme-

> re und die politischen Umstände, die sie so bekannt gemacht haben, zu geben.
> Wenn Prinzessin Steffi zehntausend Meilen entfernt von dem Ort fotografiert worden ist, an dem sie sich angeblich in Wirklichkeit befunden hat, so kann sie das sicher aufklären; sie könnte sagen, sie sei zehn Jahre lang nicht mehr in der Tschechoslowakei gewesen, die Zeitungen hätten sich da irgendein phantastisches Märchen ausgedacht und sie hätte keine Möglichkeit gesehen, das zu unterbinden.
> Alle Welt rätselte, was vor sich ging, als die Prinzessin in Leopoldskron lebte. Sie aber behauptet, sie habe versucht, Sachen zu retten – Möbel usw. für Reinhardt, und sie habe durch ihre Verbindungen eine Menge Gutes für die Emigranten getan.
> An der ungarischen Sache hat sie auf Rothermeres Anordnung gearbeitet, desgleichen als sie ihn mit Hitler zusammenbrachte – oder hatte sie etwa nichts zu tun mit diesem Treffen?
> Mit anderen Worten, sie wird sich schon etwas genauer äußern müssen, um glaubhaft zu machen, daß diese »Märchen« unwahr sind, und um zu erklären, wo sie wirklich war.
> Alles, was wir wollen, ist eine kurze geradlinige Darstellung ihres Lebens und die wahrheitsgetreue Geschichte ihrer Aktionen, die ihr so viel unerwünschte Publizität verschafft haben. Offensichtlich ist sie eine unverstandene Frau, und das mag auch der Schlüssel zur Geschichte sein.[206]

Der nächste Schritt von Harry Bull war, dass er Stephanie zu verstehen gab, dass der »Dreh mit der unverstandenen Frau« – denn als solche sollte sie gesehen werden – derzeit wirkungsvoll für die Zeitung aufbereitet werden könne. Außerdem würde alles, was in *Town & Country* über sie erschiene, die Nachfrage nach ihren hoffentlich bald vollendeten Memoiren ankurbeln. Am 22. Januar 1940 ließ sich sogar die *New York Times* herbei, einen ausführlichen Artikel mit der Überschrift »Prinzessin spielte Rolle in Nazi-Diplomatie« zu publizieren. Da war von »geheimen Vorbereitungen« des militärischen Überfalls und der Zerstückelung der Tschechoslowakei, an denen Stephanie beteiligt gewesen sei, zu lesen: »Die Prinzessin ist zweifellos der Star unter einer ganzen Reihe weiblicher Angehöriger der früheren deutschen Aristokratie, die von Hitler für die verschiedensten Unternehmungen – viele von ihnen geheimer Natur – rekrutiert wurden. Sie agierten als politische Spione, Propaganda-Hostessen, gesellschaftliche Schmeichlerinnen und geheimnisumwitterte Damen.«

Neidlos musste der anonyme Schreiber anerkennen, dass nur wenige Frauen für solche Tätigkeiten geeignet seien. Stephanie aber hatte alle Voraussetzungen dazu. Sie kannte die Gepflogenheiten der großen Welt bestens, und sie beherrschte fremde Sprachen. Als ihre herausragendste Fähigkeit galt, dass sie Geheimnisse herauslocken und jeden Verdacht von sich ablenken konnte. Der Schlusssatz hieß: »Prinzessin Hohenlohe hat im Auftrag der Nazipartei Herrn Hitler die Köpfe von Lords, Grafen und sonstigen hochgestellten Persönlichkeiten zu Füßen gelegt.«[207]

Immer mit Blick auf ihre noch ungeschriebenen Memoiren wollte Stephanie gerne in nähere Beziehung zu Sinclair Lewis, damals einer der bedeutendsten amerikanischen Schriftsteller, treten. Er hatte 1930 als erster Amerikaner den Nobelpreis für Literatur erhalten und war seit 1928 mit Dorothy Thompson verheiratet, der prominentesten Journalistin jener Zeit, der Stephanie bereits in England begegnet war. Zudem hoffte die Prinzessin über die ihr aus Deutschland bekannte Schauspielerin Marion Davies an deren Freund, den Zeitungsmagnaten William Randolph Hearst, heranzukommen. Sie versuchte auch, mit Marlene Dietrich und Erich Maria Remarque Kontakt aufzunehmen, doch diese lehnten ab, da sie über ihre starke Affinität zum Nationalsozialismus Bescheid wussten. Auch Charlie Chaplin begegnete ihr später, und sie zeigte sich auffallend begeistert von dessen Hitler-Parodie *Der große Diktator,* die am 15. Oktober 1940 in New York uraufgeführt wurde.

Collins gab der Prinzessin genaue Hinweise, wie sie am besten an die Bearbeitung ihrer Unterlagen für die geplanten Memoiren heranginge. Sie sollte dabei möglichst im Hintergrund bleiben, dafür aber beschreiben, was sie gesehen und erlebt hatte. Vor allem ihre eigene Einschätzung, warum Personen bestimmte Dinge taten, interessierte ihn.
Als Ghostwriter stand Rudolf Kommer zur Verfügung, der Hitlerdeutschland im Mai 1940 den Rücken gekehrt hatte und nun wie Stephanie im Hotel *Ambassador* in New York wohnte. Damals überrollten die deutschen Armeen Holland, Belgien und Luxemburg. Kommer und Stephanie unterhielten sich ausgiebig über die politische Lage in Europa. Nach einem dieser langen Gespräche brachte Kommer Mitte Mai seine Gedanken in einem Brief an die Prinzessin nochmals zum Ausdruck:

> Hochverehrte Frau Prinzessin,
>
> unsere gestrige Unterhaltung hat mir viel zu denken gegeben und Sie nehmen es mir wohl nicht uebel, wenn ich nochmals meinen Standpunkt festlege.
> Es gibt immer Momente, da sich eine klare Scheidung der Geister vollziehen muss und vollzieht. Der Einbruch in Holland ist ein solcher welthistorischer Augenblick und Sie koennen hier in den Vereinigten Staaten taeglich, nein stuendlich beobachten, wie sich eine voellige Umorientierung ereignet. Gestern war noch ein Eintritt Amerikas in den Krieg gaenzlich Tabu – heute steht er bereits in der Diskussion. Ueber Nacht kann er Tatsache werden.
> Wer an einen deutschen Sieg, d.h. an einen voelligen Zusammenbruch Europas nicht glaubt, und wem das Schicksal des deutschen Volkes am Herzen liegt, der muss heute irgendwie Stellung nehmen. Es ist nicht richtig, wenn Sie glauben, dass Maenner wie Rauschning oder Thyssen kein Vertrauen finden. (...)
> Wenn die albernen und verbrecherischen Zertruemmerungs- und Zerteilungsplaene in Bezug auf Deutschland vereitelt werden sollen – und dies scheint mir das Lebens-

1 Stephanie von Hohenlohe in London, 1932

2 Stephanie Richter wurde 1914 die Gemahlin von Friedrich Franz Prinz von Hohenlohe-Waldenburg-Schillingsfürst

3 Stephanie als freiwillige Krankenpflegerin bei ihrem Einsatz im Feldlazarett in Lemberg, 1916

4 Stephanie im Gespräch mit Erzherzog Franz Salvator von Österreich, dem Vater ihres Sohnes Franz, und Lady Melchett

5 Besuch auf dem Obersalzberg, 1936: sitzend Stephanie von Hohenlohe und Magda Goebbels, dahinter v.l.n.r. Lord Rothermere, Ward Price, Adolf Hitler, Fritz Wiedemann, Joseph Goebbels

6 Gemeinsam mit dem französischen Ministerpräsidenten Georges Clemenceau (links), dem Stephanie eine Terrierdame schenkte

7 Der britische Zeitungsmogul Lord Rothermere (links) zusammen mit Joachim von Ribbentrop, Dezember 1934

8 Stephanie und Fritz Wiedemann

9 Die Prinzessin mit ihren Gästen im Jagdhaus bei Fuschl: v.l.n.r. Captain Malcolm, Stephanie, Chistopher Rhodes, Lady Haid, Graf und Gräfin Boisrouvray und Stephanies Sohn Franz

10 Auf der »Europa« nach Amerika: Stephanie von Hohenlohe und Fritz Wiedemann

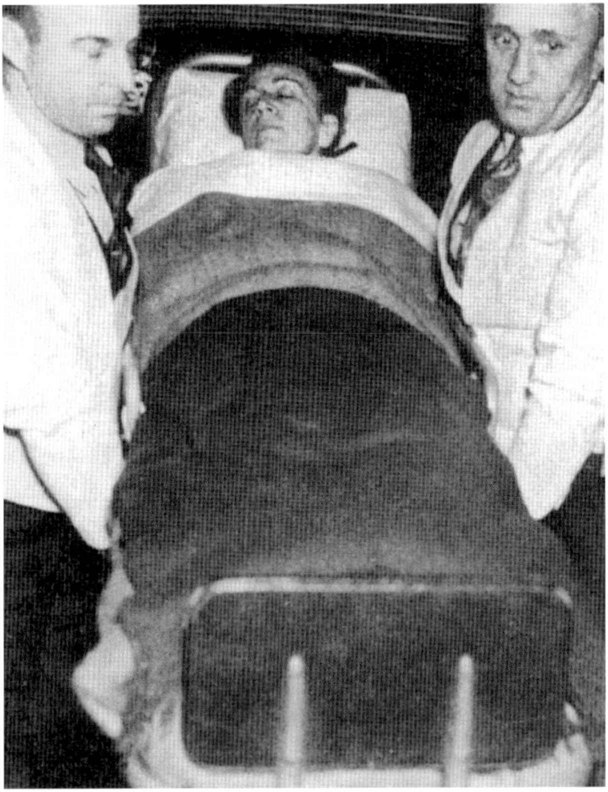

11 Mit heulenden Sirenen durch San Francisco. Prinzessin Hohenlohe wird auf der Tragbare zur Anhörung vor der Einwanderungsbehörde gebracht

12 Stephanie von Hohenlohe und Lemuel Schlofield, der Chef der US-Einwanderungs-behörde

13 Stephanie von Hohenlohe, »The Lady with the Connections«

14 Karl-Heinz Hagen, der Herausgeber der Illustrierten *Quick*, im Gespräch mit Präsident Kennedy

15 Zwischen dem Zeitungsverleger Axel Springer und Stephanie von Hohenlohe entwikkelte sich eine persönliche Freundschaft

problem Europas in den naechsten Jahren – so muss Deutschland ungebrochen aus dem Kriege hervorgehen. Dies aber ist nur moeglich, wenn dem Kriege aus Deutschland heraus vor dem Ende mit Schrecken ein vernuenftiges Ende gesetzt wird. Das heisst man darf nicht mit verschraenkten Armen zusehen bis das Nazi Deutschland vernichtet ist, oder bis es den Westen vernichtet hat, man muss irgendwie die Total-Wahnsinnigen beseitigen und die Vernunft und die Menschlichkeit wieder einsetzen. Ob dies geschehen kann und wird, weiss ich nicht. Die Voraussetzung dazu sind wahre Patrioten in Deutschland, die das Vertrauen des deutschen Volkes, und wahre deutsche Patrioten ausserhalb von Deutschland, die das Vertrauen der heutigen Gegner Deutschlands gewinnen koennen. Wie kommunizierende Gefaesse muessen diese zwei Gruppen miteinander in Verbindung stehen. Ist dies durchfuehrbar? Ich weiss es nicht. Jedenfalls sind Maenner wie Bruening, Rauschning, Thyssen die ersten Aktivposten eines regenerierten Deutschlands.[208]

Darum und nur darum plaidierte ich gestern so langwierig fuer: *Farbe bekennen*. Ob dies oeffentlich mit Eclat geschieht, oder sachlich und privat, aber restlos ueberzeugend – ist einerlei. Wenn das kuenftige Deutschland nicht wieder durch ein Diktat erstehen soll, wenn jenes Deutschland, das ja schon heute irgendwie ungestaltet und unerkennbar mitten unter den Nazis existiert, unverkrueppelt und gleichberechtigt ins Leben springen soll, so muessen seine sozusagen diplomatischen Vertreter sich schon heute selbst in der Welt akkreditieren. Um aber Vertrauen zu gewinnen, muss man irgendwie Farbe bekennen. Es kommt der Tag an dem dies zu spaet sein wird.

Heute ist es schon eine peinliche Ehrenfrage, ob man fuer oder gegen den Unhold ist – und Fragen der Ehre warten nicht lange auf Antwort.

Vielleicht verstehen Sie es jetzt besser, hochverehrte Frau Prinzessin, warum ich so sehr in Sie draengte. Noch immer gibt es einige Narren, die Sie missverstehen. Allerdings – ein Anti-Hitler Plakat koennen Sie sich nicht um den Hals haengen. Aber Sie wissen ja genau, auf wen es ankommt. Die Welt brennt und Neutralitaet ist etwas absolut Irreales. Die Lauen werden jedenfalls verdammt werden. Farbe bekennen – ist die Parole!

Mit freundschaftlichen Gruessen, in aller Ergebenheit
Ihr Rudolf K. Kommer a. Cz.[209]

Es fand sich keine Antwortschreiben der Stephanie von Hohenlohe auf diesen Appell von Rudolf K. Kommer a. Cz.; außerdem war »Farbe bekennen« nie ihre Stärke gewesen. Während die Prinzessin sich intensiv um die Vermarktung ihrer Memoiren kümmerte und ihren geliebten Fritz immer noch nicht gesehen hatte, war dieser einer anderen »Spionin« redlich zugetan. Der in San Francisco amtierende britische Generalkonsul P. D. Butler hatte erfahren, dass der amerikanische Militärgeheimdienst (G-2) behauptete, »Beweise zu besitzen, daß Wiedemann und eine Baronin Reznicek Anführer einer angeblichen Verschwörung sind, die beabsichtigt, die bestehende deutsche Regierung zu stürzen und die Rückkehr Wiedemanns nach Deutschland zu bewerkstelligen, um ein neues Regime zu errichten«.[210] Bei der genannten Dame handelte es sich um die Journalistin Baronin Felicitas von Reznicek, einer Tochter des Komponisten Freiherr Emil Nikolaus von Reznicek, die verschiedener geheimdienstlicher Tätigkeiten verdächtigt wurde. Sie war im Mai 1933 der NSDAP beigetreten.
Die 14 Jahre jüngere Baronin und Wiedemann hatten sich bei einer Cocktailparty in San Francisco ineinander verliebt. Felicitas von Reznicek arbeitete angeblich daran, dem von Hitler fallen gelassenen Wiedemann den Sprung auf die andere Seite zu ermöglichen. So wurde Lord Lothian, dem englischen Botschafter in Washington, D. C., mitgeteilt, die Journalistin habe für die britische Regierung interessante Vorschläge zu machen, nämlich dass Wiedemann »Asyl in England« verlange und er bereit sei, mit der britischen Regierung sofort und in jeder

Form zu kooperieren. Doch von dort kam keinerlei Reaktion auf Wiedemanns Angebot.

Baronin Reznicek wurde im Februar 1940 von Berlin überraschend »heim ins Reich« beordert. Von welcher Behörde die Journalistin zuvor nach Kalifornien geschickt worden war, ist nicht ganz klar. Wiedemann behauptete, dass sie nicht vom Auswärtigen Amt, sondern von einem der anderen »Ämter« kam. Felicitas von Reznicek zögerte ihre Abreise aus Kalifornien immer wieder hinaus, denn sie wollte sich von ihrem Fritz nicht trennen. Schließlich verließ sie das Land im Mai auf einem japanischen Dampfer. In ihrer Begleitung war die Wiedemann-Tochter, die man der Baronin für die lange Reise über Japan, China und mit der Transsibirischen Eisenbahn nach Berlin anvertraut hatte.

Es ist anzunehmen, dass Stephanie von der damaligen Liaison ihres Geliebten nichts wusste und dass die Baronin das Feld geräumt hatte, bevor Stephanie Ende März endlich nach San Francisco kommen konnte. Wiedemann hatte schon auf einen früheren Besuch gehofft, wie dies aus seinem Brief vom 3. März 1940 hervorgeht:

> Ich war ziemlich enttäuscht, daß Du dieses Wochenende nicht gekommen bist. Es wäre so schön gewesen, und jetzt müssen wir es um mindestens eine Woche verschieben, denn ich habe in den nächsten Tagen sehr viel zu tun.
> Was nun Dein Buch und Deine Fragen angeht, so bin ich damit vollkommen einverstanden. Vor allem Deine Fragen sind sehr klar formuliert. Aber bevor wir daran weiterarbeiten, müssen wir zuerst darüber reden. Du kannst Dir sicher denken, daß der ganzen Welt klar sein wird, daß Du gewisse Informationen nur durch mich bekommen haben kannst. Du mußt schließlich an meine Position denken. Es sind bereits mehrere Bücher erschienen, die sich mit genau demselben Thema befassen; für die Leser ist also nur etwas außergewöhnlich Sensationelles interessant. Vielleicht könnte man es unter das Motto

stellen: ›Die erste Frau, die ein Buch schreibt über (...) [Hitler, d. V.]‹. Aber es darf nicht nur ein Sensationsbericht sein. Für so etwas ist Dein Name zu schade. Kurz und gut, über das alles müssen wir reden. Brieflich können zu viele Mißverständnisse entstehen.
Wenn es für Dich wegen der Reporter schwierig sein sollte, mit dem Auto herzukommen (und das glaube ich beinahe), dann könntest Du mit dem Zug fahren. Du müßtest den Schlafwagen nehmen und würdest dann in der Früh hier ankommen. Wenn Du nicht gerade mit den ersten Fahrgästen aussteigst und wenn Mirle [Wiedemanns Tochter Anne Marie, d. V.] Dich abholt, kann ich mir nicht vorstellen, daß es irgendwelche Komplikationen geben könnte. Für mich ist es nicht ganz so einfach, nach L[os] A[ngeles] zu kommen, da es nicht mehr zu meinem Bereich gehört. Und wenn man mich außerhalb meines Dienstbereichs erwischt, kann ich ohne weiteres entlassen werden. Und Du kannst sicher sein, daß mein lieber Vorgesetzter [Ribbentrop, d. V.] das mit größtem Vergnügen tun würde! Deshalb komm bald hierhier!

Herzlichst F.[211]

Im romantischen Urlaubsort Carmel, 150 Kilometer südlich von San Francisco, fielen sich Wiedemann und seine Stephanie nach der im Jahr zuvor von Hitler verlangten Trennung wieder in die Arme. Wiedemann wollte ihr eine Freude machen und übergab ihr ein 25 Seiten umfassendes Manuskript mit seinen eigenen Überlegungen und Aufzeichnungen zu dem von Stephanie in ihren Memoiren geplanten Kapitel »Hitler mit den Augen einer Frau gesehen«. Er hatte sich sogar schon die Mühe gemacht, für Stephanies Buch ein Vorwort zu schreiben.
Von nun an wurde das bayerisch-österreichische Liebespaar auf Schritt und Tritt observiert, buchstäblich in jeder Lebenslage. Es begann mit einem nächtlichen Rendezvous im General Grant National Park. FBI-Agenten berichteten in Wort und Bild ausführlichst ihrem Chef Edgar J. Hoover, der jede kleinste Meldung archivierte. Nach dem ersten Treffen mit Wiede-

mann – ihre Mutter und ihren Sohn hatte sie in einem kleinen Hotel in San Mateo untergebracht – flog Stephanie nach Philadelphia, um dort bei ihren Freunden ihre Manuskripte für lokale Zeitungen anzubieten. Am 28. Mai kehrte sie nach Kalifornien zurück. Sie landete in Burbank, wo die Spitzel des FBI-Chefs Hoover sie schon erwarteten.

Von Burbank aus flog sie nach Fresno und stieg als »Mrs. Moll« im Hotel *Fresno* ab. Bevor sie sich auf ihr Zimmer Nr. 624 begab, fragte sie beim Empfang, ob Post gekommen sei. Kurz darauf erhielt sie einen Anruf, der aus einer öffentlichen Fernsprechzelle geführt wurde. Diejenigen, die die Leitung abhörten, verstanden nur »Hello, darling«, denn der Rest des Gespräches wurde in Deutsch geführt. Aber ein Wort konnten sie »entschlüsseln«: Restaurant Omar Khayyam. Dort trafen sich dann Mrs. Moll und Fritz Wiedemann und speisten in Ruhe. Sie konnten nicht ahnen, dass währenddessen das Hotelzimmer der Prinzessin von den FBI-Agenten gründlich durchsucht wurde.

Nach dem gemeinsamen Mittagessen bezahlte die Prinzessin das Hotelzimmer und fuhr mit Wiedemann in einem blauen Chevrolet-Cabriolet, Jahrgang 1940, auf dem Highway 180 nach Osten in Richtung des General Grant National Park. Wie üblich musste man sich an der Einfahrt zum Nationalpark in ein Gästebuch eintragen. Darin stand zu lesen: »Fritz Wiedemann, Generalkonsul in San Francisco«. Nach einer kurzen Rundtour im Park fuhr das Paar zum Sequoia National Park weiter, wo es um 17.30 Uhr im Kaweah Camp eintraf. Dort mietete es ein Blockhaus als Ehepaar Mr. und Mrs. Fred Winter aus San Francisco.

»Nach dem Abendessen im Coffee Shop, der zum Camp gehört und von Mr. Koch, einem fanatischen Nazi-Anhänger, geführt wird, zogen sich das Subjekt und Wiedemann um etwa 21.30 Uhr zur Nachtruhe in ihre Cabin zurück. Durch die Kooperation der (...) Parkwächter sicherten sich die Agenten Cabin Nr.

545, von der aus jeder beobachtet werden konnte, der Nr. 582 betrat oder verließ. Die Überwachung der Cabin Nr. 582 wurde während der ganzen Nacht aufrechterhalten. Um 8 Uhr früh des 30. Mai verließen Subjekt Hohenlohe und Wiedemann ihre Cabin und fuhren sofort zum ›General Grant National Park‹, wo sie frühstückten.«[212] Nach so viel Liebesglück behauptete die Prinzessin Jahre später bei einer Einvernahme beim FBI, dass es nie zu Intimitäten zwischen ihr und Wiedemann gekommen sei. Da ihnen damals nur eine Cabin zugeteilt worden war, habe Wiedemann im Wagen geschlafen.

Die Reise führte noch ins Café Lucca in Santa Clara und dann weiter nach Burlingame zum Haus Nr. 1808 Floribunda Avenue, dem Sitz des deutschen Generalkonsuls. Und da wohnten die Wiedemanns und von nun an auch Stephanie von Hohenlohe und ihre Mutter. Frau Wiedemann war damit einverstanden.

Um in Kalifornien vor Angriffen durch die Presse besser geschützt zu sein – Stephanie war damals gerade wieder als Nachfolgerin der berühmten Spionin Mata Hari bezeichnet worden –, gab Wiedemann eine offizielle Erklärung an das Außenamt in Deutschland ab: »Eine der Bedingungen, unter denen meine Frau und ich die Prinzessin in unserem Haus als Gast aufgenommen haben, ist, daß sie vor der Veröffentlichung ihrer Memoiren steht, für die ihr verschiedene Verleger bis zu 40 000 Dollars Vorschuß angeboten haben.«[213]

Über Wiedemanns Tätigkeitsfeld in Kalifornien hatte die Zeitung *Time* bereits kurz nach seiner Ankunft in den Vereinigten Staaten informiert: »Fritz Wiedemann, der große stämmige siebenundvierzigjährige ›Freitag‹ von Adolf Hitler, der als persönlicher Adjutant des Führers schon etliche delikate Missionen in Europa zu erfüllen hatte, wurde letzte Woche an einen neuen Posten entsandt. Er wird als Generalkonsul in San Francisco tätig sein. Hauptmann Wiedemanns Aufgabe wird es sein, die gestörten deutsch-amerikanischen Beziehungen zu beruhi-

gen und den wenig freundlich gesinnten USA das Nazi-Regime schmackhaft zu machen.«[214]
Der amerikanische Finanzminister Morgenthau[215] hatte schon am 2. Januar 1940 von seinem Beamten John Wiley folgenden Bericht erhalten:

> Ein Informant aus der Umgebung von Herrn Kuhn [Bankier] berichtete vor einiger Zeit, daß der deutsche Generalkonsul Borchers in New York bekannt gab, daß Wiedemann von Hitler mit dem Job betraut wurde, Amerika aus einem Krieg mit Deutschland herauszuhalten, da es eine von Hitlers und Wiedemanns Sorge ist, daß Deutschland des Kaisers historischen Fehler wiederholen könnte, Amerika als kriegsführend in den deutschen Krieg zu bringen. Wiedemann und Stephanie arbeiteten schon bei der ›gewaltfreien‹ Lösung von München eng zusammen und man nimmt an, dass sie nun eine ähnliche Arbeit in den Vereinigten Staaten vollbringen sollen. Borchers sagte weiter, dass Wiedemann nach San Francisco gesandt wurde als zukünftiger Deutscher Botschafter, falls einer gewählt werden müßte; das würde bedeuten, daß Wiedemann nicht Hitlers *persona non grata* ist.[216]

Wiedemann bestätigte aber, auf jeden Fall bei Ribbentrop Persona non grata zu sein und dass er nach Amerika geschickt worden sei, weil Hitler ihm nicht mehr vertraute.
Ein sehr aufschlussreiches Bild über Fritz Wiedemanns Tätigkeit in den Vereinigten Staaten liefert die im Bundesarchiv in Koblenz liegende Anklageschrift der Alice Crickett.[217] Die Amerikanerin klagte in San Francisco gegen den deutschen Generalkonsul, den sie als Leiter des Spionagedienstes der deutschen Regierung in den Vereinigten Staaten und der westlichen Welt bezeichnete.
Alice Crickett war darüber informiert, dass die deutsche Regierung an Wiedemann eine Summe in Höhe von 5 000 000 Dollar überwiesen hatte, die für die Spionagetätigkeit in den Vereinigten Staaten eingesetzt werden sollte.

Mehrere Männer und Frauen, deren genaue Namen die Klägerin nicht kenne, stünden auf der Gehaltsliste des Fritz Wiedemann. Die deutsche Regierung und Fritz Wiedemann hatten auch »Prinzessin Stephanie Holenhole« (sic!) angestellt. Ihre Aufgabe sei es gewesen, die in der Spionage tätigen Angestellten aus dem erwähnten Geldbetrag im Auftrag der deutschen Regierung und des Generalkonsuls zu bezahlen.

Fritz Wiedemann unternahm von San Francisco aus viele Reisen nach Mexiko, meist zum Austausch geheimer Papiere. Alice Crickett war ebenfalls während der ersten Woche im April 1939 in Mexiko. Stephanie von Hohenlohe habe ebenfalls eine Reise nach Mexiko gemacht, ohne dass Wiedemann jedoch darüber informiert gewesen sei.

Ein besonderes Augenmerk sollte Wiedemann auf die Panamakanal-Zone richten und dabei herausfinden, mit welcher Methode der Panamakanal für die Schiffe der Vereinigten Staaten von Amerika unpassierbar gemacht werden könnte.

Wie Wiedemann die Klägerin hat weiter wissen lassen, »sollte er als der Leiter des Spionagedienstes Zwietracht und Klassenhaß in den Vereinigten Staaten schüren«, um die Moral der Amerikaner zu unterminieren. Alice Crickett sagte weiter aus, dass Wiedemann Streiks in jeder Form provozieren sollte. In Fritz Wiedemanns »Diensten« standen viele Fabrikaufseher, Vorarbeiter und Fabrikarbeiter, vor allem in der Stahl- und Munitionsindustrie. Die genannten Personen seien von Fritz Wiedemann bezahlt worden.

Von Wiedemann wusste Alice Crickett auch, dass er für die Aktivitäten des German American Bund in den Vereinigten Staaten verantwortlich sei. Dabei sei er aktiv daran beteiligt gewesen, große Mengen von Munition in den Vereinigten Staaten, und hier wiederum im Osten des Landes und in New Jersey, zu horten. Die Munition sollte von den Mitgliedern des German American Bund dazu benutzt werden, gegen die amerikanische Regierung zu kämpfen.

Nicht nur Wiedemann habe als Spion gearbeitet, auch Dr. Friedhelm Draeger sei mit der deutschen Propaganda-Abteilung an der Ostküste mit Sitz in New York betraut worden. Die New-York-Abteilung habe Dr. Mathias Schmitz unter sich gehabt, und der Chef der deutschen Propaganda der Westküste sei Hermann Schwinn gewesen. Die Namen weiterer für Wiedemann arbeitender Männer seien der Klägerin nicht genannt worden. Allerdings habe Wiedemann Alice Crickett informiert, dass er mit Charles A. Lindbergh zusammenarbeite. Er benütze ihn, um Amerika und die Amerikaner einzulullen, sich in scheinbarer Sicherheit vor einem deutschen Angriff zu wiegen. Colonel Charles A. Lindbergh war durch seine hohe Position bei der amerikanischen Luftwaffe »der beste Deutsche und Nazi-Propagandist« in den Vereinigten Staaten. Außerdem habe Wiedemann mit Henry Ford zusammengearbeitet, und die Henry Ford Organization habe das Ansehen der Deutschen und der Nationalsozialisten in den Vereinigten Staaten gefördert.
Alice Crickett gab zu Protokoll, dass es immer wieder zu Missverständnissen gekommen sei zwischen Wiedemann und hohen Offizieren der deutschen Regierung und der Nationalsozialistischen Partei: so auch mit Adolf Hitler, Reichsführer, Joseph Goebbels, dem Propagandachef, Hermann Göring, Feldmarschall, und anderen, deren Namen der Klägerin nicht bekannt waren. Es sei dabei meist um die Frage gegangen, ob Fritz Wiedemann als Kopf der Propaganda-Abteilung fähig sei, seinen Dienst, die Erfüllung seiner Aufgaben in den Vereinigten Staaten ordentlich zu übernehmen.
Da Wiedemann habe wissen wollen, »ob er in der Gnade der Regierung, der Partei und der oben erwähnten Offiziere stand«, habe er am oder um den 1. Mai 1939 Alice Crickett nach Berlin gesandt. Sie habe dort Adolf Hitler, Joseph Goebbels, Hermann Göring und andere hohe Militärs beziehungsweise Mitglieder der Partei besucht. Überall sei man mit Wiedemanns Tätigkeit zufrieden gewesen. Für ihre Dienste habe Alice Crickett eine

Summe von 8000 Dollar bei Fritz Wiedemann eingefordert, der ihr aber noch nicht einmal eine Teilsumme ausbezahlt habe. Somit bat sie das Gericht, ihr das Geld zusammen mit den Gerichtskosten zuzusprechen.

Der Prozess dürfte zugunsten der Klägerin ausgegangen sein. In den Aufzeichnungen der Journalistin Bella Fromm finden sich ebenfalls Hinweise, dass Wiedemann stark in die Spionagetätigkeit verwickelt war und dass der Panamakanal dabei eine gewisse Rolle spielte sowie der Aufbau eines deutsch-japanischen Spionagenetzes.[218]

Seit Stephanie von Hohenlohe wieder in Wiedemanns Nähe war, wurde die politische Lage dahingehend sehr intensiv erörtert, wie dieser schreckliche Krieg in Europa beendet werden könne. Rudolf Kommer hatte Stephanie in New York schon einige Ideen mit auf den Weg gegeben, an deren Verwirklichung ihr sehr viel lag.

So trafen sich am 27. November 1940 im Salon des Doppelzimmers 1024–1026 des Hotels *Mark Hopkins* in San Francisco zwei Männer und eine Frau: Fritz Wiedemann, Sir William Wiseman, ehemaliger Chef des britischen Geheimdienstes in der westlichen Hemisphäre und nun Partner der renommierten New Yorker Wallstreet-Firma *Kuhn, Loeb & Co.*, sowie Prinzessin Stephanie von Hohenlohe zu »Friedensgesprächen«.

Das Ziel dieses konspirativen Treffens war es, Pläne zu entwickeln, wie Hitler zu einem Separatfrieden mit England gebracht werden könnte. Stephanie von Hohenlohe zeigte sich stark genug, die Vermittlerrolle zwischen London und Berlin zu übernehmen.

Sie war felsenfest davon überzeugt, dass sich Adolf Hitler über einen Besuch »seiner lieben Prinzessin« sogar freuen würde. Wiedemanns Vorschlag war, sie solle mit ihrem ungarischen Pass über die Schweiz nach Berlin reisen und Hitler persönlich einen deutsch-englischen Friedensplan unterbreiten. In ihren eigenen Aufzeichnungen sah Stephanie sich schon als die Frau, die den Krieg stoppen wollte und die somit zur Friedensstifterin hätte werden können. Sie glaubte anfänglich daran, dass ihre Bemühungen zusammen mit denen Wisemans und Wiedemanns Erfolg haben und somit der Krieg zum Jahresbeginn 1941 zu Ende gehen würde.[219]

Der Engländer Sir William sollte seine Freunde in der Downing Street in London kontaktieren. Auf den Einwand von Wiseman, Hitler könnte Stephanie für eine englische Agentin halten, zeigte sich diese überzeugt, dass ihr der »Führer« nach wie vor wohlgesinnt sei, obwohl sie ihn seit Januar 1939 nicht mehr gesehen habe. Sie wollte ihn darauf ansprechen, dass es ihm bis jetzt nicht gelungen sei, England zu besiegen. Sie fand, dass die Bündnisse mit Italien und Russland lächerlich seien im Vergleich zu einem Bündnis mit Großbritannien. Außerdem wollte sie Hitler über die militärische Stärke der Vereinigten Staaten unterrichten.

Die drei »Friedensstifter« waren sich im Klaren darüber, dass dem Kriegsgeschehen Einhalt geboten werden müsse und dass der Zeitpunkt dafür nicht günstiger sein könnte. Als der dafür am besten geeignete Mann in England wurde der britische Außenminister Lord Halifax bezeichnet, den sowohl Wiedemann als auch Stephanie sehr gut kannten.

Die Frage, wer in Deutschland einen solchen Friedensplan unterstützen würde, musste nun auch gestellt werden. Der erste Name, der genannt wurde, war der des Kronprinzen Wilhelm, dann folgte der des Polizeipräsidenten von Berlin, Wolf Heinrich Graf von Helldorf, und der des Chefs des Generalstabs des Heeres, Generaloberst Franz Halder. Es war nicht besonders klug, diese Namen einem Angehörigen des britischen Geheimdienstes zu nennen, da damit die Identität potenzieller deutscher Widerstandskämpfer verraten wurde.

Vertrauensselig berichtete Wiedemann Sir William auch, dass die deutsche Botschaft in Washington und alle deutschen Dienststellen in den USA aus Berlin die Weisung erhalten hatten, alles zu unterlassen, was in den Vereinigten Saaten die öffentliche Meinung gegen Hitler und das Dritte Reich mobilisieren könnte. Wiedemann zeigte sich jedoch davon überzeugt, dass der Nationalsozialismus, schon aufgrund seiner revolutionären Natur, und die USA miteinander in Konflikt geraten würden.

Dieses Treffen vom 27. November, dem schon kürzere Gespräche zwischen Wiseman und Wiedemann beziehungsweise Wiseman und Stephanie von Hohenlohe vorausgegangen waren, wurde vom Leiter der FBI-Außenstelle von San Francisco, N. J. L. Pieper, abgehört, auf Tonband aufgezeichnet und später in einer 111 Seiten umfassenden Niederschrift festgehalten. Am 13. Januar 1941 erhielt Präsident Franklin D. Roosevelt einen dreiseitigen Bericht über das Treffen der drei »Friedensboten« in Kalifornien. Roosevelt selbst hielt nicht viel von diesen Bemühungen, doch er nahm sie ernst. Denn erstens hielt er Hitler für unberechenbar, und zweitens galt Sir William Wiseman als das Sprachrohr für eine politische Gruppe in Großbritannien, an deren Spitze Lord Halifax stand. Diese Personen gaben sich der Hoffnung hin, zwischen Großbritannien und dem Deutschen Reich einen dauerhaften Frieden zuwege zu bringen.

Aus dem Bericht an Roosevelt geht hervor, dass keiner von den drei selbst ernannten Friedensstiftern dem anderen traute. Man nahm an, dass Wiseman Wiedemann dazu bringen wollte, dass dieser ein Statement unterzeichnete, in dem er seine wirkliche Sicht auf Hitler preisgeben würde. Sir William hatte in den beiden von ihm an die britische Botschaft gesandten Berichten Wiedemann als einen wirklich ernsthaften Gegenspieler Hitlers und einen ehrenhaften bayerischen Offizier dargestellt. Doch bei den Gesprächen zeigte sich Wiedemann sehr schwerfällig, sprach immer wieder deutsch, bis ihn die Prinzessin zwang, eine so wichtige Konversation in englischer Sprache zu führen.

Seinen Aussagen zufolge hatte Sir William Wiseman von Prinzessin Stephanie eine besonders wichtige Nachricht erhalten: Völkers, ein deutscher Agent, sei Mitte September 1940 in San Francisco angekommen. Er habe Wiedemann 50 000 Dollar für bestimmte Arbeiten (wahrscheinlich Spionage) angeboten. Doch Wiedemann habe sich angeblich geweigert, dieses Geld anzunehmen. Völkers habe, laut Stephanie, die geheimdienstlichen Aktivitäten sowohl in Norwegen als auch in Holland organisiert. Er sei der bedeutendste Agent gewesen, der seit Westrick in den Vereinigten Staaten tätig war, und er habe für die Abwehr von Admiral Canaris gearbeitet. Wie Wiedemann gab er vor, entschieden gegen Hitler eingestellt zu sein.[220]

Stephanies Kampf gegen Ausweisung und Internierung

Im November 1940 war das Besuchervisum von Prinzessin Stephanie abgelaufen. Sie ersuchte um Verlängerung mit der Begründung, sie wolle wegen der derzeitigen politischen Lage im Ausland lieber bei Freunden in den Vereinigten Staaten bleiben. Doch sie bekam keine Verlängerung. Der Chef des FBI, Edgar J. Hoover, legte sich quer. Und er informierte seine Untergebenen über die Dame:

> Stephanie von Hohenlohe-Waldenburg, mit Pseudonymen, ist eine enge Vertraute von Fritz Wiedemann, dem deutschen Generalkonsul in San Francisco (...) und wurde in der Vergangenheit von den französischen, britischen und amerikanischen Behörden verdächtigt, als internationale Spionin für die deutsche Regierung zu arbeiten (...). Die Prinzessin wird als äußerst intelligent, gefährlich und schlau und als Spionin »schlimmer als 10000 Männer« charakterisiert. (...) Ich möchte ausdrücklich betonen, daß meiner Meinung nach das Visum dieser Frau nicht verlängert werden sollte. Weiter würde ich vorschlagen, daß sie zum frühest möglichen Zeitpunkt aus den Vereinigten Staaten ausgewiesen wird.[221]

Stephanies Sohn hatte nun eine recht gute Idee. Einer ihrer langjährigen Freunde sollte seine Mutter pro forma heiraten. Er müsste allerdings Amerikaner sein, dann würde sie als dessen Frau nicht ausgewiesen werden. Er dachte dabei an Donald Malcolm, der allerdings auf diesen Vorschlag hin überhaupt nicht in Kalifornien erschien. Malcolm schlug Stephanie vor, nach Mexiko auszureisen, was sie später auch einmal für ein paar Tage unternahm.

Stephanie und Fritz Wiedemann trafen sich zum letzten Mal im Hotel *St. Francis,* ihrem Liebesnest, am 14. Dezember, denn drei Tage später teilte Inspektor Farrelly der Prinzessin mit, dass ihre Aufenthaltsgenehmigung nicht verlängert werde und sie innerhalb von vier Tagen, also am 21. Dezember, das Land verlassen müsse.

Das ganze Geschehen um die bevorstehende Ausweisung Stephanie von Hohenlohes wurde auch in der Reichskanzlei in Berlin verfolgt. So kommentierte Joseph Goebbels schadenfroh am 22. Dezember 1940 in seinem Tagebuch: »Wir erinnern uns der ›Prinzessin‹ Hohenlohe, die heute, ganz arm, aus USA ausgewiesen wurde. Wiedemann ist ihr sexuell ganz verfallen.«[222] Goebbels hielt sich damals mit Hitler zusammen im Luftschutzkeller der Reichskanzlei auf, da Luftalarm gegeben worden war. Der »Führer« sprach davon, dass er nicht glaube, dass Amerika in den Krieg eintreten werde. Man habe Angst vor Japan.

Prinz Franz, der 26-jährige Sohn der Prinzessin, der in New York als Foto- und Künstlermodell seinen Lebensunterhalt verdiente, gab gleich nach Bekanntwerden der Ausweisung dem New Yorker Boulevardblatt *PM* ein Interview, in dem er verständlicherweise seine Mutter im besten Lichte darstellte. Er fand allerdings, dass es nicht gut für sie war, im Hause des deutschen Generalkonsuls zu leben. Sie habe keinerlei Beziehungen zu den Nazis, stehe noch nicht einmal in deren Gunst. Außerdem lag ihm daran, der Öffentlichkeit mitteilen zu können: »Im Übrigen, sie ist keine Jüdin, hat sich keiner kosmetischen Gesichtsoperation unterzogen und ist noch keine hundertzwanzig Jahre alt.«[223]

Am 27. Dezember entschloss sich Stephanie, zusammen mit ihrer Mutter das äußerst gastliche Haus Wiedemann heimlich zu verlassen. Sie hatte wieder einmal Glück, dass Vilma (Mimi)

Owler Smith, eine alte Freundin, ihr ein Apartment in ihrem Haus 360 Forest Avenue in Palo Alto anbot. Mimi Smith organisierte für sie den Anwalt Joseph J. Bullock, der als Erstes eine Ärztin bat, für die Prinzessin ein Zeugnis auszustellen, dass weder sie noch ihre Mutter reisefähig seien. Mit diesen Attesten und einer eidesstattlichen Erklärung fuhr der Anwalt noch am Neujahrsabend nach Washington.
In Stephanies Affidavit liest man Erstaunliches:

> Ich erkläre hiermit ausdrücklich, daß ich keinerlei Sympathien für Deutschland oder die Achsenmächte in ihrem gegenwärtigen Kriegszustand empfinde noch empfand, und daß mein ganzes Mitgefühl dem Königreich England und seinem Volk gehört. Weiters: daß ohne jede Grundlage eine irreführende, falsche und verleumderische Verunglimpfung meines guten Namens veröffentlicht wurde, nur wegen der Tatsache, daß ich vielleicht unvorsichtig genug war und die Einladung des Vertreters der deutschen Regierung in San Francisco, sein Hausgast zu sein, angenommen habe. Sobald ich diese Tatsache erkannte, habe ich die Residenz der erwähnten Person verlassen und keinerlei Kontakt mit dieser Person mehr gehabt.[224]

So war innerhalb ein paar Tagen aus dem Geliebten eine »namenlose Person« geworden. Stephanie war der Meinung, dass Fritz Wiedemann sehr viel mehr für sie und gegen ihre drohende Ausweisung hätte tun können. Und in das gleiche Horn stieß ihre neue Herzensfreundin Mimi Smith. Diese übernahm nun die »Verhandlungen« mit Fritz Wiedemann. Als Erstes wollte sie von ihm Geld für Stephanie, und sollte das nicht klappen, so drohte sie mit Erpressung, was natürlich von Stephanie gesteuert war. Sie wollte die deutsche Botschaft in Washington darüber informieren, dass Wiedemann Kontakt mit den britischen Behörden in San Francisco aufgenommen hatte.
Doch Wiedemann ließ sich nicht einschüchtern und machte einen Schlussstrich unter das Liebesverhältnis. Den Wunsch

nach weiteren finanziellen Zuwendungen konnte er der Prinzessin nicht erfüllen. Zudem bat er sie, ihm die ihr seit ihrer Ankunft in den Vereinigten Staaten insgesamt von seinem Privatkonto geliehenen 3003 Dollar zurückzuzahlen. In einem traurigen Brief nahm er von seiner Geliebten Abschied:

> Ich wähle diesen einigermaßen ungewöhnlichen Weg um einige Sicherheit zu haben, daß mein Schreiben Dich auch erreicht, nach den Erfahrungen der letzten Tage scheint mir das nötig. Ich habe nach Deinem Weggang 2 Tage lang versucht über Dich telefonisch Auskunft zu bekommen. Die Wächter Deines Versteckes waren so gut, daß es mir nicht gelang. Ob wir noch einmal Gelegenheit haben werden uns über die Bitterkeit der letzten Tage menschlich auseinanderzusetzen, weiß ich nicht. Das Schwere das wie ein Blitz aus heiterem Himmel Dich traf, erklärt vieles in Deiner Haltung. Ich weiß auch, daß Du eine Annäherung von meiner Seite aus nicht mehr wünschest und alles tun wirst es zu vermeiden. Trotzdem kann ich unter Jahre, die durch Dich zu den schönsten und reichsten gehören in meinem Leben, nicht einfach einen Strich machen. Ich weiß, Du wirst es heute mit kaltem Hohn aufnehmen, wenn ich Dir sage, wo immer ein Ruf von Dir mich erreichen wird, ich werde da sein, sofern und soweit es meine Kraft irgend zuläßt.
>
> Damit habe ich Dir noch auf Deinen letzten Brief persönlich zu antworten. Du hast mich um eine Summe gebeten, die ich nicht mehr besitze. Du, beziehungsweise Deine Vertreterin haben mir zugemutet, sie aus der Kasse zu nehmen wie ein Bankkassier Mittel an sich nimmt, die ihm nicht gehören, d. h. sie unterschlägt. Ich habe es abgelehnt und habe geantwortet, ich würde versuchen, Dir das Geld zu beschaffen, wenn Du mir als Unterlage Deine Wertpapiere überlassen würdest. Diese Forderung war wohl nicht unbillig, da Deine Vertreterin, die Du erst seit einigen Tagen kanntest, vertrauenswürdig genug war um von Dir die Schlüssel zu Deinem Safe zu bekommen. Die Geheimhaltung war gewährleistet, wie ich in einer Unterredung mit einem Vertreter der Bank of America festge-

stellt hatte. Im äußersten Fall hätten die Papiere im Safe meines Amtes deponiert werden können.
Ich bedauere, daß ich Dir vor einem Jahr die Mittel gab, die Dir in den letzten Tagen gefehlt haben. Hätte ich es damals nicht getan, so hätte ich sie Dir jetzt geben können und hätte dann nicht mir den Vorwurf machen lassen müssen gerade im entscheidenden Moment versagt zu haben.
Damit komme ich auf den Punkt zu sprechen, der noch zwischen uns klarzulegen ist. Du weißt, ich habe Dir meine sämtlichen Rücklagen gegeben, die ich hier habe. Es ist der Notgroschen für meine Familie, wenn ich einmal hier wegmuß, was rasch der Fall sein kann. Dein Besitz an Wertpapieren und Schmuck ist heute noch ein vielfaches von dem, was ich habe. Ich betone, ich brauche das Geld nicht heute und auch nicht morgen. Aber es kann sein, daß ich es einmal sehr rasch brauche. Zu diesem Zweck muß ich Deine Adresse wissen oder die Deines Vertreters, der von Dir den Auftrag hat, mir die Summe zu schicken. Ich habe Malcolm darüber geschrieben. Er hat mir keine Antwort gegeben, wozu ich ihn auch nicht zwingen kann. Willst Du mich und meine Familie in eine Lage bringen, daß wir die Summe einmal nötig brauchen und Dich nicht finden können, weil wir nicht wissen wo Du bist! Das einzige, worum ich Dich bitte ist mir mitzuteilen an wen ich mich wenden kann um die Summe zu bekommen, die Du mir schuldest. Aber es muß jemand sein, der mir bestätigt, daß er von Dir beauftragt ist. Du kannst überzeugt sein, daß ich Dich nicht um Rückzahlung bitten werde, solange ich das Geld nicht dringend brauche.

Ich habe Dir gegeben: vor einem Jahr nach N.Y.	Dollar 1500.–
hier zu einer Reise nach N.Y.	850.–
Franzi an Weihnachten 39 zur Reise nach N.Y.	60.–
auf einen Scheck, der nicht eingelöst wurde	20.–
Telefongespräche in den letzten Wochen nach N.Y.	73.–
am letzten Tag noch	500.–
	3003.[225]

Nach den entsprechenden Archivunterlagen hat Wiedemann diese hohe Summe von der Frau, die er immer noch liebte, nie zurückbekommen.
Schließlich setzte sich auf Intervention des Sohnes Franzi die ungarische Botschaft in Washington, D.C., für die ungarische Staatsbürgerin ein und erreichte einen 20-tägigen Aufschub der Ausweisung. Stephanie konnte bis 11. Januar 1941 im Land bleiben. Der Plan war, dass sie am 11. Januar mit dem Transatlantikdampfer *S.S. Exeter* von New York nach Lissabon reisen sollte. Doch der Prinzessin ging es gesundheitlich nicht gut. Da half in ihren Augen nur noch, unmittelbar an den Präsidenten der Vereinigten Staaten, Franklin D. Roosevelt, zu schreiben. Sie schilderte ihm ihr halbes Leben und berief sich auf ihre Bekanntschaft mit seiner Mutter, mit der sie schon zweimal gesellschaftlich zusammengetroffen sei: einmal in Paris und einmal in Salzburg. Dann kam sie in wohlgesetzten Worten auf ihr Anliegen zu sprechen:

> (…) Bitte, erlauben Sie mir, daß ich an Sie, als Mann und als Präsident eines freien Landes, appelliere. Gestatten Sie den Behörden, mir Aufschub zu gewähren. Geben Sie mir Zeit, meinen guten Namen um meines Sohnes willen wiederherzustellen, dessen Zukunft auf dem Spiel steht. Gewähren Sie mir die gleichen Privilegien, die dieses Land der Freiheit jedem gewähren würde, der sich nichts Unrechtes oder Unloyales zuschulden kommen ließ. Ersparen Sie mir, bitte, die Demütigung, dieses Land unter so bedrückenden Umständen verlassen zu müssen, als wäre ich eine Verbrecherin.
>
> Ergebenst, Ihre Stephanie Hohenlohe.[226]

Doch am 9. Januar erhielt die Prinzessin von ihrem Rechtsanwalt die Mitteilung, dass alle Anstrengungen, sie vor der Ausweisung zu bewahren, fehlgeschlagen waren. Sie bekam einen Nervenzusammenbruch, drohte mit Selbstmord, ein katholischer Priester wurde gerufen, und ihre Freundin versuchte, Präsident Roosevelt telefonisch zu erreichen. Ihr Sohn war aus New York herbeigeeilt. Den Haftbefehl für die zwangsweise Ausweisung hatte der Leiter der Einwanderungs- und Naturalisierungsbehörde Major Lemuel Schofield unterschrieben, der in Washington, D. C., für den Fall Hohenlohe seit kurzer Zeit zuständig war. Sollte die Prinzessin eine Kaution von 25 000 Dollar hinterlegen können, so bliebe ihr die Inhaftierung erspart. Mimi übernahm diese Kaution.

Stephanie bekam dann mitgeteilt, dass die Anhörung im Zusammenhang mit der Zwangsvollstreckung der Ausweisung am 17. Januar um 10 Uhr im Büro der Einwanderungsbehörde stattfinden sollte. Zum festgesetzten Zeitpunkt ließ sich Stephanie von Hohenlohe dorthin in einem Rettungsauto mit heulenden Sirenen, auf einer Trage liegend, bringen. Die Presse war schon da, und einem Reporter gelang es, ein Foto von der Prinzessin zu schießen. Ein Chaos war vorprogrammiert. Der Leiter der Behörde beschloss daraufhin, die Anhörung in der Wohnung der Prinzessin in Palo Alto durchzuführen.

Obwohl die Prinzessin unter Eid auszusagen hatte, waren ihre Angaben sehr vage. Sie wurde von ihren beiden Anwälten, Bullock und White, vertreten. Ihr Sohn war wieder aus New York angereist. Ein Amtsarzt vom US-Gesundheitsdienst war hinzugezogen worden. Der Untersuchungsbeamte Inspektor Earl A. Cushing befragte Stephanie von Hohenlohe nach dem Zweck ihres Aufenthalts in den Vereinigten Staaten. Sie nannte als Grund, ihre Memoiren zu schreiben. Nach einer kurzen Einschaltung ihres Anwalts White wurde die Befragung der offensichtlich erschöpften Prinzessin abgebrochen und vertagt. Außerdem wurde von der Einwanderungsbehörde eine »äußerst diskrete Überwachung des Subjekts« angeordnet.

Es gab zudem noch eine Mitteilung von Finanzminister Morgenthau an den Präsidenten der Vereinigten Staaten, dass er sich um eine Ausweisung der Prinzessin bemühe: »England, das

Land, aus dem sie kam, weigert sich sie ›zurückzunehmen‹. Das State Department weist darauf hin, daß Japan bereit wäre, ihr ein Durchreisevisum auszustellen, immer vorausgesetzt, daß Rußland mitzieht, denn das wäre der einzige Weg, daß sie nach Ungarn deportiert werden kann, dessen Staatsangehörige sie ist. Ich habe Anweisung erteilt, daß dies so schnell wie möglich erfolgen soll.«[227]

Ein neu hinzugezogener Rechtsanwalt konnte nachweisen, dass er 42 Visaablehnungen für die Prinzessin erhalten habe und sie somit überhaupt nicht ausreisen könne.

Das ganze Geschehen um die »Ungarin« verärgerte selbst den Präsidenten der Vereinigten Staaten. Franklin D. Roosevelt gab seinem Justizminister Robert Jackson am 7. März eine unmissverständliche Weisung: »Diese Hohenlohe (that Hohenlohe woman) muß aus disziplinären Gründen außer Landes. Stecken Sie sie auf ein Schiff nach Japan oder Wladiwostok. Sie ist Ungarin, und ich glaube nicht, daß die Briten sie vom Schiff herunterholen werden. Aber das ist ihre Sache. F.D.R.«[228]

Daraufhin ließ Schofield am Samstag, dem 8. März, die Prinzessin durch Beamte der Einwanderungsbehörde (INS) in ihrer Wohnung verhaften. Er plante, sie »über den Pazifik nach Sibirien zu verfrachten«.

Eine Woche später besuchte Schofield die Inhaftierte im Hausgefängnis der INS in San Francisco. Da war es um den 48-jährigen verheirateten Lemuel Bradley Schofield, Vater von vier Kindern, geschehen. Er verliebte sich unsterblich in die »Gefangene«. Auf keinen Fall sollte sie nach Sibirien geschickt werden. Er wollte ihren Fall nochmals dahingehend überprüfen lassen, ob sie wirklich eine Naziagentin sei. Auch Justizminister Jackson schaltete sich wohlwollend ein, und schließlich war die Prinzessin am 19. Mai wieder frei. Sie hatte aber folgende Auflagen bekommen:

»1. Sie muß den zuständigen INS-Distriktsdirektor zu allen Zeiten über ihren jeweiligen Wohnsitz informiert halten.

2. Sie darf mit dem deutschen Generalkonsul in San Francisco keinerlei Kontakt aufnehmen.
3. Sie darf ohne Wissen und Zustimmung des jeweiligen INS-Distriktsdirektors, weder direkt noch indirekt, mit einem Vertreter einer fremden Regierung in Verbindung stehen.
4. Sie muß ihren Wohnsitz in einer kleinen Gemeinde ohne Flughafen aufschlagen.
5. Auf Verlangen muß sie sich beim INS-Distriktsdirektor ihres Wohnsitzes melden und alle Fragen, die bezüglich ihrer Tätigkeiten an sie gerichtet werden, beantworten.
6. Sie darf ohne die Zustimmung des für ihren Wohnsitz zuständigen INS-Distriktsdirektors keine Vorträge halten, Presseinterviews noch sonstige öffentliche Erklärungen abgeben oder Geschriebenes oder sonstige Statements veröffentlichen.«[229]

Stephanie übersiedelte am 1. Juli von Palo Alto zusammen mit ihrer Mutter nach Washington, D.C., in das Hotel *Raleigh*, wo auch Schofield wohnte, der allerdings nicht ahnte, dass darüber ein FBI-Bericht angefertigt wurde. »Wenn Schofield im Hotel war, (...) verbrachte er die ganze Zeit mit Prinzessin Hohenlohe, entweder in ihrem oder seinem Zimmer. Bei ein oder zwei Gelegenheiten war es offensichtlich, daß Prinzessin Hohenlohe die ganze Nacht mit Major Schofield zubrachte, da sie noch um 8.30 oder 9 Uhr morgens in seinem Zimmer angetroffen wurde.«[230]

Für die Freilassung seiner Mutter hatte sich auch Sohn Franz eingesetzt. So telegrafierte er schon am 16. April an Mrs. Eleanor Roosevelt:

> Unter normalen Umständen würde ich es nicht gewagt haben, Ihnen ein Telegramm zu senden, doch da Sie sich in Kalifornien aufhalten, wäre es da möglich, mir freundlicherweise ein kurzes Treffen mit Ihnen zu ermöglichen, bevor Sie nach Osten zurückreisen.
>
> Herzlichst Prinz Franz Hohenlohe

Darauf erfolgte die Antwort:

Secretary to Mrs. Roosevelt
16. April 1941

Mein lieber Prinz Hohenlohe:

Frau Roosevelt hat mich gebeten, Ihnen zu sagen, dass sie Ihre Nachricht empfangen hat während ihres Aufenthalts in Kalifornien, aber es war ihr zeitlich nicht möglich, einen Termin auszumachen.

Sehr herzlich Ihre Sekretärin von Frau Roosevelt[231]

Die Tage des Generalkonsuls Wiedemann in San Francisco waren hingegen gezählt. Am 16. Januar 1941 ordnete Präsident Roosevelt die Schließung aller deutschen Dienststellen in den USA an. Die Abreise des Personals hatte bis zum 14. Juli zu erfolgen.

Doch Wiedemann wollte nicht ins Deutsche Reich zurück. Wie schon die Prinzessin bot auch er nun seine Dienste den Amerikanern an. Er war bereit, alles zu enthüllen, was er als der einstige Vertraute Hitlers zu bieten hatte. FBI-Direktor Hoover war zu Ohren gekommen, dass Wiedemann dem Pressekonzern Hearst angeboten habe, »(…) sein gesamtes Wissen über die Nazi-Situation zur Verfügung zu stellen. Vorausgesetzt, daß er in den USA verbleiben kann.«[232] Hearst wollte Wiedemann eine Summe von 15 000 Dollar bezahlen. Hoover trug sich mit dem Gedanken, Wiedemann als Überläufer und Informanten in den Vereinigten Staaten bleiben zu lassen. Doch das State Department und in letzter Instanz Präsident Roosevelt winkten ab. Wiedemann musste die USA verlassen.

Wiedemann berichtete, dass er im Juli 1941 über Lissabon nach Berlin zurückgekehrt sei. In Berlin angekommen, wurde er zwei Tage später zu einem Treffen mit Außenminister Ribbentrop gebeten. Er wollte Wiedemanns Meinung über die Vereinigten Staaten wissen und ob diese in den Krieg eintreten werden. Dies konnte er nur bejahen.

Wiedemann konnte zehn Tage Urlaub auf seinem Hof in Fuchsgrub verbringen. Dann wurde er von Hitler im November 1941 als Generalkonsul nach Tientsin (China) versetzt. Auf Anweisung Ribbentrops durfte seine Familie nicht nach China mitreisen. Von dort wurde er am 18. September 1945 durch die US-Armee nach Washington gebracht. Vorher hatte er sich einem langen Verhör zu unterziehen, das auf 100 Seiten dokumentiert ist. Sucht man darin nach dem Namen der Prinzessin, so erscheint er zweimal: Wiedemann wurde nach seiner Zeit als deutscher Generalkonsul in San Francisco befragt. Dabei berichtete er, dass er »viele Informationen durch seine gute Freundin Prinzessin Stephanie Hohenlohe« erhalten habe.[233] Der vernehmende Offizier Colonel Heppner bat Wiedemann, den Namen zu buchstabieren, und außerdem wollte er wissen, ob die Prinzessin eine gebürtige Amerikanerin sei. Wiedemanns Antwort: »Ungarin. Sie lebte eine lange Zeit in London und vermittelte zwischen Rothermere und Hitler.«[234]

Stephanie von Hohenlohe genoss ihre relative Freiheit in Washington, D.C., hatte aber große finanzielle Sorgen. So beschloss sie, eine Möglichkeit des Geldverdienens zu suchen. Darüber sprach sie mit Major Schofield, der Ende Juli 1941 dem neu ernannten Justizminister Francis Biddle ein vertrauliches Memorandum zusandte: »Prinzessin Hohenlohe hat vorgeschlagen, daß sie in aller Öffentlichkeit darauf hinweist, welche Gefahren diesem Land und der ganzen Welt drohen, und daß sie zugleich die Schwächen Hitlers und seiner Politik darlegt und aufzeigt, wie er eventuell gestürzt werden könnte.« Die Prinzessin wäre bereit, unter ihrem eigenen Namen oder anonym eine Artikelserie zu schreiben, fuhr Schofield fort. Sie könnte im amerikanischen Rundfunk in Deutsch, Französisch und Italienisch in den Sendungen sprechen, die auf Kurzwelle nach Deutschland und in die besetzten Gebiete übertragen würden. Sie könnte auf isolationistische Reden von Lindbergh und seinen Anhängern antworten, sie könnte Beiträge für verschiedene Magazine verfassen und in Frauenclubs Vorträge halten, wie auch bei anderen Versammlungen und Historikertreffen. Sie könnte besonders bei der fremdsprachigen Propaganda nützlich sein.

Die Gespräche mit Stephanie von Hohenlohe fasste Schofield in einem Memorandum zusammen:

> 1. Die persönlichen Erfahrungen, die sie durch sechs Jahre mit Hitler gemacht hatte, befähigen sie, ein realistisches Bild von Hitler und seinen Methoden zu entwerfen. Sie kann seine Falschheit, seine Tücke und seine Verschlagenheit beschreiben. Sie könnte ihn als das zeigen, was er ist, nicht ein kühner Eroberer, sondern ein schlauer und arglistiger Gauner, der, um sein Ziel zu erreichen, nicht davor zurückscheut, die primitivsten Methoden anzuwenden; der nur dann angreift, wenn er von seiner absoluten Überlegenheit überzeugt ist, wenn er seinen Gegner politisch, moralisch und physisch schachmatt gesetzt hat. Um seine Absichten zu realisieren, greift er zum billigsten Betrug und schreckt auch vor Mord nicht zurück.
> Prinzessin Hohenlohe kann das alles mit zahlreichen Aussprüchen, die er ihr gegenüber gemacht hat, untermauern sowie mit Erklärungen, die er persönlich über seine politischen Ansichten geäußert hat.
> 2. Aufgrund der genauen Kenntnisse, die sie von den europäischen Verhältnissen hat, kann sie ganz besonders nachdrücklich auf die Tatsache hinweisen, daß der Präsident die weitestgehenden Vollmachten erhalten muß, um Hitler gewachsen zu sein und alle Aktionen in diesem Staat koordinieren zu können. Das ist absolut notwendig, auch wenn dadurch einige unserer demokratischen Ideale zeitweise aufgegeben werden müssen.
> Wenn Sie für die Zukunft die Freiheit dieser großen Demokratie und die Freiheit des einzelnen erhalten und sicherstellen wollen, dann müssen Sie jetzt einige dieser demokratischen Ideale beschneiden.

3. Prinzessin Hohenlohe kann klarlegen, daß jede Hoffnung müßig ist, Hitler könne jemals besänftigt und dazu gebracht werden, zivilisierte internationale Beziehungen aufzunehmen. Ein mit ihm ausgehandelter Friede bedeutet das Ende der Demokratie, wie die vielen gebrochenen Verträge und Zusagen beweisen.
Sie kann das durch den Ausspruch belegen, den er ihr gegenüber gemacht hat, er hänge nicht an »altmodischen Sitten«; er bezeichnete die Erfüllung von Abkommen, die ihm nicht länger nützlich seien, als »die Ideen dieser alten liberal denkenden Herren«. Er erklärte ihr, es sei seine Politik, seine Vorgehensweise je nach den Erfordernissen des Augenblicks zu ändern, in Übereinstimmung mit seinen jeweiligen Bedürfnissen: sie können mich nicht festnageln!
Sie kann aufzeigen, wie hartnäckig Hitler ist, wenn er ein Ziel erreichen will, daß er sein Ziel niemals aufgibt, lediglich die Methoden ändert, um es zu erreichen. Er selbst gab zu, er lasse die Leute glauben, er habe seinen Plan aufgegeben; in Wirklichkeit aber habe er nur die Vorgehensweise, wie er ihn durchzuführen gedenke, geändert.
4. Aufgrund ihrer Erfahrungen kann sie bestätigen, daß Amerika die einzige Macht ist, die stark genug ist, Hitlers Plan, der Welt seine Ordnung aufzuzwingen, zu durchkreuzen.
5. Sie kann deutlich machen, daß unser Land handeln muß, um sich selbst zu schützen. Hitler wird nicht ruhen, bis er unser Wirtschaftssystem zerstört und unser Land mit seinen eigenen Doktrinen durchdrungen hat. Das vor allem deshalb, weil wir England helfen. Wenn schon aus keinem anderen Grund, dann aus diesem, wird Hitler sich rächen wollen, und er wird alles in seiner Macht Stehende tun, um dieses Land zu zerstören und zu entzweien. Der Prinzessin gegenüber rühmte er sich einmal, er vergesse niemals, und vergebe nie »denen, die sich mir in den Weg stellen«.
Er sagte ihr einmal, dies sei in erster Linie ein politischer und psychologischer Krieg, viel mehr als ein Krieg der Waffen. Die größten Fehler seien bisher gemacht worden, weil man die Länder, ihre Sitten und Charakteristika und

besonders die Mentalität der führenden Persönlichkeiten nicht gekannt habe.

[6.]

7. Die Nazimethoden sollen lächerlich gemacht werden. Ihre Radiosendungen und Zeitungsmeldungen sollen als Täuschung des deutschen Volkes entlarvt werden.

8. Kein Mensch auf der Welt arbeitet so viel für den Frieden wie der Präsident, kein anderer ist so mächtig wie er, um diesen Frieden durchzusetzen. Amerika muß in seiner Sprache und seinen Taten kriegerisch sein, um die Nazis zu beeindrucken und einzuschüchtern. Es ist unpatriotisch, den Präsidenten zu kritisieren, denn das gefährdet seine Anstrengungen, das amerikanische Volk zu einen und die Ressourcen der Nation für den Ernstfall bereitzustellen. Nichts hilft den Nazis mehr und macht Hitler persönlich mehr Freude als öffentlich geäußerte Opposition gegen den Präsidenten, Streiks und andere Zeichen von Unstimmigkeit.

9. Es darf nicht immer so viel Gewicht darauf gelegt werden, wie mächtig Deutschland ist. Die Nazis sind nicht unschlagbar. Nicht aufgrund ihrer Tüchtigkeit, sondern meistens aufgrund ihrer numerischen Überlegenheit konnten sie bisher siegen. Während andere sich auf den Frieden vorbereiteten, hat Hitler seine Vorbereitungen für den Krieg getroffen. Wenn eine Neuordnung stattfindet und die Waffen gleichmäßiger verteilt sind, kann Hitler eine vernichtende Niederlage zugefügt werden.

10. Es gibt viele Anzeichen dafür, daß Hitler allmählich schwächer wird und anfängt zu verzweifeln. Das zeigt sich an seinem Rußlandfeldzug. Im Mai 1938 erschien in der englischen Presse ein Bericht, die Tschechoslowakei mobilisiere aus Angst, Hitler könne eine Invasion in Rußland planen. Damals hat Hitler der Prinzessin gegenüber diese Vorstellung in einem Gespräch ins Lächerliche gezogen: »Glauben Sie, ich bin ein Narr? Ich würde nie daran denken Rußland anzugreifen, außer als letzten verzweifelten Ausweg, wenn das Reich in großer Gefahr wäre.«[235]

Die Auflistung von Stephanies Ideen ist eine faszinierende Mischung von Analysen, ein wenig Wunschdenken und dem verständlichen Ziel, als große Amerika-Sympathisantin dazustehen.
Dieser Bericht wurde von Justizminister Biddle unter Verschluss und vor allem vor Hoover geheim gehalten. Doch eine anonyme Person spielte dem FBI-Chef das Memorandum zu, der vor Wut tobte. Wo waren die detaillierten Informationen, die die Prinzessin bezüglich Spionage im Zusammenhang mit der nationalen Verteidigung geliefert haben könnte? Zudem hatte Biddle am 18. August den FBI wissen lassen, er habe Schofield angewiesen, die Prinzessin nach Kalifornien zurückzubringen.
Doch Stephanie zog mit ihrer Mutter und zeitweise ihrem Sohn nicht nach Kalifornien, sondern in ein kleines weißes Haus im Washingtoner Vorort Alexandria im Bundesstaat Virginia, um näher bei ihrem Geliebten sein zu können, der ihr entzückende Liebesbriefe schrieb: »Alles an Dir ist neu und anders und setzt mich in Erregung«, tippte er auf seiner Schreibmaschine. »Du bist die interessanteste Person, die ich je kennenlernte. Du kleidest Dich besser als irgend jemand sonst, und jedesmal, wenn Du ins Zimmer kommst, verblaßt alles andere aus dem Bild. (…) Ich mache Deinetwegen so viel Verrücktes, weil ich wahnsinnig nach Dir bin. Jetzt weißt Du es.«[236]
Hoover kam dem Paar jedoch schnell auf die Spur und ließ am 24. Oktober die Identität der Bewohner des Hauses 612 Beverly Drive in Alexandria feststellen, was nicht schwierig war. Major Lemuel Schofield wurde immer wieder gesehen, wenn er die Prinzessin besuchte, und da das Haus recht klein war, verließ die alte Baronin den Ort während der Schäferstündchen und wohnte in einem Hotel.
Am 8. Dezember 1941, einen Tag nachdem japanische Bombergeschwader einen großen Teil der amerikanischen Pazifik-

flotte in Pearl Harbor angegriffen und zerstört hatten, ging Stephanie mit ihrer Mutter am Abend ins Kino. Sie waren damals zu Besuch bei Freunden in Philadelphia. Nach Verlassen des Kinos wurden sie von FBI-Agenten umringt. Die Prinzessin wurde sofort verhaftet, ihre Mutter blieb frei. Landesweit wurden in einer FBI-Razzia Deutsche, Italiener und Japaner, die »Feinde«, festgenommen. Obwohl Stephanie ihrem Pass nach ungarische Staatsangehörige war, wurde sie als Deutsche eingestuft und in das Internierungslager nach Gloucester City, New Jersey, gebracht. Eine Anhörung vor der Beschwerdekommission verlief für die Prinzessin negativ.

Justizminister Francis Biddle unterzeichnete am 13. Februar 1942 die Anweisung »zur Internierung der Prinzessin von Hohenlohe-Waldenburg, deutsche Staatsangehörige, wohnhaft in Alexandria, Bundesstaat Virginia, da sie für die öffentliche Sicherheit und den Frieden in den Vereinigten Staaten potentiell gefährlich ist.«

Während dieser Tage gab Hoover seinen Agenten den Auftrag, das Haus der Prinzessin gründlich zu durchsuchen. Da keiner der Herren Deutsch konnte, nahmen sie das von Stephanies Mutter handgeschriebene Kochbuch als vermeintliches Tagebuch der Tochter mit. Im Haus fand sich auch das Stephanie von Hitler verliehene Goldene Parteiabzeichen, das fotografiert und konfisziert wurde.

Sieben Monate musste die Prinzessin im Einwanderungszentrum in Gloucester City verbringen. Sie hat sich über diese Zeit einiges von der Seele geschrieben:

> Die dortigen Lebensbedingungen waren erschreckend unsanitär und in jeder Beziehung inadäquat. Zwanzig Frauen waren in einem einzigen Raum untergebracht, der unbeschreiblich schmutzig war und zugleich als Abstellraum für alte Möbel, ungereinigte, abgenutzte Matratzen und Berge verstaubter alter Akten benutzt wurde. Wochenlang hatten wir keine Bettlaken und Handtücher;

statt dessen erhielten wir alte Fetzen. Der Boden war aus Stein und eiskalt und feucht.
Durch die zehn großen Fenster blies der Wind von allen Seiten, und die Heizung funktionierte meistens nicht. Der Arzt riet uns: »Haltet eure Füße vom Boden fern, wenn ihr euch keine Lungenentzündung holen wollt. Das ist kein Ort für Frauen.«
Wir verbrachten unsere Zeit, indem wir vollkommen bekleidet, mit den Mänteln an, auf den Betten saßen. Es gab kein anderes Mobiliar in dem Raum als unsere Betten, einen Tisch und eine Bank. Während der Nacht machten die Wächter zweimal die Runde und leuchteten uns mit ihren Taschenlampen ins Gesicht, um uns zu zählen. Ein Schlafen war unter solchen Bedingungen unmöglich.
Wir hatten sechs Abflüsse in dem Raum, die wegen eines schadhaften Kanalsystems jedesmal den Raum überschwemmten, wenn der Delawarefluß bei Flut anstieg. Der Gestank war manchmal unerträglich.
Ich mußte den Raum mit Prostituierten und Vagantinnen mit Geschlechtskrankheiten teilen (…). Unsere Nahrung bestand monatelang aus nichts wie Bohnen, fettem Fleisch und Frikadellen. Das fette Fleisch aßen wir nicht, aber der Geruch allein von den Frikadellen machte uns krank. Während der ersten zwei Monate war uns nicht erlaubt, den Raum zu verlassen. Dann durften wir täglich etwa eine halbe Stunde auf einem schmutzigen, überdachten Balkon verbringen, ausgenommen samstags und sonntags.[237]

In der *New York Times* vom 8. August 1942 erschien ein ausführlicher Artikel, der darüber berichtete, dass ein Geistlicher in Hartford vor Gericht stehe, weil er eine Nachricht der in Gloucester City internierten Prinzessin Stephanie von Hohenlohe mitgenommen habe – obwohl er bestritt, die Botschaft dem Empfänger zugestellt zu haben. Pfarrer Schlick war in das Lager gerufen worden, um Gottesdienst zu halten. Und die Prinzessin hatte ihn gebeten, eine Nachricht aus dem Internierungslager hinauszuschmuggeln.

Der Pfarrer sagte, dass er die Prinzessin, die als »eine sehr gefährliche Ausländerin« galt, am 8. Februar 1942 erstmals im Lager getroffen habe. Drei Wochen später, bei einem erneuten Besuch, habe sie ihm für einen anderen Pfarrer in Philadelphia einen Brief mitgegeben. Doch Pfarrer Schlick hatte Skrupel bekommen, war zur Prinzessin gegangen und hatte ihr erklärt, dass er für sie nichts tun könne. Der Geistliche wurde bei der Verhandlung gefragt, ob er sich vorstellen könne, dass die Einwanderungsbehörde von seinem Tun gewusst habe. Schließlich habe er in Ausübung seines Amtes eine »gefährliche Ausländerin« unterstützt. Schlick bestätigte, dass er davon nichts gewusst habe und dass er sich dafür entschuldige. Seine Entschuldigung käme zu spät, entgegnete der Richter. Das Ergebnis der Verhandlung wurde nicht veröffentlicht.
Bereits am 16. Februar 1942 war Prinz Franz verhaftet worden, während er Freunde in Katonah, N.Y., besucht hatte. Nun schossen sich die Zeitungen in New York auf ihn ein. »Wie wir aus Ellis Island erfahren, wurde Prinz Hohenlohe Montag nacht verhaftet. Er wurde sofort zum Einwanderungsbüro gebracht, wo er jetzt auf sein Verhör vor der Ausländerkontrollbehörde wartet. Seine Mutter, Prinzessin Hohenlohe, ist eine enge Freundin von Hauptmann Fritz Wiedemann, Hitlers Nummer Eins, der vor dem Krieg Gesandter in Amerika war. Sie soll in einem Internierungslager für feindliche Ausländer im Westen von Pennsylvania untergebracht sein.«[238]
Der einzige Besuch, den Stephanie daher bekam, war – abgesehen von dem Geistlichen aus Hartford – der ihrer Mutter. Obwohl sie höchstens eine halbe Stunde hätte bleiben dürfen, kam sie am Morgen und blieb bis zum Abend. Die alte Dame reiste zudem im Dienstwagen samt Chauffeur ihres erhofften zukünftigen Schwiegersohns Schofield an. Somit blieb Schofield trotz aller Anweisungen von oben ständig in Kontakt mit Stephanie. Als Hoover und Roosevelt davon erfuhren, brach erneut ein Sturm los. Der Präsident schrieb an Hoover: »Ich

muß Sie wieder mit dieser Hohenlohe belästigen. Jetzt wurde mir mitgeteilt, ihr Sohn befinde sich in einem Internierungslager, hätte jedoch seiner Mutter geschrieben, Onkel Lem [Schofield, d. V.] hätte arrangiert, ihn in kurzer Zeit herauszuholen. Ich bin wirklich der Meinung, die ganze Affäre grenzt nicht nur ans Lächerliche, sondern schon ans Beschämende. Befindet sich diese Frau tatsächlich auf Ellis Island?«[239]
In einem weiteren Brief brachte der Präsident seinen Ärger zum Ausdruck: »Wenn die Einwanderungsbehörde nicht ein für allemal die Begünstigung der Hohenlohe einstellt, so werde ich mich gezwungen sehen, eine Untersuchung anzuordnen. Die Tatsachen werden nicht sehr schmackhaft sein und bis zu ihrer ersten Verhaftung zurückreichen und ihrer Intimität mit Schofield. Mir ist bekannt, daß sie in der Dienststelle Gloucester interniert ist, dort jedoch allem Anschein nach Sonderprivilegien genießt. Dasselbe stimmt angeblich auch im Falle ihres Sohnes, der auf Ellis Island festgehalten wird. Ehrlich gesagt: Das alles entwickelt sich zu einer Art von Skandal, der äußerst drastisches und sofortiges Eingreifen verlangt. F.D.R.«[240]
Bis zum 10. Juli 1942 wurde Prinz Franz in Ellis Island festgehalten, dann fand endlich in New York die Anhörung seines Falles statt. Fünf Wochen später wurde er nach Oklahoma ins Lager McAlester überführt. Der nächste Aufenthalt war dann in Texas das Kennedy-Lager. Schon am 1. Mai 1942 hatte er seiner Mutter geschrieben:

> Lemmy [gemeint ist Major Lemuel B. Schofield, Chef der Einwanderungsbehörde] war zum Wochenende hier und traf mich bei guter Gesundheit. Ich finde es sehr nett von ihm, mich hier zu besuchen. Wir durften zweimal am Tag im Hof spazierengehen. Natürlich war ich es, der ihn bat zu kommen, nicht, weil ich ihm etwas Besonderes sagen wollte, ich wollte ihn einfach gerne wiedersehen. Er sagte mir, daß er es sehr bedauere, mich hier eingesperrt zu finden, und er hoffe, daß ich bald herauskäme. Das FBI habe trotz aller Anstrengungen nichts gegen mich herausfinden

> können. Ob mir irgend etwas fehle, fragte er mich, und was er mir besorgen könne. Doch von Mrs. Parks werde ich mit allem Erdenklichen gut versorgt, von Obst und Blumen bis Briefmarken und Toilettensachen, so daß ich im Augenblick nichts brauche.[241]

Nachdem sich Präsident Roosevelt erneut eingeschaltet hatte, blieb Justizminister Biddle nichts anderes mehr übrig, als zu handeln. Er überstellte die inhaftierte Prinzessin in das Lager Seagoville, 20 Kilometer von Dallas entfernt im Bundesstaat Texas, wo niemand mehr in der Nähe war, der ihr in irgendeiner Form hätte helfen können. Doch Biddle hatte sich verrechnet. Schofield gab seinen Regierungsposten auf, arbeitete nun in seiner gut gehenden Anwaltskanzlei und war somit jederzeit frei, um sich um seine Geliebte kümmern zu können.

Der Transport am 25. Juli von Gloucester nach Seagoville war für Stephanie von Hohenlohe äußerst demütigend. Vier Wärter, deren Fingerspuren wochenlang an ihren Hand- und Fußgelenken zu sehen waren, begleiteten sie. »Nur der Horror vor Zwangsjacke und der Morphiumspritze, die sie gleich mitgebracht hatten und mit denen sie mir drohten, falls ich nicht gefügig war, veranlaßte mich, nachzugeben und mitzugehen.«[242]

Stephanie durfte sich weder von ihrer Mutter noch von den inhaftierten Frauen verabschieden. Sie wurde ungewaschen und unfrisiert aus dem Bett geholt und auf eine Tragbahre gelegt. »Mit nichts anderem bekleidet als meinem blutbefleckten Nachthemd wurde ich an allen Männern der Station vorbeigetragen, die natürlich ihre Bemerkungen darüber machten.«[243]

Bei ihrer Ankunft in Seagoville hatte Stephanie von Hohenlohe einen großen schwarzen Koffer, eine Reisetasche, eine Ledertasche sowie 1145 Dollar in bar dabei. Erfreulicherweise wurde sie bei ihrer Ankunft am 27. Juli gut behandelt, denn kurz bevor er seinen Regierungsposten aufgab, war Schofield noch im

Internierungslager gewesen und hatte dem dortigen Inspektor die dienstliche Anweisung gegeben, seiner geliebten Prinzessin Sonderprivilegien zuzugestehen, wie etwa die Benutzung eines Telefons außerhalb des Lagers. Auch eine Besuchsgenehmigung für Stephanies 80-jährige Mutter neben den offiziellen Besuchszeiten wurde vereinbart. Denn nachdem die Baronin von der Verlegung ihrer Tochter erfahren hatte, fuhr sie von der kühlen Ostküste ins heiße Texas und mietete sich dort gleich für mehrere Wochen im Hotel *Jefferson* ein.

Im Frühsommer 1942 bekam Prinzessin von Hohenlohe zudem Besuch von dem Psychoanalytiker Walter C. Langer. Er war im Jahr 1942 mit dem Office of Strategic Services (OSS) in Verbindung gekommen. Diese Organisation hatte eine neue Behörde geschaffen, nämlich jene des *Coordinator of Information*. Ihr Leiter war der später zum General beförderte Colonel William J. Donovan – besser bekannt als Wild Bill. Eine der Aufgaben der neuen Behörde sollte die Organisation und Leitung der psychologischen Kriegführung sein. Langer fand Interesse daran.

Nach einigen Umstrukturierungen der Ämter fiel Langer die Aufgabe zu, verlässlichere Unterlagen über den Menschen Adolf Hitler zu sammeln als das Material, mit dem die deutsche Propaganda und die Auslandskorrespondenten versehen wurden. Langer reizte dieser Auftrag, auch wenn er sich gestehen musste, dass die Psyche Hitlers und der Zauber, den er auf das deutsche Volk ausübte, ihm ein völliges Rätsel waren. Langer machte sich daher in den Vereinigten Staaten und in Kanada auf die Suche nach Personen, die irgendwann einmal mehr als oberflächlich Kontakt mit Hitler gehabt hatten. In der Tat fanden sich einige solcher Leute, und Langer sprach ausführlich mit ihnen, da er hoffte, auf diese Weise für seine Studie wichtige Informationen aus erster Hand gewinnen zu können. Im Großen und Ganzen erwiesen sich diese Gespräche als interessant und aufschlussreich und brachten beträchtliche

Informationen, die damals sonst nicht erhältlich gewesen wären.
Als Walter C. Langer die Prinzessin Stephanie Hohenlohe im Internierungslager weit draußen in der texanischen Prärie in Seagoville interviewte, nützte sie die Gelegenheit nicht nur, um alle Sympathie für die Nazis zu bestreiten, sondern auch, um den FBI und alle seine Agenten in Grund und Boden zu verdammen, und zwar sowohl wegen der gegen sie erhobenen »ungerechten« Anklagen als auch wegen der demütigenden Behandlung, der sie ausgesetzt sei. In Wirklichkeit, so behauptete sie, habe sie ihr Äußerstes getan, Hitler von seiner aggressiven Politik abzubringen, weil sie überzeugt gewesen sei, eine solche Politik müsse geradewegs zu einem Krieg führen.
Man hatte Langer jedoch schon im Vorhinein davor gewarnt, dass die Prinzessin eine sehr redegewandte Person sei, der man nicht trauen dürfe. Er hörte daher geduldig ihre Tiraden an und hoffte, sie würden, sobald sie sich einmal ihren Zorn von der Leber geredet hatte, zum eigentlichen Zweck seines Besuchs gelangen. Das Interview wurde übrigens, in Gegenwart eines Wachtpostens, in deutscher Sprache geführt.
Es stellte sich heraus, dass Langer extrem optimistisch gewesen war und die Fähigkeiten seiner Informantin unterschätzt hatte. Stephanie forderte für ihre Informationen einen Preis: Sie war nur dann zur Zusammenarbeit und dazu bereit, Langer alles zu sagen, was sie über Hitler wusste, falls er ihr seine Hilfe versprach, aus dem Internierungslager herauszukommen. Sie hatte folgenden Plan: Sie besitze einflussreiche Verbindungen in Europa, mit deren Hilfe sie in direkten Kontakt zu Hitler kommen könne. Wenn General Donovan für ihre Freilassung sorgen und sie in die Dienste des OSS nehmen würde, so wollte sie als Vermittlerin in Geheimverhandlungen mit dem Ziel einer Beendigung des Krieges tätig werden. Sie war auch bereit, alles zu sagen, was sie über die NS-Hierarchie, über deren Arbeitsweise usw. wusste, und auch jede

geheime Information, die Langer haben wollte, herbeizuschaffen.

Langer versicherte Stephanie jedoch, dass er keinerlei persönlichen Einfluss auf Donovan besäße und dass er in solchen Angelegenheiten nach seinem eigenen Kopf zu arbeiten gewohnt sei. Schließlich kamen die beiden zu einem Kompromiss. Die Prinzessin erklärte sich unter der Bedingung zur Zusammenarbeit bereit, dass Langer General Donovan im Detail ihren Plan unterbreite. Langer sagte zu, und so konnte das Interview weitergehen.

Langer ging es aber nicht nur um politische Informationen. Auch sehr Persönliches aus Hitlers Leben interessierte ihn. Über Hitlers Verhältnis zu Eva Braun, seiner versteckten Geliebten, gefragt, wusste Stephanie von Hohenlohe zu berichten, dass ihr Freund Wiedemann ihr erzählt hatte, dass »Eva mehrfach die ganze Nacht in Hitlers Schlafzimmer in Berlin verbracht habe«.[244]

Nach seiner Rückkehr nach Washington hielt Langer sein Versprechen. General Donovan war sehr amüsiert, gab jedoch keinen Kommentar. Damit war diese Episode noch nicht zu Ende. Als ungefähr ein Monat vergangen und noch immer nichts geschehen war, um ihre Freilassung einzuleiten, kam Stephanie von Hohenlohe offenbar zu dem Schluss, dass Langer sie hereingelegt habe. Sie sagte über ihn: »Herr ist er keiner. Aber in Seagoville hätte ich auch mit dem Teufel persönlich gesprochen.«[245] Sie versuchte sich zu rächen, indem sie dem FBI berichtete, Langer hätte eingeräumt, ihre Festnahme sei unberechtigt, die gegen sie erhobenen Anklagen seien falsch und dass sie schlecht behandelt werde.

Der FBI ging tatsächlich sogleich mit Langer ins Gericht und verlangte höchst ärgerlich, er sollte erklären, auf welcher Basis er derartige Behauptungen aufgestellt habe und was er damit überhaupt beabsichtigte. Alles, was Langer tun konnte, war, den Zweck seiner Mission darzulegen und zu betonen, dass während des gesamten Gesprächs ein Wachtposten anwesend war, der bezeugen konnte, dass er nur zugehört hätte, während Prinzessin Hohenlohe sich über das angeblich ihr angetane Unrecht beschwerte. Doch es stellte sich heraus, dass der Wachtposten kein Deutsch konnte.[246]

Stephanie von Hohenlohe wurde derweil innerhalb des Lagers ins sogenannte »Deutsche Haus« verlegt. »Es ist ruhiger und sauberer. Aber die Deutschen, die hier wohnen, haben mich bereits offen und unmißverständlich wissen lassen, daß sie mich nicht in ihrer Mitte haben wollen. Sie haben schon, bevor ich noch einzog, gegen meine Anwesenheit protestiert, und an dieser Haltung hat sich seither nichts geändert. Diese Situation allein würde genügen, mein Leben hier unerträglich zu machen, da sie mich praktisch zur Einzelhaft verdammt.«[247]

Plötzlich ließ Schofield für einige Zeit nichts mehr von sich hören. Nun versuchte Stephanie, doch noch die Gunst Hoovers zu erreichen. Sie bot ihm mehrmals Enthüllungen über Schofield an, doch Hoover reagierte nicht darauf.

So allmählich machte sich bei der Prinzessin Verzweiflung breit. In dieser Stimmung schrieb sie am 15. Dezember 1942 recht geknickt an Sir William Wiseman:

> Sehr verehrter Sir William!
>
> Sie werden sich an das Mittagessen erinnern, zu dem Sie mich im Juli 1940 in Ihr Appartement eingeladen haben. Bei dieser Gelegenheit habe ich Ihnen erzählt, daß gewisse Personen in Washington die Motive, die hinter dem Zusammentreffen von Herrn Wiedemann und Ihnen standen, falsch interpretiert haben. Und zwar nicht nur meine eigenen Motive, sondern auch Ihre persönlichen Intentionen. Sie werden sich auch daran erinnern, daß Ihnen sehr viel daran lag, Ihre Position klarzustellen, in Ihrem und auch in meinem Interesse, wie Sie sagten. Deshalb haben Sie sich mit einem hochgestellten Funktionär in Washington in Verbindung gesetzt, der für Sie ein Tref-

fen mit Justizminister Biddle arrangierte. Als Sie aber nach Washington kamen, wurde Ihnen gesagt, er sei plötzlich erkrankt oder habe plötzlich die Stadt verlassen müssen (ich kann mich an dieses Detail nicht mehr erinnern). Wie auch immer, Sie hatten eine lange Unterredung mit dem persönlichen Assistenten des Justizministers und gaben ihm eine genaue Darstellung über Ihre Person und Ihre Einstellung und über die Rolle, die Sie während des letzten Krieges gespielt haben (worüber man anscheinend nicht Bescheid wußte), ebenso über Ihre Motive und Aktivitäten im speziellen Fall. Sie erklärten, Sie hätten, bevor Sie das Treffen mit Herrn Wiedemann vereinbarten, sich an einen Mr. Butler, den Leiter der britischen Einkaufsmission in New York, die sich vor allem mit der Beschaffung von Heeresgütern befaßte, gewendet (ich bin nicht sicher, ob das sein Name war), der sich wiederum mit dem Foreign Office in London in Verbindung gesetzt habe, um herauszufinden, ob Sie diese Gelegenheit wahrnehmen sollten, d.h. ob Ihr Einschreiten für nützlich und wünschenswert gehalten werde. Die Antwort war positiv.
Soweit ich weiß, haben Sie Herrn Wiedemann zweimal getroffen. Das erste Treffen fand in Ihrer Suite im Palace Hotel in San Francisco statt. Ich war dabei nicht anwesend, sah Sie aber noch am selben Abend kurz bevor Sie nach New York fuhren. Bei dieser Gelegenheit sagten Sie mir, wie angenehm Sie von Herrn Wiedemanns offensichtlichem Eifer und seiner Aufrichtigkeit berührt seien, und Sie drückten mir Ihren Dank dafür aus, daß ich dieses Treffen ermöglicht hatte. Sie betonten, auch Ihre Regierung werde es nicht versäumen, sich dankbar zu zeigen, wenn die Zeit gekommen sei. Das zweite und letzte Treffen fand einige Monate später statt, wieder bei einem Abendessen in Ihrer Hotelsuite. Diesmal war auch ich dabei. Sie haben dem Washingtoner Beamten einen detaillierten Bericht gegeben. Sie haben ihm auch ein Telegramm gezeigt, das Sie von offizieller Seite aus London erhalten hatten, in dem man Ihnen für Ihre nützliche Mitarbeit dankte und Ihnen für Ihre wertvollen Berichte Anerkennung aussprach. Sie erboten sich, diese Berichte

vorzulegen, falls das gewünscht würde. Weiters betonten Sie, daß mein Artikel an der Sache keineswegs ein feindlicher Akt gewesen sei, sondern daß im Gegenteil meine Aktivitäten äußerst anerkennenswert gewesen seien und es ausschließlich meine Absicht gewesen sei, England und der Sache der Demokratie zu dienen. Sie sagten – und hier zitiere ich: »Wenn sie gefehlt hat, dann habe ich ebenso gefehlt.«

Ich erinnere Sie an das alles, weil ich Sie mit diesem Brief bitten möchte, mir ein Affidavit zu schreiben, in dem Sie das alles bestätigen. Ich glaube es wäre auch gut, wenn Sie erwähnten, daß Sie im Sommer 1940, als Sie London besuchten, sich mit Lord Rothermeres Sohn trafen; daß er sich an Sie gewendet hat, weil er Interesse an meinem Buch hatte, und daß er Sie darum gebeten hat, seinen Vater in seinen Bemühungen, jede Publicity zu vermeiden, zu unterstützen. Als Sie nach Ihrer Rückkehr nach New York Lord Rothermere bei mehreren Anlässen sahen, berichteten Sie mir davon, wie feindselig und verbittert er mir gegenüber eingestellt sei. Sie warnten mich vor seinen Versuchen, mich in Mißkredit zu bringen, und sie sagten mir, er suche hier die Mitarbeit und Unterstützung einflußreicher Leute, um dem Ganzen mehr Gewicht zu verleihen.

Ich will diesen Brief nicht noch länger machen durch die Schilderung meiner Gefühle, insbesondere meiner Bestürzung darüber, daß Sie, der Sie von meiner schwierigen Lage wissen und alle Hintergründe und näheren Umstände kennen, sich nicht verpflichtet gefühlt haben, aus eigenem Antrieb ein solches Statement abzugeben – denn Sie müßten zumindest mit den Regeln des Marquess of Queensberry vertraut sein! Um jedes weitere Zögern Ihrerseits zu vermeiden möchte ich jedenfalls betonen, daß ausschließlich die Rücksichtnahme, die ich meinem Sohn schulde, mich dazu bringen könnte, noch irgendwelche weiteren Schritte zu unternehmen.

Stephanie Hohenlohe[248]

Sir William Wiseman hat nie geantwortet.

Es war sehr bedrückend für Stephanie, dass sie bis zum Frühherbst 1943 warten musste, bis eine Anhörung vor dem Revisionsausschuss erlaubt wurde, die dann allerdings erst am 1. März 1944 stattfand. Stephanie agierte als ihr eigener Anwalt. Ihre Aussagen zu ihrem Lebenslauf muteten streckenweise märchenhaft an. Doch am Ende stand als einstimmige Empfehlung des dreiköpfigen Kontrollausschusses die Entlassung der Prinzessin:

»Wir sind überzeugt davon, daß sie entschieden und rückhaltlos gegen Hitler eingestellt ist und ernstlich das Anliegen der Alliierten unterstützt. Wir sind der Ansicht, daß sie, wieder in Freiheit, alles in ihrer Macht Stehende tun wird, um unsere Kriegsanstrengungen zu fördern. Sie hat ihre Freundschaft mit Wiedemann zu unserer Zufriedenheit erläutert, und es ist für uns offensichtlich, daß die Freundschaft mit diesem Mann und seiner Frau eine langjährige war, im wesentlichen eine gesellschaftliche Verbindung, die auf Freundschaft basierte.«[249]

Frei kam sie dennoch nicht. Stephanies Sohn Franz wurde Ende Februar 1944 gegen Ehrenwort aus dem Internierungslager entlassen. Er meldete sich im Sommer 1944 freiwillig zum amerikanischen Militärdienst, wurde am 7. September eingezogen und diente nach seiner Grundausbildung als einfacher Soldat »irgendwo im Pazifik«.

Im April 1945 erhielt Stephanies Mutter einen Brief des Justizministers Francis Biddle mit der Zusage, »den Fall Ihrer Tochter in naher Zukunft neuerlich aufzurollen und zu entscheiden, ob zum jetzigen Zeitpunkt des Krieges irgendeine Änderung des Internierungsstatus gerechtfertigt ist«.[250] Diese »nahe Zukunft« sollte dann endlich der »Victory Day« werden. Stephanie von Hohenlohe war die letzte Gefangene, die Seagoville am 9. Mai 1945 verlassen durfte. Man hatte sie auf Anweisung von Präsident Roosevelt, der sich ständig über die Prinzessin geärgert hatte, bis zum letztmöglichen Moment eingesperrt. Dazu kam noch, dass sich die Prinzessin damals bei Eleanor

Roosevelt über den Filz der »Washingtoner Bürokratie« beklagt hatte.
Am 8. Mai 1945 war das Deutsche Reich in Schutt und Asche versunken, Hitler hatte Selbstmord begangen, und die angeblich für Amerika so gefährliche Nazispionin war nach vier Jahren Internierung wieder frei.
Die so lange Inhaftierte fuhr zu ihrer Mutter nach Kalifornien und genoss das schöne Klima im Gegensatz zur fürchterlichen Hitze in Texas. Sie stand aber noch immer unter der Aufsicht des Ausländerkontrollausschusses und wurde von der Einwanderungsbehörde überwacht. Als feindliche Ausländerin wurde sie unter die Kuratel des vermögenden Immobilienmaklers Harry Hoffmann Bennett in Beverly Hills gestellt.
Zu den wenigen Freunden, die sie noch hatte, zählte nach wie vor der Mann, der sie innig liebte: Major Schofield, den sie nun wiederum dringend brauchte, da ihr am 9. April 1946 die Ausweisungsankündigung der Einwanderungsbehörde zugestellt worden war. Schofield besuchte sie oft in Kalifornien und bat sie, nach New York in seine Nähe zu ziehen. Er war nun wieder als erfolgreicher Anwalt in New York tätig und wollte sie in seiner Nähe haben, zumal er die Scheidung von seiner Frau eingeleitet hatte. Er hoffte auch, dass Stephanie in dieser Millionenstadt völlig frei leben könnte und die Presse sie dort nicht mehr belästigen würde. Die Prinzessin willigte ein, nach New York zu kommen, ohne aber das kleine Haus in Beverly Hills aufzugeben.
Doch es dauerte nicht lange, da hatte sie die Presse wieder in ihren Klauen. Schonungslos ließ der Journalist Robert Ruark in seiner Kolumne »Society Note« vom 26. März 1947 seiner äußerst spitzen Feder freien Lauf:

> (…) Prinzessin Stefanie Hohenlohe Waldenburg-Schillingsfürst spielt heute in der New Yorker Gesellschaft eine nicht unbedeutende Rolle. Das ist ebenso interessant, wie

wenn es zu berichten gäbe, daß man Joachim von Ribbentrop im Stock Club hat tanzen sehen oder daß Eva Braun in Long Island im Haus von Mr. und Mrs. Bigname zu Gast war. Im Vergleich zu diesem Hohenlohe-Früchtchen war Mata Hari geradezu letztklassig und Edda Mussolini eine blutige Anfängerin, ein Werkzeug der Faschisten, das nicht ›Nein‹ sagen konnte. Auf ihrem Gebiet war die Hohenlohe absolute Spitze; sie war so gut, daß sie erst vor kurzem aus einem unserer strengst bewachten Gefängnisse für Spione entlassen wurde.
Und hier ist sie nun, aufgedonnert wie eine Herzogin, und taucht unter dem Banner eines der ältesten Namen der Gesellschaft auf sämtlichen Lorgnette- und Eierlikör-Kränzchen auf. Falls sie nicht umgezogen ist, seit ich sie zuletzt gesehen habe, ist die Prinzessin im Hotel Gotham untergeschlüpft.
Die Hohenlohe war vor dem Krieg eng mit Adolf Hitler befreundet und seine vertrauteste Spionin. Wo immer es dunkle Geschäfte gab, dort konnte man sicher sein, der Prinzessin zu begegnen, die von Insidern als »Hitler's Mme. de Steel« [sic] bezeichnet wurde. Hohenlohe hat das berühmte Treffen zwischen Hitler und Lord Rothermere arrangiert. Sie arrangierte die Unterredung über die Sudetenfrage zwischen Viscount Runciman und Konrad Henlein, dem deutschen Gauleiter in der Tschechoslowakei. Das Ergebnis dieser Unterredung habe ich als den grellsten Zündfunken, ehe die Welt explodierte, in Erinnerung.
Dieser bunte Schmetterling der New Yorker Gesellschaft ist jenes Girl, das Hitler dazu gebracht hat, Fritz Weidemann [sic] als seinen Sondergesandten nach England zu schicken, und das mit Weidemann in enger Verbindung geblieben ist, als Fritz hier seine Spionagetätigkeit fortsetzte.
Ich plädiere nicht dafür, diese charmante Kreatur an die nächste Mauer zu stellen und zu erschießen, weil ich grundsätzlich kein rachsüchtiges Naturell habe. Aber wir haben in Nürnberg etliche ihrer alten Bekannten für ähnliche Vergehen aufgeknüpft, und die Hohenlohe ist ein legitimer Anwärter für jedermanns Strick, wenn

> man sie an ihren Verbindungen zu hochrangigen Nazis mißt.
> Ich weiß auch, daß gezählte 42 Länder sich weigerten, sie aufzunehmen, als wir versucht haben, sie zu Kriegsbeginn auszuweisen. Deshalb mußten wir sie in ein Konzentrationscamp sperren, bis die Schießerei zu Ende war. Aber irgend etwas anderes müßten wir doch tun können, außer sie bei Park Avenue-Parties zu hofieren.
> Man könnte sie vielleicht den Russen anbieten, für die sie als internationales Partygirl mit scharfen Ohren zweifellos recht tauglich wäre. Aber ich bezweifle, ob die Russen sie nehmen würden, auch wenn wir ihnen einen erstklassigen linken Außenspieler [Basketball] und den umstrittensten Anspruch auf Griechenland noch dazu geben würden. Stefanie hat eine gar zu übelriechende Reputation als Nazi, und sie macht Ärger, wo immer sie hinkommt. Vielleicht ist sie mit 50 auch schon zu alt, um noch die Ideologien zu wechseln, gleichgültig wie ähnlich sie im Grunde auch sein mögen.
> Aber ich kann einfach nicht verstehen, wieso die New Yorker Gesellschaft, die doch sonst titelgeschmückten Tramps gegenüber sehr dickhäutig ist, ein ehemaliges Mitglied der Nazihierarchie an ihrem Busen nähren kann. Es gibt für den stärksten Magen einen Punkt, an dem es zu viel wird, auch wenn es um einen Namen im Gotha geht.
> Ehrlich gesagt, hätte Hitler nicht Selbstmord begangen, es würde mich in meinem derzeitigen Zustand der Verstörung nicht weiter überraschen, wenn er plötzlich am Arm irgendeiner Schönen bei einem Konzert in der Carnegie Hall auftauchen würde (...).[251]

Am 23. Juni 1947 erschien die Prinzessin mit Schofield vor der Einwanderungsbehörde in New York. Unter Eid sagte sie aus, dass ihr Sohn Franz als Angehöriger der US-Army am 16. Juli 1946 in Tokio die amerikanische Staatsbürgerschaft erhalten habe. Sie gab zu bedenken, dass ihr Sohn von dem kleinen Einkommen als Übersetzer bei den Vereinten Nationen die Großmutter nicht auch noch versorgen könne. Stephanie musste der

Behörde mitteilen, dass sie nicht nach Ungarn zurückkehren könne, da nach zehnjähriger Abwesenheit ihre ungarische Staatsbürgerschaft erloschen sei. Auch die Regierung Seiner Majestät konnte der Rückkehr der Prinzessin in das Vereinigte Königreich nicht zustimmen.

Selbst der neue Chef der Einwanderungsbehörde war ratlos. Das Justizministerium ordnete am 17. Mai 1950 in Philadelphia eine erneute Einvernahme an. Endlich am 15. September desselben Jahres fiel das endgültige Urteil. Man war nach Prüfung der Unterlagen Stephanie von Hohenlohes zu der Ansicht gekommen, dass sie seit ihrer Einreise 1939 keinerlei den USA gegenüber feindliche Aktivitäten unternommen habe. Ihre Internierung als feindliche Ausländerin sei durch die besonderen Kriegsumstände diktiert worden und somit sei sie zehn Jahre lang fälschlicherweise als »Nazi-Spionin« verfolgt worden.

Die Prinzessin lebte inzwischen längst auf Schofields Farm *Anderson Place*, die zwischen Paoli und Phoenixville lag. Sie hatte Schofield überzeugt, dass auch für ihn ein Leben auf dem Land gesünder sei. Stephanie richtete die etwas heruntergekommene Farm ein, und es begann ein ruhiger Lebensabschnitt, wenigstens für die nächsten drei Jahre, in denen aber auch ihre Mutter verstarb. Sie war eines Abends auf die Straße gelaufen, um zum Briefkasten zu gehen, dabei wurde sie von einem Auto erfasst und schwer verletzt; sie starb an den Folgen des Unfalls.

1953 fand sich Stephanie von Hohenlohe zu ihrer großen Freude auf der vom New Yorker Dress Institute erstellten Liste der bestangezogenen Frauen, nachdem sie an der Easter Fashion Parade teilgenommen hatte. Endlich gab es einmal erfreuliche Presseberichte über sie: »Prinzessin Stephanie Hohenlohe, gebürtige Österreicherin, die ihre Zeit immer noch zwischen Salzburg, Paris und ihrer Stadtwohnung am Rittenhouse Square in Philadelphia teilt, gehört ohne Zweifel auf die Liste der bestangezogenen Frauen. Bevor sie 1941 in die Vereinigten

Staaten kam [lies: 1939], gehörte ihr Name in Paris zu den ständigen Modetrendsettern. Bei der Easter Parade wird die Prinzessin ein Original Pariser Modell tragen, ein schwarz-weiß-kariertes Chanelkostüm aus Wolle, dazu einen weißen Strohhut von Mr. John.«

Stephanie von Hohenlohe kehrte nach elf Jahren wieder nach Europa zurück, um Brad, wie sie Schofield nannte, ihre Heimat Österreich zu zeigen. Im folgenden Jahr reisten die beiden nochmals nach Europa, diesmal zusammen mit zwei Schofield-Töchtern. Sie hatten einen Chauffeur, der sie durch Frankreich, Österreich, Deutschland und Italien fuhr. Schofields Tochter Helen heiratete den später international anerkannten ungarischen Historiker John Lukacs. Stephanie war Trauzeugin.

Bei dieser Europareise konnte Stephanie nicht umhin, in das geliebte Schloss Leopoldskron zurückzukehren. Viele Erinnerungen wurden wach. Aber ihre Heimat war nun *Anderson Place*, Schofields schöne Farm. Doch dieses Glück dauerte nur noch bis 1954. Schofield erlitt einen Herzinfarkt und verstarb im Alter von 62 Jahren.

Der Tod des Staranwalts Lemuel B. Schofield brachte große Konsequenzen mit sich. Der *Philadelphia Reporter* berichtete ausführlich, dass die Stadt durch die Eröffnung in Aufruhr versetzt worden sei, der verstorbene Anwalt Schofield habe in den letzten sechs Jahren Steuern hinterzogen, und seine Steuerschulden beliefen sich inklusive Zinsen auf insgesamt rund eine Million Dollar. Nun gingen die Steuerfahnder ans Werk und überprüften auch »wohlbekannte Bürger« aus dem Umfeld des Anwalts: seine Familie, seine Geschäftspartner und natürlich auch seine Lebensgefährtin. Dabei stellte die Steuerbehörde fest, dass Stephanie, die seit ihrem Eintreffen in den Vereinigten Staaten 1940 gar kein Geld verdient hatte, für die Jahre 1951, 1952 und 1953 keine Steuererklärung abgegeben hatte. Eine erste Untersuchung brachte eine Steuerschuld von 250 000 Dollar zutage.

Die Prinzessin griff nun zu der List einer Selbstanzeige und schaffte es tatsächlich, dass sie keinen einzigen Dollar Steuer nachzahlen musste. Sie behauptete, ihren bekannt luxuriösen Lebenswandel durch den »Verkauf von Schmuckstücken, Kunstwerken und Antiquitäten zu finanzieren«, die sich während ihrer Internierung zum Teil in England und zum Teil bei ihrer Mutter in Verwahrung befunden hatten. Damit verdiene sie monatlich »einige hundert Dollar«. Das konnte durchaus stimmen. Ansonsten war sie in den vom Finanzamt angemahnten Jahren die Lebensgefährtin des wohlhabenden Anwalts gewesen.
Die trauernde Prinzessin ließ nach Schofields Tod alles hinter sich und übersiedelte nach Red Bank im Bundesstaat New Jersey auf die wunderschöne Farm *Cobble Close*. Die Farm hatte ursprünglich Herbert N. Straus, dem Besitzer von Macy's, dem größten Warenhaus der Welt, gehört. Stephanies 200 Millionen schwerer Nachbar, der reichste Mann Philadelphias, Albert Monroe Greenfield, war ihr ein angenehmer Liebhaber. Auf der Cobble Close Farm verbrachte Stephanie von Hohenlohe die kommenden drei Jahre. Dann begann für die Prinzessin ein völlig neuer Lebensabschnitt.

Als internationale Journalistin im Dienste von Henri Nannen und Axel Springer

Im Herbst 1955 begann die 64-jährige Prinzessin wieder Geld zu verdienen. Sie bekam die Stelle einer Sonderkorrespondentin der *Washington Diplomat*, einer »internationalen Gesellschaftszeitschrift«. Hin und wieder wurde Stephanie von Hohenlohe hinter vorgehaltener Hand als »Superspionin« oder »Hitlers Geliebte« bezeichnet, doch das irritierte sie nicht mehr. Ihre Tätigkeit brachte es mit sich, dass sie viel reiste, sowohl in Europa als auch an der Westküste. Eine enge Freundin wurde Lady Max Lawford, die Mutter des Schauspielers Peter Lawford. Der *Womans Press Club of New York* war stolz, sie als Journalistin begrüßen zu dürfen.

Der neue Verehrer in ihrem Leben war »Del« Wilson, General der amerikanischen Luftwaffe. Ein gut aussehender Riese, mehrere Male verheiratet, damals gerade geschieden, allerdings um einiges jünger als die Prinzessin. Seinen Heiratsantrag lehnte sie ab.

Schließlich verließ sie ihre Farm in New Jersey und zog nach New York in die East 72nd Street in ein Apartment. Von New York übersiedelte die 68-jährige Prinzessin nach Europa, und zwar nach Genf, wo ihr Sohn Franz bei einer Schweizer Bank arbeitete. Mutter und Sohn teilten sich anfänglich ein kleines Apartment in der Rue de Bourg-de-Four. Sie zog dann in eine größere Wohnung in der Rue Alfred-Vincent, in ein Haus, das zwischen dem Hotel *d'Angleterre* und dem Hotel *Beau-Rivage* eingezwängt war. Als Adresse gab Stephanie von Hohenlohe aber eine vornehmere an: 15, Quai de Mont-Blanc, auf den sie

von ihrer großen Terrasse, und somit auch auf den Genfer See, blicken konnte.
Inzwischen war Fritz Wiedemann, der den Krieg und die Entnazifizierung gut überstanden hatte, wieder aufgetaucht. Sie hatte ihn während ihrer Europareisen mehrmals getroffen, und er hatte ihr von seinem Vorhaben erzählt, seine Memoiren zu schreiben. Die beiden setzten sich vertraut zusammen, und daraus entstand dann Wiedemanns Buch »Der Mann, der Feldherr werden wollte« – ein Buch, das keinerlei Hinweis auf die Liebesbeziehung und die gemeinsamen Jahre der beiden aufzeigt.[252]
Da die Prinzessin auch mit ihren knapp 70 Jahren noch äußerst agil war, war sie entschlossen, sich nun in Europa ein neues Betätigungsfeld aufzubauen. Es war Stephanie von Hohenlohe damals zu Ohren gekommen, dass der Chefredakteur der Zeitschrift *Quick* journalistische Kontakte nach USA suchte. Sie bot ihre Dienste an, und im September 1962 erhielt sie vom Verlag Th. Martens, dem Eigentümer von *Quick*, einen sehr gut dotierten Vertrag als »Konsulentin«. Ihre Tätigkeit bestand aus dem Knüpfen von wichtigen Kontakten, von Ideen für Interviews und Titelstorys. Durch ihre vielfältigen Beziehungen sollte sie Reportern und Fotografen möglichst viele Türen öffnen. Die Bezahlung war mit 1000 Dollar zuzüglich Spesen monatlich festgelegt. Eine Sonderprämie stand ihr zu, wenn sie etwas besonders Spektakuläres vermittelte.
In New York begegnete sie einem Mann wieder, den sie noch aus Wien kannte und der ihrem Leben eine neue Richtung gab. Das war Drew Pearson, der schon erwähnte Schwiegersohn des polnischen Grafen Gisycki. Stephanie hatte Drew Pearson zu seinem 65. Geburtstag im Dezember 1962 einen Strauß Nelken gesandt. Sie traf sich dann mit dem damals bestbezahlten und bekanntesten amerikanischen Kolumnisten zum Tee und erzählte ihm, dass sie auch journalistisch tätig sei. Drew Pearson bemerkte sehr schnell, über welch ein ausgezeichnetes Ge-

dächtnis die Prinzessin verfügte – ihren Lebenslauf kannte er sowieso bestens –, und er dachte über eine zukünftige Zusammenarbeit nach. Seine politische Kolumne *The Washington Merry-Go-Round* erschien in 600 Zeitungen und wirkte durchaus meinungsbildend im Land.

Drew Pearson hatte im Juli 1963 für *Quick* König Paul von Griechenland interviewt und den entsprechenden Text fristgerecht bei Stephanie von Hohenlohe für die deutsche Illustrierte abgeliefert. Leider wurde das Interview nicht sofort vom griechischen Königshof freigegeben, und dann verstarb der König plötzlich im März 1964. Nun sollte sich die Prinzessin dieser Angelegenheit annehmen. Drew Pearson war es, der am 20. April 1964 an Königin Friederike von Griechenland schrieb, um Stephanie den Weg zu ebnen:

> (...) Majestät, ich war zutiefst betroffen von der tragischen Nachricht vom Tod Seiner Majestät. (...) Ich weiß, daß die vergangenen Tage für Sie äußerst anstrengend waren und daß es nur wenig gibt, was Freunde für Sie tun können. Ich verstehe, daß die Freigabe des Interviews, das ich letzten Sommer gemacht habe, durch die Behördenwege hinausgezögert wurde; selbstverständlich kann es jetzt nicht mehr veröffentlicht werden. Ich bedauere das, denn ich war der Meinung, ein wirklich ausgezeichnetes Porträt von Seiner Majestät gemacht zu haben, von seinen Problemen und dem Mut, mit dem er ihnen begegnete.
> Die Überbringerin dieses Schreibens, Prinzessin Stephanie Hohenlohe, arbeitet für die Münchner Illustrierte Quick, für die ich letzten Sommer mein Interview gemacht habe. Prinzessin Hohenlohe hat vom Chefredakteur den Auftrag, mit Ihnen über einen Artikel zu sprechen, in dem einige Probleme aufgezeigt werden sollen, über die Seine Majestät und Sie letztes Jahr in Korfu gesprochen haben. (...)
> Der Chefredakteur von Quick, mit dem ich befreundet bin, meint, es sei der richtige Zeitpunkt für ein solches Interview. Natürlich möchte er, daß Sie mit diesem Inter-

> view absolut einverstanden sind und bis zum letzten Komma und Strichpunkt zustimmen. Prinzessin Hohenlohe kann natürlich die Einzelheiten mit Ihnen besprechen.
> Ich hoffe, daß diese Bitte zum jetzigen Zeitpunkt für Sie keine zu große Belästigung darstellt. Bitte, wenden Sie sich an mich, wann immer ich Ihnen von Nutzen sein kann (...).

Stephanie von Hohenlohe reiste nach Griechenland, und die verwitwete Königin gab die Erlaubnis, dass das Interview von Pearson mit ihrem Mann abgedruckt werden durfte.
Die Erfolgreiche bekam ihren Vertrag nach einem Jahr erneuert und zugleich das Basishonorar um 50 Prozent erhöht. Karl-Heinz Hagen, der Chefredakteur von *Quick*, meinte: »Ich bin überzeugt, wir werden in diesem zweiten Jahr genauso gut und erfolgreich zusammenarbeiten und damit die Arbeit fortführen, die ihren Höhepunkt in dem Kennedy-Interview hatte, das Sie uns verschafft haben.«[253] Die Partner Pearson-Hohenlohe hatten es geschafft, für Karl-Heinz Hagen ein Interview mit dem damaligen Präsidenten John F. Kennedy zu arrangieren. Hilfestellung leistete Pierre Salinger, der Pressesprecher des Präsidenten, der von Stephanie von Hohenlohe erfuhr, dass Pearson für seine Vermittlertätigkeit 5000 Dollar erhalten habe. Mit Pierre Salinger blieb Stephanie auch nach der Ermordung des Präsidenten in Kontakt. Salinger arbeitete bei *Continental Airlines*, und sein Buch »With Kennedy« stand kurz vor dem Erscheinen. Er bot der Prinzessin Passagen aus diesem Buch an, aber auch, speziell für *Quick* über die folgenden Punkte zu schreiben: die Beziehung zwischen Kennedy und Chruschtschow und die zwei Tage, die Kennedy in der UdSSR beim sowjetischen Staatsoberhaupt verbracht hatte; die Verbindungen zwischen der Weltpresse und der Regierung der Vereinigten Staaten; die Kubakrise aus der Sicht des Insiders; Einblick in das Leben im Weißen Haus und private Details über den Prä-

sidenten, Mrs. Kennedy und die Kinder. Er wollte auch über die Rolle Amerikas in Südostasien schreiben, wie sie sich aus der Sicht der US-Diplomaten darstellte.

Doch *Quick* bekam nicht nur mit Präsident Kennedy als erste deutsche Zeitschrift ein Interview, sondern auch mit seinem Nachfolger Lyndon B. Johnson. Hagen wurde im April 1964 von ihm empfangen und im folgenden Jahr sogar noch ein zweites Mal. Das Weiße Haus stand für Stephanie sozusagen offen, da Pearson mit Johnson seit vielen Jahren befreundet war.

Quick erhöhte das Gehalt der Prinzessin erheblich, gewährte eine Erfolgsprämie in Höhe von 2500 Dollar und verlängerte den Vertrag um weitere drei Jahre.

Stephanie sah es als eine späte Genugtuung an, dass sie eine Einladung zur Amtseinsetzung von Lyndon B. Johnson am 20. Januar 1964 erhalten hatte. Schließlich war sie doch für dieses Land als »Nazispionin« einmal untragbar gewesen, und nun wurde ihr diese Ehre zuteil.

Bei der Vorbereitung zum zweiten Interview mit Präsident Johnson hatte ihr Pearson jede Menge wichtiges Material geliefert. Doch genau zu diesem Zeitpunkt wurde *Quick* verkauft, und Hagen kündigte seine Mitarbeit bei der Zeitschrift auf. Dies führte zu einigen Komplikationen für Stephanies besten Informanten Drew Pearson. Er schrieb ihr am 29. April 1966:

> Liebe Stephanie!
>
> Es war schön, wieder einmal mit Dir zu telefonieren! Schade, daß Hagen sich ausgerechnet jetzt dazu entschlossen hat, von Quick wegzugehen, wo ich ohne weitere Hindernisse und Verzögerungen das gewünschte Treffen in Texas arrangiert habe. Jetzt ist das alles ja wohl für nichts gewesen!
> Was nun das neue Interview angeht, das Quick haben will, muß ich zuerst einmal sämtliche Details über den Interviewer, den sie schicken wollen, haben: ein curriculum

vitae, Namen, Alter, Background etc., bevor ich mich bereit erkläre, um dieses Interview anzusuchen. Ich muß schließlich imstande sein, mich für die Person zu verbürgen, die sie herüberschicken. Sage ihnen aber bitte gleich, daß es mit dem Krieg in Vietnam und der derzeitigen politischen Lage für mich nicht leicht sein wird, das gewünschte Interview zu bekommen. Wie auch immer, ich werde mein Möglichstes versuchen.
Ich baue auf unsere Freundschaft, daß Du mir ehrlich sagst, ob die neue Situation bei Quick meinen persönlichen Interessen entgegenkommt.
Ich habe es auf mich genommen, Hagen dreimal, als er hergekommen ist, mit den einflußreichsten Leuten in District Columbia bekanntzumachen. Ich habe für ihn ein Interview mit Kennedy und zwei Interviews mit Johnson arrangiert. Er hat Rusk getroffen und McNamara, Fulbright, Johnson in seiner Zeit als Vizepräsident, Humphrey als Senator und später als Vizepräsidenten, um nur ein paar zu nennen. Ich habe für Hagen und Quick eine enorme Aufbauarbeit geleistet, und jetzt werde ich diese plötzliche Veränderung erklären müssen. Ich vertraue Dir natürlich und verlasse mich auf Dein Urteil, wie ich es auch bei Hagen getan habe. Ich hoffe, Du wirst die Redakteure von Quick daran erinnern, daß es sich schließlich nicht um irgendjemanden, sondern um den Präsidenten von Amerika handelt.
Ich glaube, es wäre ganz gut, wenn Du für ein paar Tage herkommen könntest. Ich würde eine Dinnerparty arrangieren, und Du könntest die neue Situation erklären. Es wäre sicher plausibler und effizienter, wenn die Erklärung von Dir kommt. Ich denke dabei vor allem an Bill Moyers[254], mit dem Du viel besser zurechtkommst als ich.

Paß auf Dich auf – mit herzlichen Grüßen

stets Dein Drew

PS: Der Secret Service ist zur Zeit sehr wählerisch, wer ins Weiße Hause vorgelassen wird. Schon allein deswegen muß ich jedes Detail über den neuen Mann wissen.[255]

Mit Karl-Heinz Hagen stand Stephanie von Hohenlohe auch nach dessen Ausscheiden in engem Kontakt, und er schrieb ihr einen besonders netten »Abschiedsbrief«:

> Es war nur durch Ihre Bemühungen möglich, ein Interview mit dem verstorbenen Präsidenten Kennedy zu bekommen; durch Ihre Vermittlung konnte ich mit Vizepräsident Johnson sprechen, mit McNamara, Dean Rusk und vielen wichtigen amerikanischen Senatoren. Dank Ihrer Intervention kam schließlich *Quick* 1964 zu diesem sensationellen Interview mit Präsident Johnson, in dem er von der Angst der Sowjetunion vor der deutschen Bundesrepublik sprach und an die Deutschen die Bitte richtete, sie mögen sich um ein besseres Einverständnis mit den Russen bemühen. Dieses Interview hatte in der ganzen Welt enormen Widerhall und brachte *Quick* großen Prestigegewinn.[256]

Leider stellte sich heraus, dass Stephanie mit dem neuen Eigentümer von *Quick* nicht harmonierte. Das bemerkte auch die Konkurrenz, die sie schon lange umwarb: der *stern*.

In dieser Zeit hielt sich Stephanie von Hohenlohe oft in München auf. Sie versuchte, ihre Brief- und Dokumentensammlung an das Institut für Zeitgeschichte in München zu verkaufen, was ihr aber nicht gelang. Der damalige Leiter des Instituts, Prof. Dr. Helmut Krausnick, war sehr angetan von der 75-jährigen Prinzessin, der man ihr Alter wirklich nicht ansah. Dazu benahm sie sich »gut ein Dutzend Jahre jünger«, sah aus wie eine amerikanische Lady mit viel Make-up und Ponytail. In München suchte sie nach einem Ghostwriter für ihre Memoiren. Sie hatte dabei an den österreichisch-ungarischen Schriftsteller Hans Habe gedacht, der allerdings für die nächsten drei Jahre »ausgebucht« war. Eine andere Kontaktperson war der in München lebende Ungar Josef von Ferenczy (1919–2011), der später große Medienunternehmer. Doch auch mit ihm kam sie nicht ins Geschäft.

Anfang Juli 1966 erfolgte Stephanie von Hohenlohes offizieller Wechsel zum *stern*. Der damalige Herausgeber, Dr. Gerd Bucerius[257], lud die Prinzessin zu einem Gespräch[258] nach Hamburg ein. Es ist bekannt, dass Helmut Krausnick sie bei Dr. Bucerius eingeführt hatte. Am 1. August traf Stephanie von Hohenlohe mit dem Chefredakteur vom *stern*, Henri Nannen[259], zusammen.
Bereits am 5. August 1966 sandte ihr der Verlag nach Genf einen Verrechnungsscheck über 790 Schweizer Franken und einen Verrechnungsscheck auf New York in Höhe von 576 Dollar. Knapp eine Woche später wurde ihr nach Altaussee bei Salzburg ein weiterer Verrechnungsscheck in Höhe von 517,20 Schweizer Franken übersandt. Das waren alles Abschlagzahlungen auf das ihr zustehende Monatshonorar.
Mitte August erhielt sie ihren Vertrag mit Gruner + Jahr & Co., Druck- und Verlagshaus *stern:*

15.8.1966

I. H. Prinzessin
Stephanie Hohenlohe-Waldenburg

36, Bourg de Four
Genf / Schweiz

Sehr geehrte Prinzessin,

Sie sind seit dem 10. Juli 1966 für uns tätig; Ihre Aufgabe ist es, Reportage-Möglichkeiten für den »Stern« zu entwikkeln; insbesondere haben Sie sich bereit erklärt, Ihre guten Verbindungen zu Persönlichkeiten des öffentlichen Lebens oder des öffentlichen Interesses zu benutzen, um unseren Reportern und Fotografen Gelegenheit zu geben, über diese Persönlichkeiten Reportagen für den »Stern« zu erstellen.
Sie haben zugesagt, ständig mit uns Verbindung zu halten, um solche Vorschläge zu machen und Vorschläge von uns entgegenzunehmen und im Falle der Annahme dieser Vorschläge und bei Entsendung von Reportern und Foto-

grafen zu unterstützen. Für diese Tätigkeit erhalten Sie monatlich $ 2000,–.
Reise- und Aufwandspesen, die durch Aufträge der Redaktion entstehen, werden von uns erstattet.
Ihre Tätigkeit für den »Stern« ist exklusiv.
Dieser Vertrag endet am 30. September 1967, falls er nicht vorher verlängert wird.
Ich bin einer angenehmen und erfolgreichen Zusammenarbeit sicher.

Ihr stets ergebener
Gerd Bucerius
Einverstanden:
S. Hohenlohe

Für das von der Prinzessin arrangierte Interview mit Präsident Johnson zahlte der *stern* 20 000 Dollar für das Team Pearson-Hohenlohe. Bucerius ließ Stephanie von Hohenlohe im Vorfeld in Washington informieren, dass Henri Nannen zum Johnson-Interview den politischen Redakteur von *Die Zeit*, Dr. Theo Sommer, mitbringen würde. Die beiden Herren wurden vom Präsidenten zum Lunch empfangen, auf der Ranch herumgeführt und konnten über die deutschen Probleme und viele andere Punkte diskutieren. (Das zweite Interview zwischen Henri Nannen und Präsident Johnson fand im Sommer 1967 statt. Drew Pearson nahm an dem fünfstündigen Gespräch, das ebenfalls auf der Ranch in Texas stattfand, teil.) Generell schwierig wurde die Zusammenarbeit mit Pearson, da er gegen den Kennedy-Clan, vor allem gegen die Präsidentenwitwe eingestellt war, sodass seine Artikel (beziehungsweise das angebotene Material) für den *stern* nicht frei von Vorurteilen waren, aber trotzdem übernommen wurden.
Die nächsten von Nannen gewünschten Interviewpartner waren der Vizepräsident Hubert Humphrey und der Oberste Bundesrichter Earl Warren, der Leiter der Kommission, die die Umstände der Ermordung Kennedys untersucht hatte. Das Ergebnis lautete damals dahingehend, dass es sich bei dieser

sinnlosen Tat um die Tat eines Einzelnen gehandelt und keine politische Verschwörung dahintergesteckt hatte. Dieses Untersuchungsergebnis wurde den *stern*-Lesern in drei Artikeln dargeboten.
Das Jahr 1966 sollte für Prinzessin Stephanie besonders spannend zu Ende gehen. Sie war verärgert darüber, dass ihr das englische Konsulat in Genf ein Besuchervisum für England verweigerte. Sie galt immer noch als eine Nazispionin. Ihr Sohn Franz wurde damals von der Schweizer Bank, bei der er arbeitete, in eine Filiale nach London versetzt. Prinz Franz rief den englischen Innenminister Roy Jenkins an, sprach auch bei ihm persönlich vor und schilderte den Wunsch seiner Mutter nach einem Visum für England. Stephanie schrieb selbst an den Innenminister:

> Sehr verehrter Mr. Jenkins!
>
> Bitte nehmen Sie meinen tiefempfundenen Dank dafür entgegen, daß Sie so freundlich waren, meinen Sohn zu empfangen, als er vor zwei Wochen (wie ich glaube, ziemlich informell) bei Ihnen in London vorgesprochen hat.
> Wie ich höre, haben Sie ihm gesagt, daß Sie über meinen Fall nicht informiert sind, aber eine Überprüfung veranlassen werden. Ich bin unendlich erleichtert darüber, daß Sie die Angelegenheit persönlich in die Hand nehmen werden. Da Sie aber nichts über mich wissen, werden Sie vielleicht meinen, mein Sohn habe übertrieben, als er Ihnen sagte, mein Fall könnte für Sie von großer Bedeutung sein. Vor allem zum jetzigen Zeitpunkt. Glauben Sie mir, er hat nicht übertrieben!
> Aber von diesen Dingen steht nichts in meinem Akt im Innenministerium. Dort finden Sie hauptsächlich Zeitungsberichte, Tratsch, Ondits und viel Verleumdung.
> Ich bitte Sie, diese Angelegenheit nicht an einen Ihrer Untergebenen zu delegieren, sondern sich selbst damit zu befassen, falls Ihre Zeit es erlaubt (…).[260]

Stephanie wünschte sich, bei Mr. Jenkins vorsprechen zu dürfen, doch dazu brauchte sie eine Einreiseerlaubnis, wenn es auch nur für 24 Stunden wäre. Alternativ schlug sie vor, er solle eine Person seines Vertrauens auswählen, die sie außerhalb von England treffen könnte. Sie fügte ausdrücklich hinzu, dass sie keinesfalls die Absicht habe, nach England zu kommen, um sich dort niederzulassen. Mr. Jenkins ließ Stephanie von Hohenlohe wissen, dass sie sofort um ein britisches Visum ansuchen könne.
In dieser Zeit führte Stephanie von Hohenlohe sehr erfolgreiche Interviews. Besonders wichtig war für sie dasjenige mit Prinzessin Gracia Patricia von Monaco. Sie traf sich mit dem Pressesprecher des Hauses Grimaldi, Claude de Kemoularia, in Neuilly. Die Familie Grimaldi war einverstanden, denn die hohe Auflage der Illustrierten von 11,4 Millionen garantierte eine große Publizität.
Mit dem nächsten Interview blieb Stephanie in der königlichen Sparte: Sie interviewte Kaiserin Farah Diba von Persien. Drew Pearson arbeitete zudem intensiv daran, ein Interview mit Lady Bird Johnson zustande zu bringen. Aus Amerika kamen von ihm am 9. Oktober 1967 genaue Anweisungen:

> Liebe Stephanie!
>
> Es tut mir leid, daß ich Deinen Anruf verpaßt habe, aber ich war auf einer endlosen gräßlichen Vortragsreihe im Middle West.
> Hier die Punkte, die das Weiße Haus beim Interview mit Lady Bird beachtet haben möchte:
> 1) Sie möchten, daß die Fragen vorbereitet werden. Die Fragen müssen nicht lange vorher vorliegen, aber zumindest am Tag des Interviews.
> 2) Mrs. Johnson wird auf Tonband sprechen. Sie findet, das ist einfacher für sie und vielleicht auch für den Interviewer.

> 3) Man hat vorgeschlagen, ich solle das Interview führen. Ich glaube aber, das ist ebensowenig notwendig wie beim Präsidenten. Das heißt, ein Reporter vom Stern kann dabei sein und einige oder die meisten Fragen stellen. Mrs. Johnson sagt, es wäre ihr angenehm, wenn ich dabei bin, d.h. wenn ich das Interview leite. (Mein Name braucht nicht genannt zu werden.)
> 4) Man schlägt vor, daß ein Photograph von Stern Mrs. Johnson in nächster Zeit bei einigen ihrer Wege begleiten soll. Das Weiße Haus kann sehr viele Photos (nichtveröffentlichte Photos) zur Verfügung stellen, man hat aber Verständnis dafür und ist damit einverstanden, daß Stern einige Originalphotos macht.
> Ich habe um ein Ticket zu Lynda Birds Hochzeit angefragt, aber ich fürchte, es ist aussichtslos. Der Platz im East Room ist sehr begrenzt, und die meisten Korrespondenten arbeiten über ein Poolarrangement. Ich schlage vor, das Interview bald zu machen und dann bis zur Woche von Lyndas Hochzeit zurückzuhalten.[261]

Das Interview mit Lady Bird Johnson führte Anneliese Friedmann in Washington, die unter dem Namen »Sibylle« schrieb. Die Reporterin dankte Stephanie von Hohenlohe – »Her Royal Highness« – und fügte hinzu, dass Mr. Pearson sie »wie ein Engel« betreut habe.
Trotz der erfolgreichen Interviews bemerkte Henri Nannen, dass die Prinzessin plötzlich weniger Aktivitäten zeigte als bisher und sich oft wochenlang nicht sehen ließ. Daraus schloss er, dass sie an einer Erneuerung des auslaufenden Vertrags nicht mehr interessiert sei. Und so war es auch.
Karl-Heinz Hagen, ihr ehemaliger Chef bei *Quick*, war nun für Axel Springer[262] tätig. Stephanie wurde von Hagen bestens empfohlen als die »weltgewandte Prinzessin« mit Kontakten zu wichtigen politischen Kreisen. Springer wurde der »letzte Cäsarenflirt auf der Bühne ihres Lebens«.[263] Was den Verleger Axel Springer äußerst faszinierte, war die Tatsache, dass Stephanie von Hohenlohe mit dem einerseits gefürchteten, aber

andererseits beliebten amerikanischen Kolumnisten Pearson zusammenarbeitete.
Der in Ottawa lebende Historiker tschechischer Abstammung Boris Celovsky hat als Erster das Verhältnis Springer–Hohenlohe recherchiert, dokumentiert und auch buchhalterisch lückenlos aufgearbeitet: »Am 4. Juni [1967] konzipierte das Springer gehörende Münchner Verlagshaus Kindler & Schiermeyer einen einjährigen Vertrag für die exklusiven Dienste Stephanies zur Herstellung von Verbindungen in Deutschland und im Ausland. Der Vertrag sah ein Monatsgehalt von 2000 Dollar vor, 190 Dollar Büroausgaben und, natürlich, ein Spesenkonto. Im Frühjahr des folgenden Jahres erneuerte die Axel Springer Verlags A.G. den Vertrag auf weitere drei Jahre. 1971 unterzeichnete Stephanie, volle 80 Jahre alt, noch einmal einen Vertrag mit Springer. Diesmal für ein rundes Monatsgehalt von 2500 Dollar plus Spesen. Der Vertrag lief bis 31. Dezember 1975.«[264]
Als Stephanie für den Springer Verlag zu arbeiten begann, war Drew Pearson in der ersten Zeit immer noch mit dabei. Im Mai 1968 schrieb er an Springer: »Ich habe mich sehr darüber gefreut, die Unterlagen über die Stiftung an der Brandeis University zu bekommen. Ich habe mir die Universität angesehen, sie ist wirklich sehr interessant. Es war mir auch ein Vergnügen, über Sie etwas zu schreiben und über die Versuche der Berliner Studenten, Sie wegen Ihrer aufrechten Haltung anzugreifen. Ich bin aber der Ansicht, daß bisher nur ein Teil der ganzen Geschichte geschrieben worden ist. Ich habe eine konspirative Verbindung zwischen linksgerichteten Studenten aufgedeckt, die sich von Berlin über Paris bis New York erstreckt. Ich bin dabei, einige Artikel über dieses wirklich wichtige Thema zu schreiben.«
Was den Lehrstuhl an der Brandeis University in Waltham bei Boston angeht, so war dies ein persönlicher Beitrag Axel Springers zu einer zumindest teilweisen Wiedergutmachung des ent-

setzlichen Unrechts, das man im Zweiten Weltkrieg den Juden zugefügt hat.
Als Pearson einen Teil der erwähnten Artikelserie geschrieben hatte, schickte er Kopien davon an Springer: »Prinzessin Hohenlohe hat mir sehr geholfen, indem sie mir Informationen verschaffte. Ich bin sicher, Sie waren nicht informiert, daß das der Anfang einer beinahe weltweiten Studentenrevolte sein sollte, als die Studenten Ihr Gebäude stürmten. Wenn Sie wollen, steht es Ihnen frei, diesen Artikel zu veröffentlichen. Ich werde mich beeilen, den Rest an Prinzessin Hohenlohe oder direkt an Sie zu schicken, sowie er fertig ist.«
Am 16. Juli 1968 schrieb Springer einen ausführlichen Brief an Drew Pearson. Er hatte über Prinzessin Hohenlohe eine Nachricht von Pearson mit einem Artikel »Herbert Marcuse«, der in der *Washington Post* erschienen war, erhalten. Springer hatte aber entschieden, dass dieser Artikel in Deutschland zu einem späteren Zeitpunkt veröffentlicht werden sollte. Springer antwortete in diesem Brief auch auf Pearsons Anfrage, wie es sein könne, dass es ein Foto von ihm in Naziuniform gab. Springer klärte Pearson über den Sachverhalt auf. Kurz nach der »Übernahme« von 1933 hätten die Nazis begonnen, der kleinen, seinem Vater, einem aufrechten Demokraten, gehörenden Lokalzeitung in Altona immer größere Schwierigkeiten zu machen. Kein Mitglied der Familie Springer sei bei der NSDAP gewesen.

> Da ich – ich war damals 21 – Mitglied des Deutschen Automobilclubs (das Gegenstück zum AAA – American Automobile Association) war, wurde mir vorgeschlagen, ein ›zahlendes Mitglied‹ des Nationalsozialistischen Kraftfahrer-Korps (NSKK) zu werden. Ich bewarb mich gegen den heftigen Widerstand meiner Mutter –, wurde angenommen, bekam eine Uniform und ließ mich fotografieren. Ein zahlendes Mitglied zu sein hieß, keinerlei Pflichten einzugehen. Im Herbst 1933 änderte sich dies.

> Ich wurde nun gefragt ein Vollmitglied zu werden und an paramilitärischen Übungen teilzunehmen. Ich lehnte dies ab, und damit war das Ende vorprogrammiert: meine Mitgliedschaft wurde gestrichen.[265]

Springer fügte noch hinzu, dass wegen seiner Mitgliedschaft im NSKK sein Vater die Zeitung für einige Zeit unbeanstandet habe weiterführen können.

In diesem Brief lud Springer Drew Pearson herzlich nach Berlin ein. »Ich würde mich freuen, wenn ich Ihnen Berlin zeigen könnte. Es gibt keinen besseren Ort, von dem aus man die Probleme der Stadt studieren kann, als mein Verlagshaus, an der Mauer, unweit von Checkpoint Charlie. So kommen Sie, bitte, noch irgendwann in diesem Herbst. Ich habe bereits die Zusage der Prinzessin Hohenlohe, daß sie sich uns anschließen wird.« Der Besuch fand am 2. September in Berlin statt und wurde für alle Beteiligten ein voller Erfolg.

Nach Washington zurückgekehrt, erfuhren die Leser von *The Washington Merry-Go-Round* Pearsons Meinung zu Axel Springer: Er sei ein Antifaschist, ein Antikommunist, ein Vertreter der freien Marktwirtschaft und ein großzügiger Freund des Staates Israel. »Springer ist ein bemerkenswerter Mensch. Als Sohn eines kleinen Zeitungsverlegers hat er seine Karriere bereits vor dem Krieg begonnen. Heute ist er der mächtigste Pressemann Westdeutschlands, vielleicht in ganz Europa.«[266]

Tiefe Trauer erfüllte die Prinzessin, als Anfang September ihr Freund Drew Pearson an einem Herzinfarkt starb. Geschäftlich ging es weiter mit Jack Anderson, dem bisherigen Kompagnon und Nachfolger Drew Pearsons. Dieser neue Mann wurde ebenfalls von Axel Springer sofort nach Berlin eingeladen.

Stephanies offensichtliche Schwäche für mächtige Zeitungsverleger, damals Rothermere, nun Springer, ist nicht zu übersehen. Es zeigte sich bald, dass die Beziehung zwischen Axel Springer und der Prinzessin weit über das rein Geschäftliche hinausging. Die Prinzessin war von Springers gutem Aussehen und seinem mutigen Auftreten auch in schwierigen Situationen sehr angetan. Stephanies Sohn Franzi bestätigte, »Springer und Steph mochten sich von ihrer ersten Begegnung an. Sie stimmten politisch überein. Ihm gefiel die starke Weiblichkeit der Karrierefrau, sie bewunderte an ihm seine Eleganz, sein attraktives Aussehen und den Mut seiner Überzeugung. Abgesehen vom Arbeitgeber-Arbeitnehmer-Verhältnis entwickelte sich rasch eine warme, persönliche Freundschaft zwischen den beiden.«[267]

Hatte Stephanie 40 Jahre früher von Lord Rothermere einen Rolls-Royce geschenkt bekommen, so erhielt sie nun von Axel Springer aus seinem Wagenpark einen gebrauchten Bentley S 2.

Im März 1969 reiste Axel Springer nach Israel, um in Jerusalem der Einweihung einer von ihm gestifteten Bibliothek des Israel Museums beizuwohnen. Stephanie freute sich sehr, dass sie von Springer ein Telegramm bekam: »Wie schade, daß Sie bei diesem feierlichen und wichtigen Anlaß nicht bei mir sein können.«[268]

In der Zeit vor dem Jahreswechsel 1970/1971 schrieb Springer seiner Seelenfreundin:

> Liebe Stephanie, (…) Ich habe Ihnen für eine hübsche, nur die guten Stunden zählende [Handschrift unleserlich] zu danken. Ich danke am Jahresende auch für manches liebe Wort von Ihnen, das Sie mir und über mich anderen sagten. Die Zukunft ist eine schwarze Gewitterwand. Amerika ist unser Schicksal! Der Ost-West-Pendler Brandt mit seiner ganzen Morbidezza wird trotzdem als Friedensfürst gefeiert (…). Gnade, Erbarmung und Frieden Ihnen und Ihrem Sohn. Ihr Axel S.[269]

Aus dem ebenfalls zunächst beruflichen Kontakt zwischen Stephanie von Hohenlohe und Robert Letts Jones, Präsident der *Copley Newspapers*, wurde bald eine persönliche Freundschaft. Jones' Vizepräsident, Ray McHugh, schrieb:

Liebe Prinzessin!

Ich habe einen Anruf von Mr. Jones erhalten, der soeben aus Kalifornien zurückgekehrt ist. Sie, Mr. Springer und Ernst haben eine Eroberung gemacht! Er hat eine wundervolle Zeit in Berlin verbracht und steht vollkommen unter dem Eindruck von Mr. Springers Ansichten und Aktivitäten. Ich wußte gleich, daß das so kommen würde. (...) Wenn Brandt bald stürzt, bedeutet das nicht, daß die Christdemokraten die volle Last des Inflationsproblems zu tragen hätten. Ich frage mich, ob es nicht besser wäre, Brandt so lange im Amt zu belassen, bis sich seine Unfähigkeit erweist. (...)
Mit großer Begeisterung höre ich, daß Sie für Dezember einen Besuch in USA planen. Sie müssen mich so bald wie möglich von Ihren genauen Plänen informieren. Es gibt vieles, was wir besprechen müssen. Ernst Cramer war kurz hier.[270] (...) Ernst stimmt mit mir darin überein, daß wir etwas tun müssen, um die Zusammenarbeit zwischen unseren beiden Organisationen zu verbessern. (...) Ich schlug einen wöchentlichen Austausch von sechs bis acht Kolumnen oder Leitartikeln vor, die speziell jeweils für den amerikanischen bzw. den europäischen Lesermarkt ausgesucht werden sollten.
Dieser Austausch könnte für beide Seiten frei von finanziellen Erwägungen erfolgen. (...) Wenn Herr Springer und meine Chefs sich einigen, könnten wir im Jänner mit einem solchen Austausch beginnen. (...)
Ich glaube, wir können auch durch unsere Kontakte zur Nixon-Regierung und zum Kongreß recht viel machen und wir könnten eine verstärkte Aufmerksamkeit für die Lage in Deutschland erreichen.
Wir müssen über das alles reden, wenn Sie nach Amerika kommen. Ich werde mich in New York oder in Washington mit Ihnen treffen, wie es Ihnen lieber ist.

Mit den besten Wünschen
Ihr sehr ergebener Ray[271]

Ende 1970 war Stephanie wieder einmal besonders aktiv. Im *Mayfair* Hotel in New York traf sie mit McHugh zusammen, und es bahnte sich ein wichtiger Auftrag für sie an:

Liebe Stephanie!

Hier haben Sie es nun auch schriftlich – als Donald Kendall, der Präsident von PepsiCo Inc, Henry Kissinger gestern in Kalifornien erreichte und ihm sagte, daß Sie Interesse daran hätten, ein Treffen zwischen ihm und Springer und eventuell mit Präsident Nixon zu arrangieren, hat Kissinger sehr positiv darauf reagiert.
»Ich kenne Axel sehr gut«, hat er zu Kendall gesagt und hinzugefügt: »Die Deutschen wissen, daß ich in den meisten Angelegenheiten mit ihm übereinstimme.«
Kissinger sagte, er freue sich, Springer zu treffen, wenn er in die Vereinigten Staaten kommen sollte. Über eine Zusammenkunft mit Präsident Nixon könne dann entschieden werden.
Kissinger betonte, daß das Treffen privat stattfinden müsse und daß Axel einen anderen offiziellen Grund haben müßte, um nach Amerika zu kommen.
»Wenn das Treffen publik wird«, sagte Kissinger, »würde sich die Regierung Brandt sofort beklagen, daß ich versuche, über Axels Büro in Deutschland Einfluß zu nehmen.«
Kissinger hat vor, etwa zwei Wochen in Kalifornien zu bleiben. Er sagt, er kann Axel jederzeit nach dem 15. Jänner treffen, will aber auf jeden Fall einige Zeit vorher benachrichtigt werden, weil seine Zeiteinteilung immer vom Präsidenten abhängt.
Sie können Axel sagen, daß ich ihm gerne unser Büro in Washington zur Verfügung stelle, wenn er mit Kissinger nicht im Weißen Haus reden will.
Wenn Sie Kissinger in Kalifornien anrufen wollen, so tun Sie das am besten über das Weiße Haus in Washington (…) Verlangen Sie Dr. Kissingers Büro. Lassen Sie sich mit seiner Sekretärin verbinden und sagen Sie ihr, daß Sie dringend mit Kissinger sprechen müssen. Die Sekretärin wird ihn dann ausfindig machen und wird sofort zurück-

rufen. Erklären Sie, daß Sie mit ihm über Axel Springer reden wollen.
Diese Prozedur ist wegen der Sicherheitsbestimmungen im Weißen Haus notwendig. Sie geben die Privatnummern der Präsidentenberater nur ungern weiter, aber die Telefonisten im Weißen Haus sind sehr tüchtig und können Kissinger immer innerhalb weniger Minuten erreichen.
Ich hoffe, daß Sie einen schönen Aufenthalt in Washington haben.

Mit besten Wünschen für das kommende Jahr
Ihr sehr ergebener Ray[272]

Springer fuhr nicht nach Amerika, denn er erkrankte an einer hartnäckigen Virusinfektion, die ihn mehrere Wochen lang ans Bett fesselte. Sein Besuch wurde auf später verschoben, und Stephanie arbeitete eifrig an der Vorbereitung für den kommenden Herbst.
Durch Stephanies Vermittlung entstand auch Springers Verbindung zur katholischen Temple University in Philadelphia, Pennsylvania. Hier ließ die Prinzessin ihre alten Kontakte spielen zu dem Altmetallhändler Irving H. Kutcher, einst ein enger Freund von Major Schofield. Kutcher, der die Bande zum Präsidenten der Universität Paul R. Anderson geknüpft hatte, kam nach Berlin und traf dort mit dem Springer-Vertrauten Ernst Cramer und anschließend in Genf mit der Prinzessin zusammen. Schließlich wurde am 28. Oktober 1971 Axel Springer – zusammen mit dem Hollywoodregisseur Frank Capra und dem New Yorker Rundfunkchef Robert H. McGanon – im Albert M. Greenfield-Konferenzzentrum der Temple University die Ehrendoktorwürde verliehen.
Stephanie von Hohenlohe wartete in Genf sehnsüchtig auf ein Zeichen aus Amerika. Dann kam das Telegramm von Axel Springer: »Grüße und viele Küsse von Ihrem exzellenten Hotel Barclay, das ich als Ihr Doktor verließ. Axel.«

Stephanie von Hohenlohe baute 1971 auch Beziehungen zum *Reader's Digest*-Imperium auf. Sie hatte den Co-Chairman DeWitt Wallace einige Male in Pleasantville getroffen. Dieser war allerdings zum damaligen Zeitpunkt nicht bereit, einen Artikel über Springer zu bringen. Und schon gar nicht aus »Gefälligkeit« der Prinzessin gegenüber. Ziemlich verärgert wies diese ihren Freund »Wally« darauf hin, dass er wissen sollte, »welche medienwirksame Figur Springer in der internationalen Szene darstelle«. Außerdem hätten schon allein die Juden unter seinen 36 Millionen Lesern Interesse daran, über Springer etwas zu erfahren.[273]

Springer schrieb an Wallace: »Ich glaube, daß nichts die Eindrücke zu ersetzen vermag, die man durch einen persönlichen Besuch hier am vordersten Brückenkopf der Ost-West-Konfrontation bekommen kann – kein Backgroundmaterial, das wir Ihnen schicken könnten, und nicht einmal die eloquenten Schilderungen Stephanies, die sicher die charmanteste und überzeugendste ›Botschafterin‹ ist, die ich habe. Bitte machen Sie einen Besuch hier möglich!«[274] Ob ein Treffen stattfand, ist nicht zu eruieren gewesen.

1972 gab es eine neue Aufgabe für die »Botschafterin«. Sie sollte in New York ein Treffen zwischen Springer und Jean François Brisson, dem Chefredakteur der französischen Zeitung *Le Figaro*, arrangieren. Ein weiteres Kennenlernen sollte zwischen Springer und Philippe Bernet, dem Redakteur des *L'Aurore*, stattfinden. Beide Treffen waren für Berlin angesetzt, doch sie mussten abgesagt werden. Stephanie war damals kurz in England, fuhr dann aber direkt nach Paris, um den beiden Redakteuren zu erklären, dass der Besuch nicht aufgehoben, sondern nur aufgeschoben werden müsse. Axel Springer war seinerzeit gewarnt worden, dass es Demonstrationen und Tumulte geben könnte, die sich zum Teil gegen ihn persönlich richten sollten.

In Paris traf Stephanie Jean François Brisson und nahm an einem Mittagessen teil, das Philippe Bernet für sie arrangiert

hatte. Sie gab auch eine kleine Dinereinladung für den Duc und die Duchesse de Doudeauville.
Da sie sich nicht wohlfühlte, kehrte sie nach Genf zurück. Sie verließ ihr Apartment in der Rue Alfred-Vicent nur noch selten, litt unter dem Fortschreiten der Paget-Krankheit und musste starke Schmerzmittel einnehmen. Dazu kam noch der Ärger, dass das Apartmenthaus, in dem sie als einzige Mieterin wohnte, verkauft werden sollte. Die übrigen Wohnungen waren vorübergehend mit italienischen Fremdarbeitern belegt, und es war entsprechend laut. Axel Springer war bereit gewesen, das sanierungsbedürftige Anwesen für sie zu kaufen, was aber nicht zustande kam. Stephanie lebte in ihrer Wohnung recht einsam zusammen mit Lina, einer älteren italienischen Bediensteten, und ihrem geliebten Dachshund Puck.
Für den 12. Juni 1972 hatte die Prinzessin ihre Nachbarin in Genf, Gisèla Tornay, zum Dinner eingeladen. Lina bekam frei, obwohl sie viel lieber in der Wohnung geblieben wäre. Als die Nachbarin kam, klagte Stephanie von Hohenlohe über ein heftiges Stechen in ihrer Brust. Der um seinen telefonischen Rat gebetene Arzt schlug vor, sie solle in eine Klinik gehen, um sich röntgen zu lassen.
In der Genfer Privatklinik »La Colline« stellte der Aufnahmearzt fest, dass Stephanie ein Magengeschwür hatte, das durchzubrechen drohte. Sie wurde, da kein Anästhesist greifbar war, erst Stunden später operiert. Es war zu spät. Sie überstand den chirurgischen Eingriff nicht. Stephanies Sohn war damals in London. So war nur Mme. Tornay bei ihr, als sie starb. Es war der 13. Juni 1972. Prinzessin Stephanie von Hohenlohe starb drei Monate vor ihrem 81. Geburtstag. Da sie aber im Krankenhaus als Geburtsdatum das Jahr 1905 angegeben hatte, galt sie als 14 Jahre jünger.
Prinzessin Stephanie von Hohenlohe-Waldenburg-Schillingsfürst fand ihre letzte Ruhestätte auf dem Dorffriedhof von Meinier, in den Bergen oberhalb von Genf. Die Beisetzung fand am

16. Juli statt.[275] Eine Trauernachricht wurde erst später versandt. Abbé Bernard Riccardi, der Pfarrer der benachbarten Pfarrgemeinde Corsier, zelebrierte das Hochamt. Zur Beerdigung kamen Stephanies Sohn Franz und ihr Neffe Herbert Bach, der österreichische Generalkonsul Maier-Thurnwald, die Gattin des amerikanischen Botschafters und der langjährige treue Freund Graf Benedikt Esterházy.

Auf dem Grabhügel wurde an einem Eichenkreuz eine kleine Tafel angebracht: »S.A.S. Princesse Stephanie Hohenlohe. 1905–1972«. Auch hier steht also das falsche Geburtsdatum.

Zu den Trauergästen zählte auch die einstige deutsche Generalkonsulin in der Schweiz, Baronin Dr. Erika von Kotzebue. Sie hatte Stephanie von Hohenlohe während ihrer Dienstjahre dort kennengelernt und sich mit ihr angefreundet. Rückblickend sagt Erika von Kotzebue: »Sie war lebendig, vom ersten Tag bis zum letzten Tag. Sie war offen, eine der wenigen Menschen, die total vorurteilsfrei durch das Leben gehen.«[276]

Unter den Trauergästen fehlte Axel Springer. Er kondolierte Stephanies Sohn mit einem Telegramm: »Lieber Prinz Hohenlohe. In Jerusalem erreichte mich die traurige Nachricht vom Heimgang Ihrer Frau Mutter. In tiefgefühlter Anteilnahme bin ich Ihr Axel Springer.«[277]

Ray McHugh, Vizepräsident und Leiter des Washingtoner Büros von *Copley*, schrieb am 15. Juni 1972 an Axel Springer: »Die Nachricht von Stephs Tod war ein persönlicher Schlag für mich (…). In einem Augenblick wie diesem schickt ein Zeitungsmann keine Blumen. Er versucht der Welt von einem wirklich außergewöhnlichen Menschen zu berichten.«

Ein zwei Seiten langer Nachruf von Stephanies Freund McHugh war der eloquente Tribut an eine außergewöhnliche Frau:

> Glaubt man den Geschichtsbüchern, dann starb Stephanie Hohenlohes Welt am 11. November 1918.

> Aber Stephanie glaubte nicht an Geschichtsbücher. (...) Mit ihrem unverwechselbaren Stil und dem Flair ihrer Vorfahren des 19. Jahrhunderts. (...), plauderte, flirtete und drehte sie sich sechzig Jahre lang wie ein Kreisel quer durch Europas und Amerikas Salons. (...) Das alte Europa wird ihren Tod betrauern; das junge Europa ist ärmer geworden, weil es sie nicht mehr kennenlernen durfte.[278]

Nach dem Tod seiner Mutter behielt Prinz Franz für einige Jahre deren schöne Wohnung in Genf. Der amerikanische Staatsbürger, der unverheiratet geblieben ist, zog dann aber in die Nobelkolonie Palm Springs, unweit von Los Angeles, in der kalifornischen Wüste. Prinz Franz, ein äußerst liebenswürdiger Kosmopolit, übersiedelte 1990 zu seinem Lebensgefährten nach Paris und versuchte sich beruflich in der Modebranche. Neben der Biografie über seine Mutter hat er auch seine Zeit in der amerikanischen Armee in Buchform festgehalten.[279] Wenn man sich mit ihm über seine Mutter unterhielt, so kam seine große Zuneigung und Bewunderung sehr deutlich zum Ausdruck. Er konnte immer und immer wieder sagen: »Was hat sie nicht alles erlebt, die Arme.« Er verehrte sie immer als die »Lady with the Connections«, die Dame mit Kontakten. Franz von Hohenlohe starb im Juli 2009 in Paris.

Anhang

Briefe und Dokumente

Stephanie von Hohenlohe: Monolog am Morgen

Der Literaturagent Mr. Thompson bat Stephanie von Hohenlohe 1940, schriftstellerisch tätig zu werden, da sie eine »politische Frau« sei. Während ihre Zofe Anna ihr das Frühstück servierte, schrieb die Prinzessin ihre Gedanken dazu auf:

Na, Anna, was gibt's? … Aha, die Post … Wie spät ist's denn? … Schon 9 … Wirklich? … Und was für eine Menge Post! … Vermutlich kein einziger Brief an mich … nichts, was ich wirklich einen Brief nennen könnte … Nein … Nein … Nein.
– Ich möchte nur ein Glas Orangensaft und eine Tasse Kaffee. –
… Lauter Drucksachen … 4/5 der ganzen Post – Drucksachen … Lauter überflüssiges Zeug! … Liest denn irgend jemand solchen Mist? … Na gut, auch die Post und die Drucker wollen von etwas leben … Aha, doch ein Brief! … Nein, lauter Rechnungen! Ich habe jetzt keine Lust, Rechnungen zu bezahlen – Na ja, irgendwann muss ich es wohl … Noblesse oblige. … Was will man eigentlich von mir – Tag für Tag? … Einige möchten, daß ich was kaufe, andere, daß ich zahle … Kaufen, zahlen … Kaufen, zahlen … Noch ein Geschäftsbrief! … Gut, endlich mal was anderes! … Von einer Literatur-Agentur … Ach … meine Lebensgeschichte … meine Memoiren? … »von großem Interesse. Nur ein paar Auskünfte«.
Sie möchten meine Memoiren … Gut … Bin ich denn schon so alt? … Was ist denn das richtige Alter für einen Blick zurück? … Als ich 15 war, saß ich gern bei Sonnenuntergang am Fenster und dachte nach, dachte an das, was war. … Ich weiß nicht mehr, an was ich damals dachte, aber ich liebte diese Stunden voll süßer Melancholie … Ich kam mir so tiefsinnig und klug vor und dachte nach über die Vergänglichkeit aller Dinge … »de vanitas vanitatum« … Jetzt ist das lange her, daß ich mich in diese abendlichen Stimmungen vertiefte und Rückschau hielt. Meine

Memoiren ... Wie alt bin ich denn eigentlich? ... Ohne daß ich mich irren dürfte ... genau nach den Urkunden ... Ich bin in Wien geboren, im September 1899 ... Aber die halten mich offenbar für viel älter, wenn die nun »die Geschichte meines Lebens« haben wollen ... Wie klingt das großartig! ... Natürlich, ich habe einen erwachsenen Sohn ... mit Oxford-Diplom ... Das legt einen schon zeitlich fest ... Aber noch – meine Memoiren! ... »Als eine politische Frau«! ... »Eine politische Frau«! ... »Als eine politische Frau«! ... wie unangenehm das klingt ... wie wuchtig! ... Eine politische Frau sollte ich sein? ... Was ist denn eine politische Frau?

Fangen wir mal ganz vorne an. In der Bibel ... also, da gab es diese Frau des Potiphar ... eine Frau im gefährlichen Alter ... mehr doch nicht. ... Die Königin von Saba ... na ja, wir wissen so wenig über sie ... Judith? ... Sie schnitt Holofernes den Kopf ab ... eine Patriotin, auf jeden Fall. ... Aber doch eher eine typisch verärgerte Frau als eine politische ... Königin Esther ... sie mischte sich mit Bravour ein zugunsten ihres verfolgten Volkes, aber sie ist doch eher eine hübsche Gestalt aus 1001 Nacht als eine politische Intrigantin ...

Und so geht es mit all den anderen Frauen aus den beiden Testamenten. Na gut, sie sind Liebende, Mütter, Schwestern, Töchter ... Sie sind alle so weiblich, denn die Bibel ist so männlich ... Männer haben sie geschrieben ... natürlich.

Aspasia ... war sie eine politische Frau? Was war sie wirklich? ... Die Griechen hatten dafür eine Bezeichnung [ein Wort im Original gestrichen] ... Der Freund oder die Mätresse von Staatsmännern, Philosophen, Dichtern oder reichen Leuten ... War sie ein »Blaustrumpf«, weil Dichter ihr zu Füßen liegen durften, oder war sie eine politische Frau, weil sie es Staatsmännern erlaubte, das gleiche zu tun ... Wer kann das sagen?

Und dann gab es die Lysistrata ... War sie überhaupt ein Wesen von Fleisch und Blut oder lediglich eine Theaterfigur? Sie war immerhin eine echte Pazifistin ... Ihre Idee, die jungen Leute zur Schlafenszeit aus den Schützengräben zu holen, war auf jeden Fall von größerer politischer Bedeutung als jene von Henry Ford, sie an Weihnachten herauszuholen. Das war politisch in Ordnung ... Und was war mit den Amazonen? ... Gab es sie nur in der Mythologie oder in Wirklichkeit? – Das war doch wirklich Politik, einen Staat der Frauen zu organisieren ... Ich möchte aber gar zu gerne wissen, ob es sie wirklich gab.

Kaiserin Theodora war nun gewiß eine politische Frau ... Lucrezia Borgia? Sie tat alles für den Borgia-Clan – und das war's auch schon. Ob sie wirklich Gift benutzte? War das, was sie tat, nun Politik oder Mord aus Gewinnsucht? ... Nein, sie war keine politische Frau ... Katharina von Medici? ... Ja! ... Und was ist mit all den französischen Mätressen der verschiedenen französischen Ludwigs? ... Entschieden nein! ... Sie waren an dem König als Mann interessiert, aber nicht an irgendeiner politischen Idee oder einem System. Hofintrigen – ja; Politik – nein! ... Josephine Beauharnais – eine Kurtisane unter den Politikern, aber keine »politische Frau« ... Kaiserin Eugenie ... vielleicht?

Kaiserin Maria Theresia ... Sie rettete ein umkämpftes Reich ... Sie führte mehrere Kriege ... Sie leistete Friedrich dem Großen Widerstand ... Aber kann man sie eine politische Frau nennen? ... Nein, sie war eine Mutter, Mutter für ihre Familie, Mutter für ihr Land, stets eine Mutter ... Hätte sie eine Wäscherei geerbt statt eines Reiches, sie wäre eine Madame Sans-Gêne geworden; hätte sie ein Restaurant geerbt, wäre sie eine Frau Sacher geworden und hätte Zigarren geraucht ... Wie erstaunlich ähnlich war ihr Königin Victoria. Die gleiche mütterliche Tugendhaftigkeit, die gleiche liebevolle Hingabe an ihren Mann, das gleiche eifersüchtige Bemühen um die Sicherung der Macht und der göttlichen Rechte, die gleiche puritanische Gesinnung und der enorme Ahnenstolz. Mehr als 60 Jahre war sie umgeben von Staatsmännern, dennoch blieb sie die Frau Victoria ... Beide hatten an ihrer Seite die besten politischen Köpfe ihrer Zeit, und dennoch blieben sie einfach fast unpolitisch.

Aber was ist mit Königin Elisabeth, der jungfräulichen Königin? ... Ja, tausendfach ja! Sie war die politische Frau par excellence. Leider kenne ich dafür keine bessere Definition ... doch ich fühle andererseits irgendwie die Bedeutung des Ausdrucks: Elisabeth war eine politische Frau ... Von ihrer inneren Haltung her, in ihren Wünschen und Gedanken, in all ihren Aktivitäten ... Vielleicht kommt das daher, daß sie kinderlos war, daß sie eine Jungfrau war ... selbst wenn sie keine gewesen sein sollte.

Und die Suffragetten? ... Vielleicht irre ich mich, aber sie wirken auf mich eher hysterisch als politisch ... Sagt es nicht genug, daß sie das Wahlrecht erkämpften, aber nicht an die Macht kamen? ... Wie eigenartig, daß kaum eine der militanten Frauenrechtlerinnen jemals die Wahl gewann, die ihr eine sichere Position brachte! ... Wo auch immer die Frauenbewegung erfolgreich war, ihre Führerinnen verschwanden bald wieder. Wo sind Frauen wie Pankhurst und all die anderen? Nach den Wahlen waren sie wieder verschwunden.

Ist Margot Asquith, Lady Oxford, eine politische Frau? ... Nein, sie war lediglich ihrem Ehemann ergeben ... Ist Lady Astor eine politische Frau? ... Nein, sie regt sich ganz einfach nur auf über den Tabak- und Alkoholkonsum ... Sind Lady Snowden und Mrs. Sidney Webb politische Frauen? ... Ich möchte das entschieden bestreiten ... War Mrs. Woodrow Wilson eine politische Frau? ... Mag sein, trotzdem – und das ist kein Widerspruch – vermute ich, daß sie lediglich darauf aus war, auf den Champs-Elysées umjubelt zu werden ... Was soll man zu Miss Perkins, Mrs. Roosevelt, Dorothy Thompson sagen? ... Ich weiß nicht recht ... Und die Herzogin von Atholl, Lady Londonderry, Mrs. Greville? ... Ich weiß nicht ... Frauen, die Politiker einladen, sind nicht unbedingt politische Frauen; auch Frauen, die in der politischen Karriere ihrer Männer eine Rolle spielen, sind es nicht, ebenso wenig solche von Wirtschaftsführern oder Beamten in ähnlichen scheinpolitischen Stellungen.

Verflucht dieser Brief! ... Wer hat ihn denn überhaupt geschrieben? ... Das sieht nach einem Geschäftsmann aus ... eine fürchterlich unleserliche Unterschrift ... Ach, Verzeihung, Sir, die Unterschrift ist ja getippt wie auch handgeschrieben ... Mein Irrtum, Mr. Thompson ... Wer sind Sie denn, Mr. Thompson? Was sind Sie eigentlich, abgesehen davon, daß Sie Vize-Präsident einer Literaturagentur sind? ... Und warum halten Sie mich um Himmels willen für eine politische Frau? ... Bin ich das wirklich?

Gut, ich weiß nicht recht. ... Wann sollte ich zum ersten Mal politisch gefühlt oder gedacht haben? ... Gewiß nicht als ein Backfisch ... Als Krankenschwester im Krieg, vielleicht? ... Da war ich gerade erst 17 ... Es blieb uns damals nicht viel Zeit zum Nachdenken ... Gewiß war nicht alles, was wir taten, genau überlegt ... Ich dachte gar nicht daran, den Krieg zu verfluchen ... Ich war eine Rote-Kreuz-Schwester ... Meine Seele, mein Herz, alle meine Sinne gehörten dem Roten-Kreuz ... Sonst war nichts .... Ich wollte helfen, und das tat ich auch ... Es spielte dabei keine Rolle, auf welcher Seite ich meinen Dienst als Schwester tat.

Entstanden politische Leidenschaften in mir, als Österreich-Ungarn zusammenbrach? ... Verspürte ich den Durst nach Rache? ... Waren meine Gedanken darauf gerichtet, Mittel und Wege zu finden für eine Wiedererrichtung der zerschlagenen Monarchie? ... Machte ich mir überhaupt Gedanken? ... Nein, überhaupt nicht ... Meine Gedanken waren völlig in Anspruch genommen von den alltäglichen Problemen, wie sie jeden in dem besiegten und hungernden Lande damals beherrschten ... Ich mußte erst einmal von der Isonzo-Front nach Wien zurückkommen. Und das war gar nicht so einfach, wie sich das heute [im Original gestrichen: 22 Jahre später] anhört ... Dann folgten die immer neuen Probleme mit der Beleuchtung, der Heizung, der Nahrungsbeschaffung, ... dem Geld und den tausenderlei Nöten in der sterbenden, zerfallenden Hauptstadt eines Staates, den es auf einmal nicht mehr gab ... Wie Millionen anderer war ich ein total konfuses menschliches Wesen, jawohl, ein verwirrter Mensch, aber kein »political animal«.

Dann kam die Zeit der Liebe, meiner Heirat, der Geburt des Kindes. Für das Politische war keine Zeit. ... Der Himmel war bewölkt von scheuß-

lichen Ungeheuern, genannt die »Nachfolgestaaten«. ... Aber das war auch schon alles. ... Die Namen Versailles, St. Germain, Trianon schwirrten durch die Luft. ... Wann, ja wann fühlte ich mich zum ersten Mal von einem politischen Problem berührt? ... Ich vermute, das war bestimmt viel, viel später. Möglicherweise in London ... etwa erst in den späten Zwanzigern, als die Propaganda-Welle für eine Wiedererrichtung Ungarns begann. ... Es ging um die Wiedervereinigung der Länder der Krone des heiligen Stephan.
Seltsam ... ich bin in Wien geboren ... ich bin in Wien aufgewachsen ... ich habe Wien geliebt ... ich war ein Wiener Mädel ... und wie alle anderen sang ich: »Wien. Wien, nur du allein ...« mit allen meinen Gefühlen. ... Doch es kam mir nie in den Sinn, von einer Wiedergeburt Österreich-Ungarns zu träumen. Eine durchaus schöne schwärmerische Erinnerung an die Vergangenheit war in unseren Herzen und Augen. ... Aber der Gedanke an die Zukunft hat unsere Vorstellungskraft nicht erreicht. ... Meine Familie und meine Freunde wünschten sich bestimmt die Rückkehr der Habsburger. ... Doch das war eher so eine Redensart als der Ausdruck eines politischen Gedankens oder Wunsches ... feste Formen hatte das nicht. ... Von einer Wiedergeburt eines Donaureiches oder wenigstens einem wirtschaftlichen Zusammenschluß der Donauländer zu reden war ein ständiges Thema in jeder Unterhaltung, kaum jedoch mehr als das.
Ich heiratete einen ungarischen Prinzen ... das hieß, mein Mann gehörte zu dem ungarischen Zweig einer mediatisierten deutschen Adelsfamilie. ... So wurde ich ungarische Staatsbürgerin und bin es bis heute. ... Aber als ich beunruhigt wurde durch die blutenden ungarischen Grenzen, als ich mich erregte für eine Rettung des »verwundeten Landes« ... warum tat ich das? ... Zu dieser Zeit war ich schon mehrere Jahre [im Original ist gestrichen: mehr als 10 Jahre] von meinem Mann geschieden. ... Hätte ich mich nicht auch für die Tschechoslowakei eingesetzt, wenn ich einen Prinzen Lobkowitz anstelle eines Prinzen Hohenlohe geheiratet hätte? ... Es hätte passieren können.
Nein, nein, ... meine Sprache war Wienerisch, meine Gefühle waren österreichisch, mein Geschmack ist kosmopolitisch und meine Reaktionen waren humanitär. ... Die politischen Zwischenspiele in meinem Leben, wie sie nun einmal waren, entsprechen den Umständen und gehen nicht auf politische Anstöße zurück. ... Nein, nein, Mr. Thompson, ich glaube nicht, daß ich eine politische Frau bin. ... Vielleicht meinen Sie das, weil mein Name in Verbindung gebracht wurde mit Lord Rothermere und solchen berühmten und berüchtigten Persönlichkeiten wie Adolf Hitler, Admiral Horthy, Gömbös ... Ist das nicht zu oberflächlich gedacht? Ich glaube, daß ich eine freundliche und hilfsbereite Art habe. ... Ich liebe die Menschen. Ich helfe gern

anderen. Und, Gott weiß es, wir leben in einer Zeit, in der Hilfe nötig ist. … Aber …
– Was ist denn, Anna? … Schon elf? Ich mag Sie nicht, Sie unleserlicher Mr. Thompson … Ihr Brief hat mich zum Tagträumen gebracht … Ich habe meinen Maniküre- und Massagetermin versäumt … Erinnerungen … Ich muß wohl darauf verzichten, einen Teil meiner Gegenwart bewußt zu erleben, wenn ich jetzt anfange, an die Vergangenheit zu denken. … Ich werde Ihnen also nachgeben. … Möchten Sie das? … Auch wenn ich nun wirklich keine politische Frau bin.
Ich muß zugeben, daß es eine ganze Menge ist, an die ich mich erinnern kann. … Die Zeit, in der ich heranwuchs, fiel in eine höchst unruhige Periode … Ich war zufällig in vielen Strudeln … Und ich kam davon … Doch es gibt eine Fülle von Ereignissen, von denen ich wünschte, sie vergessen zu können … Und Sie wollen, daß ich mich genau an diese erinnern soll? … Ich will's versuchen.

Hitlers Brief an Lord Rothermere vom 7. Dezember 1933:

Sehr geehrter Lord Rothermere!

Sie waren so freundlich, mir durch Prinzessin Hohenlohe eine Reihe von Vorschlägen zu übermitteln, für die ich Ihnen meinen aufrichtigen Dank ausdrücken will.
Ferner möchte ich den Gefühlen von zahllosen Deutschen, die mich als ihren Sprecher betrachten, Ausdruck verleihen hinsichtlich der ebenso klugen wie zielführenden journalistischen Unterstützung jener Politik, von der wir alle hoffen, daß sie zur endgültigen Befreiung Europas führen wird. Prinzessin Hohenlohe gab mir die Übersetzung des großartigen Artikels, den eure Lordschaft verfaßt hat; ich nahm mir schon vor einiger Zeit die Freiheit, mich auf diesen Artikel zu berufen. Im Besonderen begrüße ich den im Artikel enthaltenen Hinweis auf die Nützlichkeit eines anglo-französischen Verteidigungsbündnisses. Ich bin davon überzeugt, daß eine anglo-französische Freundschaft für die Aufrechterhaltung eines wirklichen Friedens sehr nützlich sein kann. Deutschland selbst hat keinerlei aggressive Absichten gegen Frankreich; so sehr wir entschlossen sein mögen, uns gegen einen Angriff zu verteidigen, so wenig hegen wir auch nur die geringste Absicht, einen Krieg herauszufordern. Als alte Soldaten des Weltkriegs – ich selbst stand viereinhalb Jahre an der Front britischen und französischen Soldaten gegenüber – haben wir alle eine sehr persönliche Erfahrung mit dem Schrecken eines europäischen Krieges. Jede Gemeinsamkeit mit Feiglingen und Deserteuren zurückweisend, anerkennen wir offen die Pflicht gegenüber Gott

und unserer eigenen Nation, eine Wiederholung eines solchen Unglücks mit allen zu Gebote stehenden Mitteln zu verhindern. Dies kann aber für Europa nur dann erreicht werden, wenn die Behandlung jenes kritischen Problems, dessen Existenz nicht geleugnet werden kann, aus dem Klima des Hasses, in welchem sich Sieger und Besiegte gegenüberstehen, auf eine Basis geführt wird, auf welcher Nationen und Staaten gleichberechtigt miteinander verhandeln können.
Diese Gleichberechtigung Deutschlands bedeutet keine Gefahr für die Sicherheit Frankreichs. Denn:
Erstens ist die Gleichheit der Rechte (verbunden) mit der feierlichen Anerkennung der territorialen Lage, wie sie zwischen Deutschland und Frankreich durch den Weltkrieg geschaffen worden ist (vorbehaltlich der Rückgabe des Saarlandes an Deutschland).
Zweitens bin ich von dem Gedanken geleitet, dem fruchtlosen Kampf zwischen den beiden Nationen ein für allemal ein Ende zu setzen. Niemand kann bestreiten, daß die Wichtigkeit dieser Ziele und die Bedeutung der Ergebnisse, die auf jeden Fall erreicht werden, in keinem Verhältnis zu den Konsequenzen eines Krieges zwischen den Nationen stehen würden, der nur allzu leicht zu einem neuen Weltkrieg führen könnte. Selbst wenn die Rollen gleich verteilt wären, so gäbe es dennoch keinen möglichen Gewinn, der die unabsehbaren Opfer rechtfertigen würde. Eine Aussöhnung zwischen den beiden Nationen würde von jeder eine große Last nehmen – abgesehen von einer kleinen internationalen Clique, die sich Kampf und Unstimmigkeit zwischen den Nationen wünscht, weil sie beides für politische und andere Transaktionen benötigt. Im Besonderen aber will ich noch einmal betonen, daß sich kein Soldat – auf welcher Seite er auch immer gedient hat – einen neuen Krieg wünschen kann.
Eine derartige Aussöhnung würde jedoch die Aufhebung diffamierender Bestimmungen der Friedensverträge voraussetzen. Sachliche Differenzen können objektiv diskutiert werden, entehrende Diffamierungen und Beleidigungen hingegen nicht!
Drittens: Vom militärischen Standpunkt aus betrachtet würde Frankreich durch eine derartige Entwicklung nicht bedroht werden. Frankreich hat sich mit einem System von Befestigungsanlagen umgeben, das im Falle eines Krieges allen militärischen Angriffen widerstehen würde. Tatsache ist, daß jeder Angriff auf dieses Befestigungssystem ohne Einsatz schwerster Offensivwaffen und ohne Inkaufnahme enormer Opfer absolute Dummheit wäre. Deutschland hat nicht die geringste Absicht, Frankreich anzugreifen. Das ist auch der Grund, weshalb wir prinzipiell bereit sind, auf den Besitz von Offensivwaffen zu verzichten, die Frankreich gefährlich erscheinen könnten. Aber wenn Frankreich darauf bedacht ist, sein Sicherheitssystem zu verstärken, dann muß es Deutschland auch sein, und so kann es nicht auf den Besitz von Defensivwaffen

verzichten. Ganz im Gegenteil hatte Deutschland viel mehr Ursache, sich durch die Offensivbewaffnung Frankreichs bedroht zu fühlen als Frankreich durch Deutschlands Defensivbewaffnung.
Frankreich und Deutschland haben eine gemeinsame Grenze von knapp 400 Kilometern. Hinter dieser Grenze befindet sich das größte Waffenarsenal aller Zeiten. Deutschland hat eine Grenze von mehr als 3000 Kilometern, und was befindet sich hinter dieser Grenze? Wir sind nicht geneigt, diese Situation als für alle Zeiten gegeben anzuerkennen, als etwas, das den Naturgesetzen entspräche. Wir sind bereit, total abzurüsten – aber nur unter der Bedingung, daß alle anderen Nationen dasselbe tun! Wenn sie es aber nicht tun, dann sind wir nicht bereit hinzunehmen, daß wir ständig wie ein Volk zweiter Klasse behandelt werden. Im Interesse des Friedens können wir das nicht zulassen!
Ein Staat wie Deutschland, der von so enormer wirtschaftlicher Bedeutung ist, stellt durch das bloße Faktum seiner Existenz in bewegten Zeiten einen gewissen Anreiz dar, Ziel eines Angriffs zu werden, wenn er völlig ohne Verteidigung ist.
Viertens: Der Wunsch nach einer Armee von 300 000 Mann, insbesondere wenn er im Zusammenhang mit einem Verzicht auf schwere Angriffswaffen vorgebracht wird und wenn der Situation Deutschlands hinsichtlich seiner militärischen Verteidigung Rechnung getragen wird, stellt für niemanden eine Bedrohung dar. Jenseits der Grenze sieht sich Deutschland Frankreich mit mehr als 600 000 Mann gegenüber. Und der Tschechoslowakei mit 250 000 Mann.
Diese Nationen besitzen Angriffswaffen der schwersten Art. Abgesehen von der völlig unzureichenden Befestigung Königsbergs, besitzt Deutschland nicht einmal Verteidigungspläne hinsichtlich seiner Grenzen. Hier von einer Bedrohung zu sprechen, bedeutet, die Wahrheit absichtlich umzukehren.
Fünftens: Deutschland hat keinen sehnlicheren Wunsch als gemeinsam mit den anderen europäischen Nationen eine Situation herzustellen, die eine künftige Gewaltanwendung in Europa ausschließt, wenn möglich, durch ein System von Nichtangriffspakten, um dadurch die wirtschaftliche Situation zu verbessern, die noch in allen Ländern vom Alptraum kriegsähnlicher Belastungen gekennzeichnet ist.
Der Einwand, daß wir dadurch Frankreich von seinen Verbündeten trennen wollen, ist zugleich abzuweisen. Deutschland hat keinen Grund, Bündnissen feindlich gegenüberzustehen, solange sie defensiv sind und lediglich eine Stabilisierung des Friedens darstellen. Ebenso falsch ist es, einzuwenden, daß wir bei einer einvernehmlichen Lösung der Saarprobleme Frankreich in seinen Rechten einschränken wollten. Denn erstens kann eine Lösung nur durch eine Vereinbarung zwischen den beiden Ländern gefunden werden und zweitens hat Frankreich in bezug auf das

Saarland gar kein Recht, sondern ganz im Gegenteil wurde Deutschland zugebilligt, daß die Bewohner des Saarlandes 1935 über die Zukunft ihres Landes selbst entscheiden sollten. Diese Entscheidung wird zu 100% zugunsten Deutschlands ausfallen. Unter diesen Umständen glaube ich nun, daß die Lösung des Problems vor 1935 schon den Beginn einer Entspannung in Europa einleiten und darüber hinaus die Beziehungen zwischen Frankreich und Deutschland positiv beeinflussen würde.
Wenn ich auf einen Triumph aus wäre, dann kann ich mir diese Volksabstimmung nur wünschen, denn sie würde Frankreich eine schwere Niederlage bereiten. Ich könnte aus diesem Grunde ganz ruhig noch weitere 18 Monate zuwarten. Aber ich will Verständnis und Versöhnung und deshalb glaube ich, daß genau dieses Problem schon im Geiste der neuen Entwicklung behandelt werden sollte. Die Behauptung, ich brauchte diesen oder einen ähnlichen Erfolg aus innenpolitischen Gründen, stellt eine völlige Verkennung der Lage in Deutschland dar. Ich kann Eurer Lordschaft versichern, daß ich und die gegenwärtige Regierung solche billigen Erfolge für ihre Beliebtheit nicht nötig haben. Die Regierung in Deutschland kann nicht obstruiert werden, und dies nicht deshalb, weil wir die Macht haben, sondern deshalb, weil die Herzen des ganzen Volkes für uns schlagen. Das Volk kann mir in Zukunft gar nicht mehr Vertrauen schenken, als es mir schon am 12. November geschenkt hat. Wenn ich mich für die Aussöhnung zwischen Frankreich und Deutschland ausspreche, dann nur deshalb, weil ich die mit Haß beladene Stimmung durch einen echten Frieden der Versöhnung ersetzen will.
Man darf nicht übersehen, daß ich die Freundschaft eines 66-Millionen-Volkes offeriere, das auch in anderer Hinsicht so manchen Wert aufweisen kann. Und so wenig Grund ich für einen Krieg im Westen sehe, so wenig Grund sehe ich für einen Krieg im Osten. Das Bemühen, eine Verständigung zwischen Deutschland und Polen herbeizuführen, entspringt demselben Wunsch, Gewalt auszuschließen und uns sachlich und leidenschaftslos den gestellten Aufgaben zu nähern. Warum die Wiederherstellung der Gleichheit der Rechte die Beziehung Großbritanniens zu Frankreich negativ beeinflussen soll, kann ich um so weniger einsehen. Ganz im Gegenteil meine ich, daß die Gleichheit der Rechte für Deutschland den Wert der englisch-französischen Freundschaft oder Beziehung noch erhöhen wird.
Wenn ich Eurer Lordschaft diese Gedanken so freimütig dargelegt habe, so habe ich dies getan, um meiner Wertschätzung für die hohe journalistische Stellung, die Eure Lordschaft in der englischen Presse einnimmt, Ausdruck zu geben.
Ich danke Ihnen noch einmal für die Unterstützung, die Sie einer wahren europäischen Friedenspolitik zukommen lassen.
Ihr ergebener Adolf Hitler[280]

Brief Kronprinz Wilhelms an Lord Rothermere vom 20. Juni 1934

Berlin W.8, Unter den Linden
20. Juni 1934

Lieber Lord Rothermere!

Durch Prinzessin Hohenlohes Besuch habe ich die Möglichkeit, Ihnen auf sicherem Wege einen Brief zukommen zu lassen, der für Sie von Interesse sein könnte. Ich brauche wohl nicht zu betonen, daß der Inhalt dieses Briefes nur für Sie persönlich bestimmt ist. Ich habe es immer so gehalten, daß ich mir in bestimmten Abschnitten meines Lebens Rechenschaft über mein Dasein gegeben habe, im Besonderen über die großen Fragen und Probleme dieses Jahrhunderts, die mein Vaterland betreffen. Ich habe mich so zu verhalten versucht wie ein Geschäftsmann, der zu bestimmten Zeiten seine Bilanz erstellt. Eigentlich habe ich das gemacht, was wir während des Krieges als Heerführer gemacht haben, wenn wir uns in bestimmten Zeitabschnitten Überblick über die Lage verschafften. Bei solchen Zwischenbilanzen habe ich es immer sehr hilfreich gefunden, meine Schlußfolgerungen mit jemandem zu diskutieren, der in seinen persönlichen Erfahrungen und Erkenntnissen genügend Selbstsicherheit zu haben scheint, um mit ihm einen für beide Seiten nützlichen Gedankenaustausch vornehmen zu können.
Seit einiger Zeit habe ich nun den Wunsch, Ihnen ganz offen meine Gedanken zur Lage in Deutschland mitzuteilen und Sie zu bitten, mir gegenüber ebenso offen zu sein in Ihren Reaktionen auf meine Ansichten und dabei Ihre große Erfahrung im politischen Bereich und Ihre profunde Kenntnis der menschlichen Natur und der sozialen Zusammenhänge einzubringen.
Ich will im Folgenden darstellen, wie sich mir die Dinge zur Zeit in Deutschland präsentieren:
Hitler ist im psychologisch richtigen Moment an die Macht gekommen. Ein verlorener Krieg mit den damit verbundenen furchtbaren Opfern, dann die Revolution, die Demütigungen durch den Versailler Vertrag, die sinnlose Zerstörung unseres gesamten Kriegsmaterials, die beschämenden Reparationszahlungen, durch die unser Volk mit wahnsinnigen Schulden belastet wurde, die Inflation, die den Ruin für die wichtigsten Bereiche der Nation bedeutet, der Mittelstand, die unglaubliche Konfusion und Korruption bei den Mitgliedern der roten Regierung, der innerlich vollständig zerfallene demokratische Parlamentarismus unter der Leitung von Sozialdemokraten und Zentrumspartei – das alles hat im deutschen Volk eine Stimmung geschaffen, in der jeglicher Glaube verlo-

rengegangen ist, jegliche Staatsautorität untergraben wurde. Für den einzelnen ging es nur noch darum, irgendwie und in krasser Selbstüberschätzung die eigene Existenz zu sichern. Das war der Moment, als Hitlers Aufstieg begann. Er hatte es in genialer Weise verstanden, der breiten Masse der Arbeiter den Glauben an ein neues nationalsozialistisches Deutschland einzuhämmern.
Aber Hitler fand seine Anhänger nicht nur unter den Arbeitern. Jeder aufrechte Deutsche, der die schwarz-rot-goldene Republik aus tiefster Seele verabscheut hatte, erblickte in ihm den Retter unseres Volkes. Sogar Männer wie General von Seeckt, Stresemann, Brüning oder General von Schleicher (er wurde am 30. Juni 1934 unter der Anklage hingerichtet, an einer Verschwörung gegen Hitler beteiligt gewesen zu sein), denen ich große Fähigkeit und beste Intentionen nicht absprechen kann, haben nie jene Entschlossenheit gezeigt, die notwendig ist, um wirklich tiefgreifende Aktionen durchzuführen. Das war der Grund, weshalb auch ich mich Adolf Hitler angeschlossen habe, und zwar schon zu einer Zeit, wo weite Kreise des »Stahlhelms« und insbesondere der deutschen Nationalisten sich weigerten, ihn anzuerkennen.
Darf ich Sie an unser letztes Gespräch in Cäcilienhof erinnern und an die Dinge, die ich damals zugunsten Hitlers vorbrachte? Darf ich noch einmal kurz zusammenfassen: Ich habe wiederholt versucht, Kanzler Brüning zu einem freiwilligen Rücktritt zu bewegen und Hitler als Nachfolger des Feldmarschalls vorzuschlagen. Auch bei Kanzler General von Schleicher habe ich diese Bemühungen fortgesetzt. Bei den Präsidentenwahlen habe ich öffentlich erklärt, daß ich für Hitler und gegen den Feldmarschall [Hindenburg] votieren werde. Ich glaube, ich habe damit aus dem Kreis meiner Stahlhelm-Kameraden und aus dem Bereich der deutschen Nationalisten rund 2 Millionen Stimmen für Hitler gewonnen. Ich habe auch persönlich für die Aufhebung des Verbots nationalsozialistischer Verbände interveniert. Schließlich hat der alte Feldmarschall nach Verhandlungen mit Franz von Papen Hitler zum Kanzler bestellt. Dazu kann ich nur sagen, daß an diesem Tag das ganze deutsche Volk von unbeschreiblichem Jubel erfüllt war.
Dann kam der 21. März 1933, als Hitler vor der alten Garnisonskirche in Potsdam eine Rede hielt, wie ich sie nie zuvor derart berührend und eindrücklich von einem deutschen Staatsmann gehört habe. Nur wer damals dabei war, kann die Hochstimmung begreifen, von der die Deutschen in diesen Stunden erfüllt waren. Große Teile der Nation erwarteten schon damals, daß Adolf Hitler sofort eine Wiedereinsetzung der Monarchie ankündigen würde.
Die ersten Schritte der neuen Regierung waren höchst zufriedenstellend und ließen die Entschlossenheit erkennen, jeden Bereich rückhaltlos zu durchdringen. Ein großartiges und brillantes Arbeitsprogramm wurde

lanciert. Unter den korrupten roten Bossen wurde rigoros aufgeräumt. Die Wiederaufrüstung wurde als Notwendigkeit erkannt.
Diese neue deutsche Regierung hatte zum ersten Mal das ganze Volk hinter sich stehen, und dadurch, daß sie sich vom Völkerbund und der Abrüstungskonferenz distanzierte, zeigte sich der Welt ganz deutlich, daß die Deutschen es nicht länger dulden würden, als Menschen zweiter Klasse behandelt zu werden. Gleichzeitig wurde alles unternommen, um die deutsche Wirtschaft wieder anzukurbeln. Die Autoindustrie erlebt einen unvergleichlichen Aufschwung; ein enormes Straßenbauprogramm wurde gestartet; der Arbeitsdienst begann erfolgreich damit, bisher ungenütztes und daher unbewohnbares Land zu kultivieren. Und die deutsche Luftfahrt erhielt neue Impulse.
All diese Dinge erfüllten jeden aufrechten Deutschen mit Stolz und Freude. Dadurch wuchsen Respekt und Vertrauen zur Person des Führers Adolf Hitler von Monat zu Monat. Das war auch die Zeit, wo meine persönliche Beziehung zu Hitler freundschaftlich und angenehm war.
Langsam und zuerst kaum spürbar begannen dann Schatten auf diese helle Szenerie zu fallen. Um zu verstehen, wie es überhaupt möglich war, daß derart dunkle Wolken den Himmel des dritten Reiches verdüstern konnten, muß man wissen, daß Hitler die Politik der nationalsozialistischen Partei nicht allein bestimmte. Die Lauterkeit seiner Absichten und die Größe seiner Gedanken sind nicht zu leugnen. Aber wie Sie wissen, setzt sich die nationalsozialistische Partei aus den verschiedensten Elementen zusammen. In ihren Reihen kann man den ehemaligen deutschen Gutsbesitzer ebenso finden wie den ehemaligen kommunistischen Mechanikermeister. Und die engsten Freunde und Berater des Führers, die von der ersten Stunde seines Weges zur Macht an seiner Seite waren, sind natürlich von ebenso verschiedener Prägung. Die Namen von Hess, Göring, Goebbels, Darré, Baldur von Schirach und anderen mehr repräsentieren – obwohl sie alle Nationalsozialisten sind und bestimmt sehr treue Gefolgsleute des »Führers« – ebenso viele Programme, jedes entsprechend Neigung und Veranlagung des einzelnen.
Und so lassen sich innerhalb der Bewegung klar zwei verschiedene Richtungen erkennen: die eine, die das Wort »Nationalist«, und die andere, die das Wort »Sozialist« im Parteinamen betont. Ein Repräsentant der zweiten Richtung, oder besser gesagt, ihr geistiger Führer, ist Reichsminister Dr. Goebbels, ein außergewöhnlich intelligenter Mann, ehemaliger Jesuitenzögling, der die Kunst der Demagogie wirklich meisterhaft beherrscht. Alles, was uns das heutige Deutschland mit Sorge betrachten läßt – die immer stärker zunehmende Radikalisierung der Bewegung, das Überhäufen der Menschen mit Propaganda, der Kampf gegen die Juden, gegen die katholische Kirche, gegen die Intellektuellen, gegen die »Reaktionäre« (womit auch alle Teile der Bevölkerung gemeint sind, die immer

noch monarchistisch denken) – das alles ist das Werk des Propagandaministers und jener Männer, die denken wie er.
Es ist heute so, daß die Leute rund um den Führer ihn immer mehr isolieren, so daß Männer mit einer unabhängigen Meinung nur selten, eigentlich nie zu ihm vorgelassen werden. Dafür wird der Einfluß von Reichsminister Dr. Goebbels, der Tag und Nacht beim Führer ist, immer stärker spürbar. Der größte Teil des deutschen Volkes hat heute nur einen einzigen Wunsch: Ruhe. Jeder besondere Deutsche hofft, seine Arbeit oder seinen Handel ungestört ausüben zu können, genügend Geld zu verdienen für ein halbwegs anständiges Leben.
Eine solche Einstellung paßt freilich jenen Männern, die so denken wie der Propagandaminister, überhaupt nicht ins Konzept. Ihre Saat gedeiht nur in Streit und Unruhe. Das Volk muß immer weiter aufgepeitscht werden, darf nie zur Ruhe und zum Nachdenken kommen. Deshalb müssen wir an diesen endlosen Paraden und Massenaufmärschen teilnehmen, deshalb müssen wir uns alle diese demagogischen Reden gegen die Juden, gegen die Kirche, gegen das Ausland und gegen die Vergangenheit anhören. Hierin liegt die Gefahr: die Jugend wird immer mehr im radikalen Geist der Linken erzogen; in der Hitlerjugend wird die Autorität des Elternhauses systematisch unterminiert. Kindern, die noch nichts gelernt haben, wird dauernd eingeredet, sie seien der wertvollste Teil der Bevölkerung. Alle Menschen über dreißig werden als senile Alte dargestellt, die kein Recht haben, weiterzuexistieren. Diese Tendenz, die sich in der Person des Propagandaministers manifestiert, beunruhigt uns alle aufs tiefste, die wir uns ernsthaft um das Wohl des Vaterlandes sorgen und immer noch unerschütterlich hinter dem Führer Adolf Hitler stehen. Vor kurzem hatte ich eine heftige Diskussion über die gegenwärtige Lage und alle meine Befürchtungen mit einigen Männern, deren Urteil mir viel bedeutet. Wir kamen immer wieder zum selben Resultat: Es wird nur dann möglich sein, die großen Schwierigkeiten der unmittelbaren Zukunft zu bewältigen, wenn es gelingt, dem Führer dafür die Augen zu öffnen, welche Entwicklung die Bewegung in Deutschland nimmt – eine Entwicklung, die sicher vollkommen gegen seine Intentionen steht und die wachsende Unzufriedenheit auslöst. Er muß von den Aktivitäten der sogenannten Nazibosse erfahren; er muß davon überzeugt werden, daß jetzt für ihn die Stunde Null gekommen ist, um einzuschreiten – vor allem im personellen Bereich – und diesen ganzen Haufen zu entfernen, der für diese Positionen ungeeignet ist und eine konkrete Gefahr darstellt.
Meiner persönlichen Meinung nach würde der Führer seine Position in der deutschen Nation ganz außergewöhnlich festigen, wenn er in irgendeiner Form eine Restauration der Monarchie zustande brächte. Der Weg dorthin müßte in Etappen vor sich gehen. Leider scheint es zur Zeit nicht so, als ob der Führer bereits so weit wäre, diese Notwendigkeit zu erkennen.

Im Hinblick auf Ihre große Erfahrung und auf den Respekt, den Sie in Deutschland genießen, glaube ich, sehr verehrter Lord Rothermere, daß es für unser Vaterland wie auch für die gesamte Welt von großem Nutzen sein könnte, wenn Sie den Führer mit einigen dieser Beobachtungen und Gedanken vertraut machen könnten. Vorausgesetzt, Sie erachten sie ebenfalls als richtig, und vorausgesetzt, es bietet sich eine günstige Gelegenheit. Nur ein unabhängiger Mann wie Sie, Lord Rothermere, der selbst genügend Macht hat, kann es wagen, dem Führer offen die Wahrheit zu sagen.

Das ist also meine Einschätzung der derzeitigen Situation. Es interessiert mich mehr als ich sagen kann, wie Sie die Lage als unparteiischer Beobachter sehen.

Ich habe es immer bedauert, daß der Kontakt zwischen unserer Familie und dem englischen Königshaus so vollkommen abgerissen ist. Deshalb war ich sehr glücklich, als ich hörte, daß mein Sohn Hubertus Gelegenheit hatte, den Prince of Wales und den Duke of York zu sehen. Hubertus hat mir begeistert von der Herzlichkeit des Prince of Wales erzählt. Sein Sohn Fritz wird in diesem Jahr auch der Einladung von Lord Jollicoe folgen und an der Regatta in Cowes teilnehmen.

Für mich persönlich wäre es eine große Freude, wenn ich irgendwann ebenfalls einen offiziellen Besuch in England machen könnte. Ich habe immer schon große Sympathien für Ihr Volk gehabt; ich habe deshalb schon vor dem Weltkrieg dem Kaiser und der Regierung empfohlen, unseren Schiffbau einzuschränken und mit England eine Allianz einzugehen. Sollte ein solcher Besuch im Bereich des Möglichen liegen, müßte ich natürlich wissen, wie ich mich der englischen Königsfamilie gegenüber verhalten soll. Ich möchte einerseits nicht gerne Ihr Land besuchen, ohne der Königsfamilie meine Ehrerbietung zu erweisen, andererseits weiß ich nicht, ob der König und die Königin geneigt sein würden, mich zu empfangen.

Vielleicht ist ja auch die Situation inzwischen einfacher geworden – da der Herzog von Braunschweig und meine kleine Schwester unlängst von Ihrem König und der Königin empfangen wurden. Im übrigen glaube ich, daß es allgemein einen guten Eindruck machen würde, wenn die alten Feindseligkeiten aus Kriegszeiten bei einem solchen Treffen begraben werden könnten und solcherart neuerlich die Solidarität der Königshäuser bewiesen würde.

Ich hoffe, Sie recht bald wieder als meinen Gast willkommen heißen zu dürfen, und verbleibe

In alter Freundschaft
Ihr Wilhelm[281]

Brief Hitlers an Lord Rothermere vom 3. Mai 1935

Berlin, den 3. Mai 1935
Lieber Lord Rothermere!

Ich darf Ihnen aufrichtig danken für den Brief, den Sie mir durch die Prinzessin von Hohenlohe zu schicken die Güte hatten.
Das Bewußtsein, in Ihnen, Lord Rothermere, einen aufrichtigen Freund einer englisch-deutschen Verständigung kennengelernt zu haben, ist für mich um so glücklicher und bedeutungsvoller, als es sich dabei um eine Aufgabe handelt, für die ich lange vor meiner öffentlichen Tätigkeit und vor meiner Kanzlerschaft unentwegt eingetreten bin. Die Richtigkeit dieser Gedankengänge wird durch nichts mehr bewiesen, als durch den Verlauf des Weltkriegs, durch seine Opfer und durch seine Ergebnisse.
Ich glaube, man wird einmal bei einer methodischen wissenschaftlichen Prüfung der europäischen Geschichte in den letzten 30 Jahren feststellen, daß 9/10 des auf dem Schlachtfeld dargebrachten Blutes vollständig vergeblich geflossen sind. Das heißt vergeblich, gemessen an den natürlichen Interessen der daran beteiligten Völker selbst.
Ich nehme davon Deutschland nicht aus, im Gegenteil: Unser Volk hat im Laufe dieser 300 Jahre mindestens 20–25 Millionen Menschen, wahrscheinlich aber mehr, verloren durch Kriege, die im wesentlichen für die Nation erfolglos gewesen sind, wenn man den Erfolg weniger in einem fragwürdigen Ruhm als in einem praktischen Nutzen sehen will. Europa hat seine Kraft manchmal sinnlos vergeudet. Der einzige Staat, der sich aus diesen Vorgängen wenigstens in langen Zeiträumen herauszuhalten verstand und daraus gewisse Vorteile zog, war England. Dank der Tüchtigkeit des englischen Volkstums und vieler seiner Regierungen hat es mit einem Bruchteil solcher Opfer das größte Reich der Geschichte aufgebaut. Ich glaube nicht, daß eine kühle Überprüfung der englischen Beteiligung am Weltkrieg diesem Vorgang die gleiche nützliche Bedeutung zumessen wird für die Stärkung des britischen Weltreiches, wie es durch viele Handlungen mit einem unendlich geringeren Einsatz ohne Zweifel erreicht wurde. Deutschland hat durch diesen Kampf mit dem großen germanischen Nachbarvolk alles verloren. England hat, das wage ich bescheiden auszusprechen, zumindest nichts gewonnen, wahrscheinlich aber einer Weltentwicklung Voraussetzungen mitschaffen helfen, die nicht im Interesse des britischen Imperiums liegt. Ich spreche dies nicht aus, um ein Urteil über die Schuldfrage zu fällen. Ich glaube, daß bei einiger Kenntnis der Größe und der Folgen dieses Geschehens wohl kein verantwortungsvoller Staatsmann den Krieg gewünscht haben würde, wie man überhaupt von keiner Seite in bewußter Absicht in ihn hineinging, aber durch fehlerhaftes Versagen und unglückliche Voreingenommen-

heiten, verbunden mit einer mangelhaften Kenntnis der wirklichen europäischen Interessen hineinschlitterte. 500 Jahre lang haben die beiden germanischen Völker nebeneinander gelebt, ohne in eine ernstliche militärische Auseinandersetzung geraten zu sein. England hat einen großen Teil der Welt der weißen Rasse erschlossen. Ein unvergleichliches und nie endendes Verdienst! Deutschland war in Europa ein Kolonisator, dessen gesamte kulturelle und auch wirtschaftliche Auswirkungen für das Wohl und die Größe dieses alten Weltreiches schwer auszumessen sind. Dieser 4-jährige Krieg hat von beiden Ländern die männliche Blüte hinweggerafft, Deutschlands Bedeutung in der Welt, wenn schon nicht geschwächt, dann aber sicherlich unter keinen Umständen vermehrt. Das schlimmste aber ist, daß ein Rückstand an Voreingenommenheit und Leidenschaften blieb, der all denen einen geeigneten Boden abgibt, die bewußt die Konsolidierung Europas sabotieren wollen und denen jene innere Festigung der weißen Herrschaft in der Welt innerlich zuwider ist. Ich glaube, daß eine kluge deutsche Staatskunst und eine nicht minder kühle britische in den Jahren 1900 bis 1914 Mittel und Wege gefunden hätten, um den beiden germanischen Völkern nicht nur den Frieden, sondern hohe Vorteile zu sichern. Das Bild, das die heutige Welt bietet, ist jedenfalls vom Standpunkte beider Völker aus unbefriedigender, als es sonst hätte sein können. Der Bolschewismus reißt einen gewaltigen Block europäisch-asiatischen Lebensraumes aus dem Gefüge einer nach unseren Auffassungen allein möglichen internationalen Weltwirtschaft. Die im Interesse der ganzen weißen Rasse gelegene Sicherheit der britischen Weltstellung ist durch parallel geschaltete zum Teil neue internationale Machtfaktoren eher geschwächt als gestärkt. Die Tendenzen einer Unabhängigkeitserklärung ehemaliger Kolonialgebiete sind ebenso gewachsen wie die Versuche, durch eine unnatürliche, weil künstliche Industrialisierung gegebener Rohstoffgebiete die natürliche im Laufe vieler Jahrhunderte aufgebaute Ordnung zwischen Produktions- und Verbrauchsgebieten zu zerstören. Wann wird hier endlich die Vernunft kommen und die weiße Rasse von einer Entwicklung zurückreißen, die zwangsläufig sonst ihr Ende sein müßte?
Ich glaube, mein lieber Lord Rothermere, wenn sie nicht von England und Deutschland ausgeht, kann man jede Hoffnung für die Zukunft wenigstens auf eine menschlich absehbare Zeit begraben. Freilich, man kann diese Probleme nicht mit den Augen der Tagespolitiker sehen, deren Horizont nur zu häufig durch kleinste Interessen begrenzt ist. Ich habe mich jedenfalls bemüht, in gewissen Dingen keine Kompromisse zu suchen, sondern das Grundsätzliche als wesentlich und damit ausschlaggebend zu beachten. Ich bin dafür durch 15 Jahre von den Tagespolitikern, die für diese grundsätzliche Behandlung der Probleme kein Verständnis besaßen, verspottet und verhöhnt und als Phantast hingestellt

worden. Ich habe aber Recht behalten, und diese kleinen Widersacher sahen es ein, daß ihre Auffassung falsch und die meinige richtig war. Der Erfolg konnte von ihnen am Ende nicht mehr bestritten werden. Diese Erfahrung der letzten 15 Jahre aber gibt mir die Hoffnung, daß es einer gleich grundsätzlich richtigen und prinzipiell festen Arbeit in den nächsten 15 oder 20 Jahren auch gelingen wird, in einem größeren Rahmen den natürlichen Interessen zum Durchbruch zu verhelfen und die kleinen Schreier und Nörgler zum Schweigen zu bringen. Denn wie gesagt, Lord Rothermere, wenn ich heute für eine deutsch-englische Verständigung eintrete, dann geschieht dies nicht seit gestern oder vorgestern. Ich habe in den letzten 16 Jahren in Deutschland mindestens 4-5000 mal vor kleineren, größeren oder allergrößten Zuhörermassen gesprochen. Es existiert aber von mir nicht eine Rede, und es existiert nicht eine Zeile, die ich jemals schrieb, in denen ich dieser Erkenntnis widersprechend gegen eine englisch-deutsche Verständigung eingetreten wäre. Wohl aber kämpfe ich in Wort und Schrift diese lange Zeit dafür. Ich habe diese Auffassung der Notwendigkeit der Zusammenarbeit der germanischen Völker gegenüber der erwachenden sonstigen Welt vor dem Kriege empfunden und war tief unglücklich, als die Entwicklung am 4. August 1914 zur deutsch-englischen Waffenfeindschaft führte. Ich habe in diesem Krieg nie etwas anderes gesehen als einen bis zum Wahnsinn gesteigerten nibelungenhaften Vernichtungskrieg der germanischen Völker untereinander. Ich habe seit Kriegsschluß – als Politiker tätig – unentwegt die Notwendigkeit einer ewigen Begrabung dieses Kriegsbeils zwischen den beiden Nationen für alle Zukunft gepredigt. Ich bin allerdings der Überzeugung, daß eine solche Verständigung nur zwischen ehrenhaften Nationen stattfinden kann. Ich halte eine Möglichkeit, mit einem nicht ehrenvollen Volk Verträge abzuschließen, für nicht gegeben und solche Verträge praktisch für vollständig wertlos. Ich habe vom Schicksal die schwere Aufgabe übernommen, einem großen Volk und Staat seine natürliche Ehre wieder mit allen Mitteln zurückzugeben. Ich sehe darin eine der wichtigsten Vorarbeiten für eine wirkliche und dauerhafte Verständigung, und ich bitte Sie, Lord Rothermere, wollen Sie meine Arbeit nie unter einem anderen Gesichtspunkte sehen.

Sie haben recht, die Gefühle und Ansichten parlamentarischer Demagogen sind zu schnellen und unerwarteten Äußerungen fähig. Die Welt aber kann mir meinetwegen, ich weiß nicht was, vorwerfen. Einen Vorwurf wird sie mir sicherlich nicht vorhalten können: daß ich in meinen Ansichten schwankend und in meiner Arbeit unzuverlässig gewesen wäre. Wenn ein unbekannter Mann mit solchen Schwächen sich auf den Weg machen wollte, um in 15 Jahren eine Nation zu erobern, dann würde ihm kein Erfolg zuteil werden. Darin liegt der vielleicht Vielen überheblich erscheinende Glaube an meine eigene Person. Ich glaube, mein

lieber Lord Rothermere, daß es mir am Ende, und zwar meiner immer gleichbleibenden Einstellung, meiner unentwegt gleichen Gesinnung und meiner stets gleichen Entschlossenheit doch gelingen wird, einen geschichtlich großen Beitrag zu leisten zur Wiederherstellung eines guten und dauernden Verhältnisses zwischen den beiden großen germanischen Nationen. Und glauben Sie, Lord Rothermere, daß dies der entscheidende Beitrag für die Befriedung der Welt ist. Alles, was heute an sogenannten Beistands- und Unterstützungspakten fabriziert wird, wird eher dem Unfrieden als dem Frieden dienen. Eine englisch-deutsche Verständigung würde in Europa und damit in der Welt ein Gewicht des Friedens und der Vernunft von 120 Millionen wertvollster Menschen bilden. Die geschichtlich einzigartig dastehende koloniale Tüchtigkeit und Seemacht Englands würde sich vereinen mit einem der ersten Soldatenvölker der Welt. Würde diese Verständigung noch ergänzt werden durch den Hinzutritt der amerikanischen Nation, dann wäre schlechterdings nicht einzusehen, wer auf der Welt einen Frieden stören könnte, der bewußt und gewollt die Interessen der weißen Völker nicht vernachlässigt. Es gibt im Deutschen den schönen Satz, daß die Götter den lieben und segnen, der Unmögliches zu verlangen scheint.
Ich will an diese Gottheit glauben!
Ich habe das Manuskript soeben gelesen von Viscount Snowden, das mir Prinzessin Hohenlohe unter dem Titel »Europa treibt in den Krieg« vorgelegt hat.
Indem ich die Schwierigkeit, eine solche Sprache zu reden, begreife, werde ich bestärkt in meiner Überzeugung, daß die Einsicht und die Wahrheit am Ende doch auch heute noch ihre mutigen Sprecher besitzt.
Ich werde in ungefähr 10 Tagen eine große und ausführliche Darstellung meiner Auffassungen und der Auffassung der Deutschen Regierung über die politischen Probleme geben, die zur Zeit uns alle bewegen. Ich glaube, daß sie von jenen Engländern begrüßt werden wird, die Sie, lieber Lord Rothermere, eingeladen haben, in der »Daily Mail« öffentlich Stellung zu nehmen.
Ihnen selbst, lieber Lord Rothermere, möchte ich noch einmal aus ganzem Herzen danken für die große Hilfe, die Sie einem Streben schenken, das im Falle seiner Verwirklichung dereinst als eine der glücklichsten Entwicklungen empfunden werden wird, die die Völker durch ihre Staatsführung erreichen konnten.

In aufrichtiger Freundschaft
Ihr Adolf Hitler[282]

Brief Hitlers an Lord Rothermere vom 19. Dezember 1935

19. Dezember 1935

Sehr geehrter Lord Rothermere!

Sie waren so freundlich, mir über Prinzessin Hohenlohe einen Brief zukommen zu lassen, in welchem Sie den Wunsch äußerten, über meine Ansichten in Bezug auf die brennenden Fragen unserer Zeit informiert zu werden. Wegen der großen Arbeitsüberlastung, die sich mit Ende des Jahres noch weiter erhöht hat, war ich trotz meines guten Willens nicht in der Lage, Ihren Brief sofort zu beantworten. Wenn ich Ihnen jetzt schreibe, so bitte ich Sie, sehr geehrter Lord Rothermere, keinen öffentlichen Gebrauch von meinen Stellungnahmen zu machen, weil sie Ansichten enthalten, die ich andernorts auf andre Weise ausdrücken oder gar nicht äußern würde. Dieser Brief enthält nur meine Gedanken, und ich habe nicht den geringsten Zweifel daran, daß sie völlig ungeeignet sind, die öffentliche Meinung zu beeinflussen oder sie gar zu ändern in einer Welt und in einer Zeit, in der die öffentliche Meinung nicht immer den innersten Einsichten und der Klugheit entspricht.

Sie, sehr geehrter Lord Rothermere, fragen mich, ob meiner Meinung nach eine Öl-Sanktion den Krieg Italiens gegen Abessinien beenden könnte.

Es ist unmöglich, diese Frage erschöpfend zu beantworten. Aber ich möchte die Gelegenheit ergreifen, um Ihnen so ausführlich wie es ein kurzer Brief erlaubt, meine Ansichten über Grundlegendes, das dem Problem anhaftet, darzulegen:

(1) Regierungen befinden sich sehr häufig im Irrtum hinsichtlich des Prozentsatzes, den ein Staat für militärische Zwecke an Rohstoffen benötigt. Der Prozentsatz ist im Vergleich zum Gesamtbedarf der Bevölkerung sehr gering. Für nicht-militärische Zwecke verbrauchen 15% volkswirtschaftlicher Aktivitäten alles in allem mehr als 95% des gesamten Rohstoffbedarfs. Ich gebe zu, daß dieser Prozentsatz in bezug auf das Öl im Kriegsfall nicht ganz exakt ist. Jedenfalls würde eine Einschränkung des Verbrauchs für den nicht-militärischen Bedarf eine Armee für lange Zeit in die Lage versetzen, den eigenen Bedarf zu decken.

(2) Sanktionen führen natürlicherweise zu Restriktionen und in der Folge zu gewissen Spannungen. Schwache Regierungen könnten durch solche Spannungen zugrunde gehen. Eine starke Regierung hingegen wird von einer derartigen Gefahr kaum berührt werden. Es ist ganz im Gegenteil möglich, daß eine starke Regierung frische und gesteigerte Kraft aus diesen Spannungen schöpft. Auf jeden Fall spielen Zeit und Beharrlichkeit auf beiden Seiten eine entscheidende Rolle.

(3) Sanktionen stellen nicht nur für jene eine Last dar, gegen die sie gerichtet sind, sondern auch für jene Mächte, die die Sanktionen ver-

hängen. Und wieder haben hierbei Zeit und Beharrlichkeit einen entscheidenden Einfluß.

(4) Im Weltkrieg wurde Deutschland nicht durch die Sanktionen besiegt, sondern ausschließlich durch den internationalen Prozeß revolutionärer Strömungen. Wäre ich 1918 an Bethmann-Hollwegs Stelle deutscher Reichskanzler gewesen, wäre niemals irgendeine Revolution zum Ausbruch gekommen. Der Zusammenbruch von 1918 wäre verhindert worden. Ich behaupte, daß der Weltkrieg letztlich ohne Sieger und Besiegte geendet hätte. Ich weiß, sehr geehrter Lord Rothermere, daß Sie als Engländer eine andere Meinung vertreten, aber ich drücke nur meine eigene Überzeugung aus. Heutzutage wäre eine Öl-Sanktion gegen Deutschland völlig sinnlos, da unsere eigene Benzin-Produktion und unsere eigenen Ölfelder Jahresmengen produzieren, die wir in den Jahren 1914–1918 während des Weltkrieges benötigt haben.

(5) Meiner Meinung nach ist der entscheidende Faktor lediglich die Art des Regierungssystems und damit der Persönlichkeiten. Wer regiert in den Ländern, die die Sanktionen aussprechen, und wer regiert Italien? Ich möchte an dieser Stelle sagen, daß jener Mann, der heute der Führer Italiens ist, eine der seltensten und bedeutendsten Persönlichkeiten der Weltgeschichte ist – was auch immer geschehen mag. Manches, was in den Augen eines Engländers an diesem Mann schlecht zu sein scheint, findet seine einfache Erklärung in der unterschiedlichen Mentalität der beiden Völker. Und ein bedeutender Mann ist fast immer der typischste Repräsentant des Charakters seines eigenen Volkes.

Wenn ich diese nüchternen Feststellungen treffe, dann bitte ich Sie, sehr geehrter Lord Rothermere, nicht zu vergessen, daß ich als Deutscher kein wirkliches Interesse an diesem Konflikt haben kann. Sie wissen, daß wir eine Nation sind, die mit einem mehr als dummen Vertrag belastet ist, der feststellt, daß dieser Staat nicht zu den »fortschrittlichen« Staaten gehört, die das Recht haben, Kolonien zu verwalten. Außerdem bin ich der Meinung, daß, vom menschlichen Standpunkt aus betrachtet, uns vieles zu den Engländern hinzieht; vom politischen Standpunkt aus betrachtet haben wir im Gegensatz dazu vieles mit dem Italien von heute gemeinsam.

Es ist verständlich, daß das deutsche Volk heute seiner Begeisterung nicht laut Ausdruck geben kann für ein Land, das noch vor einem Jahr sehr unvorteilhaft, um nicht zu sagen unverschämt über Deutschland berichtet hat. Andererseits dürfen wir nicht vergessen, daß vor einigen Jahren Italien und insbesondere Herr Mussolini uns viele Beweise der Sympathie und des Verständnisses für unser Schicksal zukommen ließen. Wir dürfen nicht undankbar sein. Es gibt Nationen in Europa, die der Ansicht sind, daß wir als Deutsche gute Gründe hätten, diesen Konflikt zu begrüßen. Sie meinen, daß er uns die beste Gelegenheit biete, wieder aufzurüsten.

Sehr verehrter Lord Rothermere, diese Menschen kennen weder mich noch das heutige Deutschland. Seit Ausbruch des Konflikts habe ich nicht einen einzigen Schritt gesetzt, der nicht lange vorher geplant gewesen wäre und den ich unter anderen Umständen nicht gesetzt hätte. Die Entscheidung, die Bedeutung Deutschlands wiederherzustellen, wurde getroffen, geplant und realisiert zu einer Zeit, als niemand auch nur die leiseste Ahnung von der betrüblichen Auseinandersetzung haben konnte. Es gibt niemanden in Deutschland mit politischem Gespür, der diesen Konflikt begrüßt. Ausgenommen einige Feinde des Staates, die die Hoffnungen hegen, daß hier ein übernationales Exempel statuiert wird, das eines Tages auch auf Deutschland angewendet werden könnte. Aber diese Elemente dürfen nicht mit dem deutschen Volk in einen Topf geworfen werden. Das einzige, was uns mit einer gewissen Befriedigung erfüllt, ist, wie ich gestehen muß, die Offenlegung des wahren Wertes aller sogenannten kollektiven Übereinkommen, die letztlich beide versagt haben: dem Völkerbund und der Stresa-Allianz. Und wir haben nur eine einzige Genugtuung in dieser Angelegenheit: zu wissen, daß wir abseits dieser Übereinkommen stehen und daß wir nichts mehr mit dem Völkerbund zu tun haben.
Denn glauben Sie mir, lieber Lord Rothermere, das Problem besteht nicht darin, ob diese oder jene Sanktion Italien in die Knie zwingen wird, sondern darin, ob jemand imstande sein wird, die Ursachen zu beseitigen, die den Spannungen zugrunde liegen, an denen die Welt heute leidet.
Seit hundert Millionen Jahren bewegt sich die Erde um die Sonne, und in dieser langen Periode war sie immer voll des Kampfes um Nahrung, um Wohnstätten, um Kleidung usw. Es ist sicher, daß Lebewesen, die wir Menschen nennen, seit vielen Millionen Jahren existieren. Unzählige Einflüsse bewirkten stetige Veränderungen bei der Verteilung des Wohlstands. So wie sich in jedem Land die Wirtschaftsstruktur ständig ändert, verändern sich die Dinge auch außerhalb der nationalen Grenzen. Klimatische Veränderungen, die Entdeckung von Rohstoffen, bewirken ein mehr oder weniger starkes Anwachsen der Völker auf der einen Seite, wohingegen andere Länder irgendwie steril werden, Spannungen hervorrufen, die dringend Lösungen verlangen. Und nun, in einem ganz bestimmten Jahr, nach Millionen von Jahren, während der sich die Erde gedreht hat, verkündet ein amerikanischer Professor einen Bund verschiedenartiger Völker mit völlig entgegengesetzten Interessen – in der Meinung, daß jegliche Veränderung in Zukunft ausgeschlossen sein wird. Das bedeutet, daß ab dem Jahr 1919 unserer Zeitrechnung oder, wenn man so will, nach 997 356 000 Drehungen um die Sonne die gesamte irdische Entwicklung zum Stillstand kommen muß.
Dabei wurde nur etwas vergessen: der Völkerbund kann vielleicht die *Beilegung* von Spannungen verhindern, er kann aber nicht das *Entstehen* der Spannungen selbst verhindern.

Das einzige Konzept ist, daß jetzt das Sicherheitsventil vernichtet ist, während früher die Spannungen, die aus den nationalen Gesetzen der Entwicklung herrühren, zumindest partiell geregelt werden konnten – was bedeutet, daß sich die Spannungen anhäufen. Wenn das jedoch das einzige Ergebnis der sogenannten »kollektiven Politik« ist, dann kann das Ende nur ein allgemeines Chaos sein.

Ich bedaure zutiefst den Rücktritt von Samuel Hoare, weil ich das Gefühl habe, daß ein großer britischer Patriot und ein ausgezeichneter Mann der öffentlichen Meinung zum Opfer gefallen ist. Er war einer der ersten, der diese Schwäche im System des Völkerbundes erkannt hat. Denn es ist augenscheinlich, daß der Völkerbund heute nicht durch Klugheit geführt wird, sondern durch den Einfluß der Straße, d. h. durch die sogenannte öffentlich Meinung, die, wie die Geschichte beweist, kaum je das richtige Gespür gehabt hat. Ich würde mich freuen, sehr geehrter Lord Rothermere, wenn entgegen allen Befürchtungen die Menschen in England bereit wären, die Probleme aus der Sicht der ihnen zugrundeliegenden Ursachen zu betrachten und sie dann vielleicht in einem kleinen Kreis zu diskutieren. Ich denke, daß die Engländer dies besser zuwege bringen können als andere Nationen, weil die im Vergleich zu anderen Völkern eine höhere Allgemeinbildung besitzen und realistischer denken. Ich glaube, daß unser englisch-deutsches Flotten-Abkommen dafür ein schlagender Beweis ist. Sie, sehr geehrter Lord Rothermere, werden verstehen, daß diese Probleme noch eher als andere völlig ungeeignet sind, vor der Masse abgehandelt zu werden, sondern daß sie letztlich nur in einem kleinen Kreis diskutiert werden können. Wenn Sie wieder nach Deutschland kommen sollten, wäre ich sehr froh, Sie zu sehen, um mit Ihnen und anderen Engländern diese Probleme zu diskutieren.

Wie auch immer, zum Schluß dieses Briefes möchte ich Ihnen versichern, daß ich fest daran glaube, daß eine Zeit kommen wird, in welcher England und Deutschland unerschütterliche Pfeiler in einer unruhigen und verunsicherten Welt sein werden.

Sie fragen mich, sehr geehrter Lord Rothermere, ob ich nicht der Ansicht sei, daß jetzt die Zeit gekommen ist, um deutsche Kolonialwünsche vorzubringen. Darf ich Sie, sehr geehrter Lord Rothermere, ersuchen, diesen Punkt nicht jetzt zum Gespräch zu machen, weil ich im Hinblick auf eine zukünftige engere Zusammenarbeit mit Großbritannien nicht den Eindruck erwecken will, als ob ich aus der gegenwärtigen Situation Ihrer Regierung und ihrer diversen Schwierigkeiten Kapital schlagen wollte, um einen gewissen Druck auszuüben.

Abschließend entbiete ich Ihnen, sehr geehrter Lord Rothermere, meine besten Wünsche zum Weihnachtsfest und für ein glückliches neues Jahr.

Ihr ergebener
Adolf Hitler[283]

Stephanies Aufzeichnungen zur ungarischen Revolution

Als Prinzessin Stephanie von Hohenlohe in den USA von der ungarischen Revolution 1956 erfuhr, schrieb sie ihre persönlichen Erfahrungen und Budapester Begegnungen erstmals auf:

Budapest 1956
DIE RUSSISCHEN VERBRECHER HABEN UNS VERRATEN; SIE HABEN IN GANZ BUDAPEST DAS FEUER ERÖFFNET: BITTE INFORMIEREN SIE EUROPA!
In tiefer Nacht sendet ein einsamer Telegraphist seinen verzweifelten Hilferuf.
EINIGE HUNDERT PANZER GRIFFEN BUDAPEST AN (...) TAUSENDE (...) ES GIBT SCHWERE KÄMPFE (...) WIR WERDEN DIE WELT ÜBER ALLES INFORMIEREN.
Und einige Stunden später:
GIBT ES IRGENDWELCHE NACHRICHT WEGEN HILFE (...) RASCH (...) WIR HABEN KEINE ZEIT ZU VERLIEREN (...) KEINE ZEIT ZU VERLIEREN (...) WAS UNTERNEHMEN DIE VEREINIGTEN STAATEN (...) GEBT UNS EIN ZEICHEN DER ERMUTIGUNG
Herzerweichende Worte, aber immer noch keine Hilfe.
AUF WIEDERSEHEN FREUNDE
GOTT SCHÜTZE EUCH
DIE RUSSEN SIND ZU NAHE

Ja, die Russen waren zu nahe und zum zweiten Mal innerhalb weniger Jahre mußte ein tapferes, mutiges Volk der furchtbaren Tatsache ins Auge sehen, einsam sterben zu müssen – entsetzlich einsam sterben zu müssen.
Man fröstelt, wenn man zweimal im Leben miterlebt, wie sich die Geschichte wiederholt. Ich kann nicht behaupten, daß sich die Geschichte wiederholt. Ich kann nicht behaupten, daß ich alles verstehe; es gibt zu viele Fragen, und ich empfinde Angst, wenn ich mich erinnere (...)

Budapest 1938
Nach dem Ersten Weltkrieg haben die Friedensstifter und Vertragsunterzeichner ganze Königreiche ausgelöscht und sich benommen wie Geburtshelfer bei der Geburt eines unerwünschten und unbequemen Kindes. Um den Vorstellungen eines neuen Europa entgegenzukommen, verstümmelte und zerschnitt man die Staaten wie Christmaspudding. Millionen stöhnten unter dem Zwang widernatürlicher Grenzen. Aber niemand litt mehr als die stolzen Ungarn.

Der Teil der Landkarte, der Ungarn darstellte, war wohl das seltsamste Puzzle auf dem ganzen Kontinent. Zahllose Familien waren auf einmal Angehörige eines fremden Staates, dessen Sprache sie nicht sprachen und dessen Sitten sie nicht teilten. Getrennt von ihrem Heimatland und ihrem Geburtsrecht, hatten diese Menschen nur einen Gedanken – wieder Ungarn zu werden. Impulsiv und voller Eifer wendeten sie sich jeder nur halbwegs Erfolg versprechenden Spekulation zu, ohne dabei an die unmittelbaren Konsequenzen und die möglichen Ergebnisse zu denken. 1938 war das politische Gleichgewicht in Europa derart labil, daß kein Staat daran denken konnte, Hilfe anzubieten. Nazideutschland schien von allen Ländern das einzige, das Hoffnung versprach. Schließ dich uns an, werde unser Verbündeter, sagten die Propagandisten von Berlin, und wir werden euch euer Land wiedergeben, werden euch wieder zu einer Nation machen.

Dieser Sirenengesang vom Rhein war nicht nur eine Geste des guten Willens und freundschaftlicher Anteilnahme. Deutschland wußte, daß Frankreich und England Verbündete waren, und daß Frankreich sich zur Unterstützung der Kleinen Entente verpflichtet hatte. Die Kleine Entente bestand aus drei Staaten – Rumänien, Tschechoslowakei und Jugoslawien –, und diese Länder stellten sich erbittert gegen jede Ausweitung Ungarns.

In England gab es damals große Sympathie für das ungarische Volk. Trotzdem konnte England es auf keinen Fall riskieren, die erklärte politische Intention Frankreichs zu unterlaufen, denn Frankreich war sein stärkster Freund auf dem Kontinent. Dieser Zwiespalt wurde von den Nazis dazu benützt, einen Keil zwischen die westlichen Mächte zu treiben. Sie spielten auf der Leier des ungarischen Patriotismus mit grobem, aber effizientem teutonischen Anschlag, indem sie jeden Sommer tausende lächelnde »Touristen« ins Land schickten, Agenten und Spione in Schlüsselpositionen einschleusten, immer engere wirtschaftliche Bindungen mit der ungarischen Industrie herstellten und, was am wichtigsten war, sich als Retter der ungarischen Nation ausgaben.

Das also war die Situation, als ich 1938 zu einem kurzen Besuch nach Budapest kam. Wie immer war es für mich selbstverständlich, dem weitläufigen hundertjährigen Schloß, das wie eine Glucke über der unruhigen Stadt wachte, meine Reverenz zu erweisen. Zu diesem Zeitpunkt war Ungarn ein Königreich ohne König. Regiert wurde es vom Reichsverweser, seine Durchlaucht Admiral Nicholas von Horthy, einem aufrechten Patrioten, der viele Jahre seines Lebens dem selbstlosen Kampf für die Sache seines Landes geopfert hatte. Ich hatte geplant, Budapest am Tag nach meinem Treffen mit dem Reichsverweser wieder zu verlassen. Ich war eben bei meinen Vorbereitungen für meine Abreise, als ich durch einen Anruf unterbrochen wurde. Es war Hauptmann Scholz, der Adju-

tant von Admiral von Horthy. Er rufe im Auftrag des Reichsverwesers an, sagte er, der mich bitten lasse, sofort in die Burg zu kommen.
Es war unmöglich, einer solchen Bitte nicht Folge zu leisten, und während ich zu meinem frühmorgendlichen Rendezvous fuhr, stellte ich alle möglichen Überlegungen darüber an, was der Reichsverweser wohl von mir wollen könnte. Ich wußte, Horthy konnte Hitler nicht ausstehen. Es war ihm klar, daß ein Bündnis mit den Nazis das Ende für seine Nation bedeutete. Aber ich wußte auch, daß der Druck der Öffentlichkeit ihn allmählich in eine aussichtslose Lage brachte, denn er war ein einsamer Rufer gegen ein allgemeines nationales Gefühl. Als ich in der Burg eintraf, wurde ich sofort von prächtig uniformierten Wachen die wunderschöne Treppe hinauf ins Arbeitszimmer des Reichsverwesers geführt. Er kam mir entgegen, schüttelte mir die Hand und entschuldigte sich für den drängenden Anruf, mit dem er mich zu sich gerufen hatte. Er verlor keine Zeit, zur Sache zu kommen.
»Prinzessin Hohenlohe«, sagte er, »ich möchte, daß Sie einen Brief schreiben.«
»Einen Brief?« fragte ich.
»Ja. Vor etlichen Jahren hat mir Sir Austen Chamberlain, der Halbbruder des derzeitigen englischen Premierminister Mr. Neville Chamberlain, einen Besuch abgestattet. Einen Tag vor seiner Abreise sagte er mir, wie sehr er unser Land, diese Stadt und unser Volk achten und lieben gelernt habe. Wir sprachen über die traurige Lage Ungarns, und er versicherte mir, daß wir gegebenenfalls Freunde im Westen finden würden, insbesondere in England. Er sagte mir, die Zeit sei noch nicht reif für Aktionen, aber wenn der Tag gekommen sei, brauchte ich nur an das Gewissen seines Landes zu appellieren und Hilfe wäre mir gewiß.«
Admiral von Horthy hob die Hand. »Ich weiß, ich weiß, Sir Austen ist tot. Aber ich möchte seinen Bruder an dieses Versprechen erinnern.«
In diesem Augenblick betrat Hauptmann Scholz den Raum und meldete, draußen sei ein weiterer Besucher. Ich bemerkte auf dem Gesicht des Reichsverwesers einen Ausdruck von Verärgerung. »Prinzessin Hohenlohe«, sagte er, »unsere Lage wird mit jedem Tag unerträglicher. Erst letzte Woche wurde ich – selbstverständlich inoffiziell – davon informiert, gewisse Kreise seien der Meinung, ich hätte zu viele gesellschaftliche Kontakte zu Juden, und daß ich es vermeiden sollte, bei den Deutschen Mißfallen zu erregen.« Von Horthy lächelte bitter. »Ja, das ist schwer zu glauben, nicht wahr? Wie auch immer, ich habe sofort eine Einladung an Herrn und Frau Manfred Weiss zum Lunch hier in der Burg geschickt. Kennen Sie Manfred Weiss?«
Selbstverständlich kannte ich diesen Herrn. Er war Jude, ein schwerreicher Fabrikant, vermutlich Ungarns größter Industrieller. Eine solche Geste war typisch für Admiral von Horthys Einstellung.

»Und wissen Sie«, fuhr er fort, »wer dieser Besucher ist, der gerade vorgesprochen hat?« Er wartete meine Antwort nicht ab. »Es ist der Chef von Mercedes Benz. Er ist gekommen, um mir ein persönliches Geschenk von Adolf Hitler zu überbringen – ein teures Automobil, das ich nicht brauche, nicht will und nie benützen werde.«
Mir einer Gebärde des Ekels begann er auf dem Teppich hin- und herzugehen. »Jetzt muß ich diese Höflichkeitsgeste erwidern und dem Führer ein ebenso wertvolles Geschenk übermitteln. Ich werde ihm also ein Herend-Porzellan überreichen lassen, und er wird darüber sehr erfreut sein. Ich jedenfalls werde alles andere als erfreut sein, aber will andererseits auch nicht in Hitlers Schuld stehen.«
Er trat dicht neben meinen Sessel. »Prinzessin Hohenlohe«, sagt er sehr ernst, »ich möchte, daß Sie für mich einen Brief schreiben und diesen Brief dem englischen Premierminister mitnehmen. Ich möchte ihn nicht auf dem offiziellen Weg schicken, denn die Deutschen haben an zu vielen Stellen ihre Spione, und ich will vermeiden, daß meine Botschaft dem Reichstag bekannt wird. Ich bitte Sie darum, weil Ihr Englisch besser ist als meines. Ich möchte, daß Sie Mr. Chamberlain um Hilfe bitten; um Hilfe im Namen des feierlichen Versprechens, das mir sein verstorbener Bruder gegeben hat. Ich erwarte keine Wunder, Prinzessin Hohenlohe, aber ich muß mich an irgend jemanden wenden.«
[Stephanie kehrte in ihr Hotel zurück und verfasste den Brief.]
Spät am Nachmittag fuhr ich wieder in die Burg zurück. Ich wurde wieder sofort angemeldet und zum Reichsverweser geführt. Horthy las den Brief sorgfältig durch und drückte mir dankbar die Hand.
»Ich danke Ihnen, Prinzessin Hohenlohe«, sagte er, »das ist genau das, was ich wollte.«
Dann setzte er sich hinter seinen riesigen Schreibtisch und begann eifrig, das unvertraute Englisch mit der Hand abzuschreiben. Dann versiegelte er den Brief und gab ihn mir.
Als er mich zur Tür seines Arbeitszimmers begleitete, legte er mir noch einmal die Hand auf den Arm. »Sagen Sie Chamberlain, daß die Deutschen schon viel zu nah sind. Er muß auf mich hören, denn wenn ein Land untergeht, sind alle Nationen davon betroffen.«
Das war das letzte Mal, daß ich Admiral von Horthy sah.
Ich fuhr zum Flugplatz, bestieg mein Flugzeug und war noch am selben Tag in London zurück. Ein guter Freund, Sir Thomas Moore, der Parlamentsmitglied war, erklärte sich bereit, das Schreiben dem Premierminister zu übergeben. So war der Brief ein paar Stunden später in Chamberlains Händen.
Der Rest ist natürlich Geschichte. Admiral von Horthy hatte recht gehabt. Und innerhalb eines Jahres kämpfte auch England um sein Leben. Innerhalb von zwei Jahren war die gesamte freie Welt in diesen Kampf einbe-

zogen. Und jetzt, zwanzig Jahre später, sehe ich wieder die Botschaft aus Budapest kommen:
GOTT SCHÜTZE UNS
DIE RUSSEN SIND ZU NAHE
Wieder einmal hört die Welt hilflos zu, ist wegen der internationalen Verwicklungen unfähig zu handeln. Es ist eine schicksalhafte und prophetische Botschaft, denn, ausgenommen ein einziges Wort, ist es die gleiche Nachricht, die ein überaus ehrenwerter Mann schon einmal ausgesandt hat.

Anmerkungen

1 Alle Zitate in diesem Kapitel stammen, wenn nicht anders angegeben, aus: Hoover Institution Archives, Stanford, Outline for the Memoirs of Princess Hohenlohe Waldenburg, Box 5. Die Archivalien sind zum größten Teil in englischer Sprache; die deutsche Übersetzung stammt von der Autorin. Zu Stephanie von Hohenlohe siehe allgemein: Hohenlohe, Stephanie: Das Leben meiner Mutter; Stoiber/Celovsky: Stephanie von Hohenlohe. Sie liebte die Mächtigen der Welt

2 Hoover Institution Archives, Hohenlohe, Box 3 – Prefatory Morning Monologue

3 Gina Kaus war am 21. Oktober 1893 in Wien als Regina Wiener, Tochter von Max und Ida Wiener, in der Sterngasse 8, geboren. Erst beim Tod ihres Vaters erfuhr sie, dass sie eine Halbschwester hatte: Stephanie. Gina Kaus wurde Schriftstellerin. Sie schrieb u.a. die Romane »Die Überfahrt« (1932), »Die Schwestern Kleh« (1933), »Katharina die Große« (1935) und »Luxusdampfer« (1937). Der Bücherverbrennung im Mai 1933 fiel auch ihr Werk zum Opfer, und sie zählte zu den verfemten Autoren. 1938 emigrierte sie nach Kalifornien, wohin ein Jahr später auch Stephanie kam. Nach dem Krieg brachte es ihr Roman »Der Teufel nebenan« zu einer enormen Auflagenhöhe. Ihr letzter Roman »Teufel in Seide« wurde im Nachkriegsdeutschland ein Bestseller mit einer Auflage von 350 000 Exemplaren. 1956 wurde er mit Curd Jürgens und Lilli Palmer sehr erfolgreich verfilmt.

4 Stoiber/Celovsky, Stephanie von Hohenlohe, S. 51

5 Hoover Institution Archives, Stanford, Hohenlohe, Box 5

6 Hoover Institution Archives, Stanford, Hohenlohe, Box 3. War years. Experiences, S. 1ff.

7 Hohenlohe, Stephanie, S. 27

8 Siehe dazu: Charles-Roux, Coco Chanel

9 Hoover Institution Archives, Stanford, Hohenlohe, Box 3 – Alle Zitate in diesem Kapitel stammen daraus, wenn nicht anders angegeben.

10 Der Friedensvertrag von Trianon wurde am 4.6.1920 abgeschlossen zwischen den alliierten und assoziierten Mächten und Ungarn, das ebenso wie Deutschland und Österreich als besiegtes, am Krieg schuldiges Land betrachtet und zu Wiedergutmachungsleistungen verpflichtet wurde. Ungarn verlor seine nördlichen Teile (17 Komitate) an die Tschechoslowakei, Kroatien, Slavonien und Bosnien an das Königreich der Serben, Kroaten und Slowenen sowie Siebenbürgen an Rumänien.

11 Siehe dazu allgemein: Rothermere, Warnungen und Prophezeiungen; ders., My Fight To Rearm Britain; ders., My Campaign For Hungary

[12] Bella Fromm war seit 1928 Kolumnistin für die *Vossische Zeitung*, die *Berliner Zeitung* und andere Blätter im Ullstein-Verlag. Sie stammte aus einer wohlhabenden jüdischen Familie in Mainfranken. Schon früh hatte sie in Berlin Zugang zu politisch einflussreichen Kreisen, keine Person von Bedeutung, die sie nicht kannte. Sie war äußerst beliebt bis zu dem Tag, an dem die Nationalsozialisten Juden aus der Volksgemeinschaft auszugrenzen begannen. Nun wurde auch sie mit Berufsverbot belegt, doch sie wollte lange ihre deutsche Heimat nicht verlassen. Schließlich emigrierte sie in die USA, wo sie weiterhin als Journalistin arbeitete. Einen Teil ihrer Tagebücher gab sie 1943 in englischer Sprache heraus mit dem Titel »Blood and Banquet«, der in Deutschland mit dem irreführenden Titel »Als Hitler mir die Hand küßte« erschien. Siehe auch Schad, Frauen gegen Hitler, S. 85–112.

[13] Abetz war ab 1934 Organisator des deutsch-französischen Frontkämpfertreffens, dann in der Abteilung Ausland der RJF tätig; 1935 Leiter des Referats »Frankreich, Italien, Schweiz, Belgien« der Dienststelle Ribbentrop, 1940–1944 Botschafter in Paris.

[14] Franklin D. Roosevelt Library, Hyde Park

[15] Brook-Shepherd, G., Zita, S. 316f. Brook-Shepherd spricht in seiner Biografie von zwei Frauen, die zur Kaiserin geschickt wurden: Einmal von Steffi Richter, die »nach der communis opinio in den Kreisen der höheren Lebewelt … als die ›amie attirée‹ Lord Rothermeres gilt«, und dann von einem Mitglied des österreichischen Hochadels, Prinzessin Stephanie. Hierbei handelt es sich um ein und dieselbe Person.

[16] Diese Summe entspricht heute in etwa knapp einer Million Euro.

[17] Brook-Shepherd, G., Zita, S. 316 – HFA, Kassette Nr. 35, Ordner 6

[18] Brook-Shepherd, Zita, S. 316f.

[19] Hohenlohe, Stephanie, S. 78f.

[20] Hoover Institution Archives, Stanford, Outline For The Memoirs of Princess Hohenlohe Waldenburg, S. 11

[21] Hohenlohe, Stephanie, S. 76

[22] Hoover Institution Archives, Stanford, Outline For The Memoirs of Princess Hohenlohe Waldenburg, S. 12

[23] Ribbentrop, Deutsch-englische Geheimverbindungen, S. 131

[24] Alle Zitate in diesem Kapitel stammen, wenn nicht anders angegeben, aus: Hoover Institution Archives, Stanford, Outline For The Memoirs of Princess Hohenlohe Waldenburg.

[25] Fromm, Als Hitler mir die Hand küßte, S. 138

[26] Fromm, Als Hitler mir die Hand küßte, S. 138

[27] Fromm, Als Hitler mir die Hand küßte, S. 138

[28] Picker, Hitlers Tischgespräche im Führerhauptquartier, S. 201

[29] Jochmann (Hrsg.), Monologe im Führer-Hauptquartier 1941–1944, S. 235

30 Siehe dazu Schad, Frauen gegen Hitler, S. 47–84
31 Hoover Institution Archives, Stanford, Hohenlohe, Box 3
32 Hoover Institution Archives, Stanford, Hohenlohe, Box 3
33 Siehe dazu Hohenlohe, Stephanie, S. 301
34 Hohenlohe, Stephanie, S. 92 f.
35 Siehe dazu auch Blom Philipp, »Der Führer ist fraglos ein großer Mann«, in: Berliner Zeitung, Magazin vom 8.4.2000
36 Siehe dazu Stoiber/Celovsky, Stephanie von Hohenlohe, S. 129
37 Bundesarchiv Koblenz, Nachlass Wiedemann Nr. 671/5
38 Weitz, Joachim von Ribbentrop, S. 82
39 Vom Völkerbund scharf verurteilt, geriet Italien in gefährliche Isolation. Hitler nutzte das zur Annäherung an Rom. Deutschland lieferte Kohle und Stahl für die italienische Industrie, verlängerte aber insgeheim den Krieg zugleich durch Lieferungen von Kriegsmaterial an Äthiopien, um die Abhängigkeit Mussolinis von Hitler weiter zu steigern.
40 Hoover Institution Archives, Stanford, Box Hohenlohe
41 Hitler hatte zwei Wochen vorher, am 25. Dezember, seinen Leibarzt gewechselt und sich Dr. Theodor Morell anvertraut. Dieser hatte ihm für seine Magenschmerzen ein strychninhaltiges Medikament verschrieben.
42 Stoiber/Celovsky, Stephanie von Hohenlohe, S. 111
43 Fröhlich (Hg.), Die Tagebücher von Joseph Goebbels, Teil I: Aufzeichnungen 1924–1941, Bd. 3: 1937–1939, 7. Januar 1937
44 Stoiber/Celovsky, Stephanie von Hohenlohe, S. 112
45 Fröhlich (Hg.), Die Tagebücher von Joseph Goebbels, Teil I: Aufzeichnungen 1924–1941, Bd. 3: 1937–1939, 7. Januar 1937, S. 319
46 Bundesarchiv Koblenz, Nachlass Wiedemann 671/5. Stoiber/Celovsky, Stephanie von Hohenlohe, S. 113f.
47 Dodd, Aus dem Fenster der Botschaft, S. 48
48 Hoover Institution Archives, Stanford, Hohenlohe, Box 1, Folder 1937
49 Dodd, M., Through Embassy Eyes, zitiert bei Stoiber/Celovsky, Stephanie von Hohenlohe, S. 124
50 Joachimsthaler, Adolf Hitler. 1908–1920, S. 277f.
51 Wiedemann, Der Mann, der Feldherr werden wollte, S. 61
52 Wiedemann, Der Mann, der Feldherr werden wollte, S. 66
53 Siehe dazu Kershaw, Hitler, Bd. 2, S. 69
54 Joachimsthaler, Adolf Hitler 1908–1920, S. 150
55 Siehe dazu allgemein: München – »Hauptstadt der Bewegung«. Ausstellungskatalog hg. v. Münchner Stadtmuseum 1993, hier Johanna Müller-Meiningen, »München – Hauptstadt der Kunst«, S. 317–330
56 Bundesarchiv Koblenz, Wiedemann 671/5
57 Stoiber/Celovsky, Stephanie von Hohenlohe, S. 160

58 Im Dezember 1941 wurde von FBI-Agenten dieses Ansteckabzeichen mit dem Hakenkreuz bei der Durchsuchung ihres Hauses in Alexandria, Virginia, im Schlafzimmer der Prinzessin in einer Schatulle gefunden und fotografiert.
59 Dirksen, Moskau, Tokio, London, S. 217
60 Hoover Institution Archives, Hohenlohe, Box 3, Appeasement from Karin Hall
61 Hoover Institution Archives, Hohenlohe, Box 3, II. My Mission
62 Hoover Institution Archives, Stanford, Hohenlohe, Box 3, Appeasement from Karin Hall
63 Siehe dazu Schad, »Sein Auge war vor allen Dingen ungeheuer anziehend«, in: Leutheusser (Hg.), Hitler und die Frauen
64 Hoover Institution Archives, Hohenlohe, Box 3, Appeasement from Karin Hall, I. Preludes
65 Hoover Institution Archives, Hohenlohe, Box 3, Appeasement from Karin Hall, I. Preludes
66 Fest, Das Gesicht des Dritten Reichs, S. 244. Zu Ribbentrops Werdegang siehe Michalka, Ribbentrop und die deutsche Weltpolitik, S. 11
67 Schwarz, This Man Ribbentrop, S. 199
68 Hoover Institution Archives, Stanford, Hohenlohe, Box 3, S. 4
69 Price, Führer und Duce, S. 198
70 Stoiber/Celovsky, Stephanie von Hohenlohe, S. 141
71 Kershaw, Hitler, 1936–1945, S. 59
72 Hoover Institution Archives, Stanford, Hohenlohe, Box 3, Appeasement from Karin Hall, S. 5
73 Schlie (Hg.), Albert Speer. »Alles, was ich weiß«, S. 190 – Die Möbel für die deutsche Botschaft wurden nach Entwürfen des verstorbenen Professors Paul Troost ausgeführt. Um Devisen zu sparen, waren alle Einrichtungsgegenstände aus Deutschland bezogen worden. Die benötigten Facharbeiter waren Deutsche.
74 Langer, Mind of Hitler
75 Geyr von Schweppenburg, Erinnerungen eines Militär-Attachés, S. 121ff.
76 Hoover Institution Archives, Stanford, Hohenlohe, Box 3
77 Bundesarchiv Koblenz, Nachlass Wiedemann Nr. 671/5
78 Nach dem Ersten Weltkrieg war Großbritannien die Führungsmacht Europas. Allerdings steckten Weltreich wie Mutterland in der Krise und brauchten Ruhe zur inneren Stabilisierung. Diese aber wurde in den 1930er-Jahren empfindlich gestört von den aggressiven Mächten Italien, Deutschland und Japan. London entwickelte daher eine Strategie des dosierten Nachgebens, vor allem Hitler gegenüber, »Appeasement« genannt. Das hatte damals nicht den schlechten Klang, den es heute vom Ergebnis her bekommen hat (kraftlose Beschwichti-

gung). Zum einen waren Hitlers Forderungen zunächst nur gegen die Beschränkungen durch den Versailler Vertrag gerichtet, den auch England immer als problematisch empfunden hatte. Zum anderen bot Hitler anfangs für ein Entgegenkommen z. B. in der Frage militärischer Gleichberechtigung Deutschlands Gegenleistungen (Deutsch-Britisches Flottenabkommen) und operierte geschickt mit dem unstrittigen Selbstbestimmungsrecht der Völker, etwa beim Anschluss Österreichs.

79 Siehe dazu auch Stoiber/Celovsky, Stephanie von Hohenlohe, S. 159 und 203

80 Griffiths, Fellow Travellers of the Right, S. 170

81 Griffiths, Fellow Travellers of the Right, S. 275

82 Die Astors stammten ursprünglich aus Spanien, wahrscheinlich aus Astorga. Im 18. Jahrhundert emigrierten sie nach Deutschland, nannten sich nun Astor und waren Metzger. Die drei in Deutschland geborenen Söhne emigrierten nach England und die USA und brachten es zu größtem Reichtum.

83 Siehe dazu allgemein: Fox, Five Sisters. The Langhornes of Virginia; Astor, My Two Countries; sowie Cockett, David Astor and The Observer

84 Es wurde von Sir Charles Barry, dem Architekten des House of Parliament, für den Duke of Sutherland erbaut. Vorbild war die Villa Albano in Rom.

85 Nachdem Sohn David († 2001) den *Observer* übernommen hatte, schrieb ab 1941 sein Freund Sebastian Haffner für diese Zeitung. Er avancierte in der Rolle des »Meinungsmachers« zum erfolgreichsten nichtjüdischen deutschsprachigen Emigranten in England.

86 Collis, Nancy Astor, S. 165

87 Collis, Nancy Astor, S. 222

88 Fox, Five Sisters. The Langhornes of Virginia, S. 425

89 Im September 1945 wurde die von Ribbentrop auf Anweisung Hitlers 1940 erstellte Liste gefunden, die über 2300 Namen von Briten enthielt, die gefangen genommen werden sollten, sobald die Deutschen England erobert hätten. Auf dieser Liste stand auch Nancy Astor, nicht aber ihr Mann. Siehe dazu Collis, Nancy Astor, S. 206, und Cockett, David Astor and The Observer, S. 40

90 Spitzy, So haben wir das Reich verspielt, S. 105 und 171

91 »Eine inoffizielle, aber einflussreiche pro-deutsche Gruppe errichtet ein zweites britisches Außenministerium.«

92 Hoover Institution Archives, Stanford, Hohenlohe, Box 3, June 1960, S. 2

93 Bessie Wallis Warfield, geb. Blue Ridge Summit, war am 19. Juni 1896 in Pennsylvanien geboren. Sie entstammte einer alten Südstaaten-

Familie. Britische Genealogen gaben sich alle erdenkliche Mühe, ihre Abstammung auf Wilhelm den Eroberer zurückzuführen. Wallis wuchs in Baltimore auf. 1916 verheiratete sie sich mit dem Marineoffizier Earl W. Spencer. Nach ihrer Scheidung im Jahr 1927 wurde sie 1928 die Ehefrau von Ernest Aldrich Simpson aus New York, der für die Londoner Schifffahrtsgesellschaft arbeitete und somit englischer Untertan war; so wurde auch seine Frau Wallis Engländerin. Mit Ernest Simpson wohnte sie zunächst in der Upper Berkeley Street in London, zog dann aber im Sommer 1929 in eine weitaus komfortablere Wohnung in einem neuen Haus im Bryanston Court, ganz in der Nähe von Marble Arch. Am 27. Oktober 1936 erfolgte ihre Scheidung von Ernest Simpson.

94 Picker, Hitlers Tischgespräche im Führerhauptquartier, S. 414

95 Kershaw, Hitler 1936–1945, S. 59

96 Fröhlich (Hg.), Die Tagebücher von Joseph Goebbels, Teil I: Aufzeichnungen 1924–1941, Bd. 3: 1937–1939, S. 319 vom 7. Januar 1937

97 Siehe dazu auch allgemein: Aigner, Das Ringen um England, hier S. 123

98 Decaux, Eduard VIII. und Wallis Simpson, S. 263

99 Barrow, Gossip 1920–1970, S. 86

100 King, The Duchess of Windsor, S. 128

101 Hansard, 10. Dezember 1936 – Griffiths, Fellow Travellers of the Right, S. 244

102 Stoiber/Celovsky, Stephanie von Hohenlohe, S. 141

103 Schmidt, Als Statist auf diplomatischer Bühne, S. 375

104 Fröhlich (Hg.), Die Tagebücher von Joseph Goebbels, Teil I: Aufzeichnungen 1924–1941, Bd. 3: 1937–1939, S. 299f.

105 Hohenlohe, Stephanie, S. 161

106 Hoover Institution Archives, Stanford, Hohenlohe, Box 1, Folder 1932

107 Mit »polnischem Korridor« bezeichnete man die 1919 bis auf Reste abgetretenen ehemaligen deutschen Provinzen Westpreußen und Posen. Er trennte Ostpreußen vom übrigen Reich ab.

108 Hohenlohe, Stephanie, S. 88

109 Reuth, Goebbels Tagebücher, Bd. 2, S. 814

110 Stoiber/Celovsky, Stephanie von Hohenlohe, S. 147

111 Siehe dazu: Schwarz, This Man Ribbentrop, S. 248, und Institut für Zeitgeschichte München ZS 1475. Thomsen wurde 1933 Ministerialrat und Referent für Außenpolitik, ab 1936 dann Botschaftsrat, seit November 1938 Geschäftsträger in Washington. Seit dem 1.9.1938 war er Mitglied der NSDAP, von 1943 bis 1945 deutscher Gesandter in Stockholm. Nach dem Krieg war er ab 1957 Präsident des Deutschen Roten Kreuzes, Landesverband Hamburg.

112 Wiedemann, Der Mann, der Feldherr werden wollte, S. 217

113 Stoiber/Celovsky, Stephanie von Hohenlohe, S. 148
114 Stoiber/Celovsky, Stephanie von Hohenlohe, S. 147f.
115 Hoover Institution Archives, Stanford, Hohenlohe, Box 1, Folder 1932
116 Die *Time* war ein einflussreiches Nachrichtenmagazin mit stark antideutschem Einschlag.
117 Bundesarchiv Koblenz, Nachlass Wiedemann Nr. 671/5
118 Stoiber/Celovsky, Stephanie von Hohenlohe, S. 140
119 Bundesarchiv Koblenz, Nachlass Wiedemann Nr. 671/5
120 Fröhlich, Die Tagebücher von Joseph Goebbels, Teil I: Aufzeichnungen 1924–1941, Bd. 3: 1937–1939, S. 267
121 Nancy, die Älteste, wurde eine berühmte, bis heute gelesene Schriftstellerin. Sie schrieb unter anderem »The Pursuit of Love« (»Heimweh nach Liebe«), »Love in a Cold Climate« (»Liebe eisgekühlt«) und »Madame de Pompadur«. Schwester Jessica brannte im Alter von 18 Jahren mit ihrem Vetter Esmond Romilly – einem Neffen von Sir Winston Churchill – durch, der damals tief in die Netze der Londoner Kommunisten verstrickt war. Die beiden machten dann im spanischen Bürgerkrieg bei den Republikanern Dienst. Schwester Diana heiratete nach ihrer Scheidung von Brian Guinness (aus der berühmten Brauereifamilie) Sir Oswald Mosley, den Führer der 9000 britischen Faschisten. Mit Unity zusammen nahm sie 1936 an Hitlers Triumph-Parade nach der Besetzung des Rheinlandes teil. Nur drei Tage nach Beginn der Offensive im Westen wurden Mosley und seine Frau verhaftet, um sie an ihrer Friedenspropaganda zu hindern. Diana war erlaubt worden, ihr gerade elf Wochen altes Kind mit ins Gefängnis zu nehmen, nicht aber dessen 19 Monate alten Bruder. Sie entschied sich, die Kinder nicht zu trennen und nicht mit ins Gefängnis zu nehmen. Das war insofern richtig, als ihre Zelle knöcheltief unter Wasser stand und keine Pritsche, sondern nur eine dünne Matratze aufwies. Erst nach dreijähriger Haft wurde das Ehepaar wieder entlassen. Unitys jüngere Schwester Pamela heiratete Prof. Derek Ainslie Jackson. Sie trug bei ihrer Hochzeit schwarz, um den Kontrast zu ihren blonden Haaren und blauen Augen besonders herauszustreichen. Sie lebte im irischen Tipperary auf Schloss Tullemain Castle. Die jüngste Mitford, Deborah, machte die beste Partie. Sie wurde Herzogin von Devonshire auf Chatsworth Castle, einem der schönsten englischen Schlösser.
122 Hastings, Nancy Mitford, S. 173
123 Wiedemann, Der Mann, der Feldherr werden wollte, S. 152
124 Pryce-Jones, Unity Mitford, S. 228. Diese Information stammt von Prinzessin Carmencita Wrede.
125 Siehe auch Griffiths, Fellow Travellers of the Right, S. 171 ff.
126 Pryce-Jones, Unity Mitford, S. 228; Schädlich, Die Mitford Sisters, S. 243

[127] Gun, Eva Braun-Hitler, S. 145
[128] Large, Hitlers München, S. 352
[129] Bundesarchiv Koblenz, Nachlass Wiedemann Nr. 671/5
[130] Alle Zitate stammen, wenn nicht anders vermerkt, aus: Hoover Institution Archives, Stanford, Hohenlohe, Box 3, Appeasement from Karin Hall
[131] Stoiber/Celovsky, Stephanie von Hohenlohe, S. 167
[132] Stoiber/Celovsky, Stephanie von Hohenlohe, S. 169
[133] Ribbentrop, A. v., Deutsch-englische Geheimverbindungen, S. 49
[134] Toland, Hitler, Bd. I, S. 618
[135] Ribbentrop, Deutsch-englische Geheimverbindungen, S. 59
[136] Stoiber/Celovsky, Stephanie von Hohenlohe, S. 173
[137] Stoiber/Celovsky, Stephanie von Hohenlohe, S. 173f.
[138] Hoover Institution Archives, Stanford, Hohenlohe, Box 5, Outline for The Memoirs of Princess Hohenlohe Waldenburg
[139] Schädlich, Die Mitford Sisters, S. 242
[140] Ribbentrop, Deutsch-englische Geheimverbindungen, S. 51
[141] Kaus, Und was für ein Leben, S. 136f.
[142] Stoiber/Celovsky, Stephanie von Hohenlohe, S. 172 und 205
[143] Wiedemann, Der Mann, der Feldherr werden wollte, S. 165
[144] Fröhlich (Hg.), Die Tagebücher von Joseph Goebbels, Teil 1: Aufzeichnungen 1924–1941, Bd. 3: 1937–1939, S. 455
[145] Wiedemann, Der Mann, der Feldherr werden wollte, S. 166
[146] Wiedemann, Der Mann, der Feldherr werden wollte, S. 166
[147] Wiedemann, Der Mann, der Feldherr werden wollte, S. 166
[148] Dirksen, Moskau, Tokio, London, S. 215ff.
[149] Dirksen, Moskau, Tokio, London, S. 217
[150] Bundesarchiv Koblenz, Nachlass Wiedemann Nr. 671/5: Der »Tägl. Pressedienst« Nr. 1209 vom 23. Juli 1938, Außenpolitik
[151] Boston University, Collection Bella Fromm
[152] Stoiber, Des Führers Prinzessin, S. 105
[153] Fröhlich (Hg.), Die Tagebücher von Joseph Goebbels, Teil I: Aufzeichnungen 1923–1941, Bd. 9: Dezember 1940–Juli 1941, S. 62
[154] Reinhardt, Der Liebhaber, S. 128
[155] Hoover Institution Archives, Stanford, Hohenlohe, Box 5
[156] Bundesarchiv Koblenz, Nachlass Wiedemann Nr. 671/5
[157] Stoiber/Celovsky, Stephanie von Hohenlohe, S. 194
[158] Reinhardt, Der Liebhaber, S. 372
[159] Reinhardt, Der Liebhaber, S. 372
[160] Stoiber/Celovsky, Stephanie von Hohenlohe, S. 178
[161] Bundesarchiv Koblenz, Nachlass Wiedemann Nr. 671/5
[162] Viktoria von Dirksen, geb. von Laffert (1874 Leesen/Mecklenburg – 1946 Dannenbütel), war in erster Ehe verheiratet mit Olof Freiherr

von Paleske, wurde Mutter von drei Kindern und lebte mit ihrer Familie auf einem sehr großen Gut im Polnischen Korridor. Im Jahr 1919 beschloss sie, einen neuen Lebensabschnitt zu beginnen, ließ sich scheiden und zog nach Berlin. Siehe auch: Schad, Sie liebten den Führer, S. 55–77

163 Pool, Hitlers Wegbereiter, S. 364

164 Schroeder, Er war mein Chef, S. 70

165 Cerruti, Die Frau des Botschafters, S. 212

166 Bundesarchiv Koblenz, Nachlass Wiedemann Nr. 671/5

167 Max Ilgner, seit 1937 Mitglied der NSDAP, war Leiter des Bureau Berlin NW 7 der IG Farben und Chef der IG Spionage. Er stand als Mitglied des Präsidiums der Deutsch-Amerikanischen Wirtschaftsvereinigung in enger Verbindung mit den US-Monopolisten. Der Naziverbrecher entzog sich seiner Strafe mithilfe monopolistischer Kreise der USA und war führend beteiligt an der Rekonstruktion des IG-Farben-Trusts in Westdeutschland. Ilgner war auch Präsident der Carl-Schurz-Vereinigung, einer Propagandaorganisation in den Vereinigten Staaten, die in Lateinamerika gegen die Konferenz in Buenos Aires und insbesondere gegen die von Hull abgeschlossenen Handelsverträge intrigiert hat. Ilgner hatte schon 1928 zum Zweck der Industriespionage in New York die Firma Chemnykon Inc. eingerichtet.

168 Bundesarchiv Koblenz, Nachlass Wiedemann Nr. 671/5

169 Bundesarchiv Koblenz, Nachlass Wiedemann Nr. 671/5

170 Seit 1931 Mitglied der NSDAP, 1933 außenpolitischer Referent im Verbindungsstab der NSDAP, SS-Sturmbannführer, 1934 SS-Standartenführer zur besonderen Verwendung beim Reichsführer SS, Übernahme ins Auswärtige Amt, 1935 Gesandtschaftsrat bei der Botschaft in Washington, 1936 SS-Standartenführer beim SD-Hauptamt, 1940 Konsul in Boston, 1941 Gesandtschaftsrat I. Klasse bei der Gesandtschaft Budapest, 1944 Generalkonsul in Turin, SS-Oberführer beim Reichssicherheitshauptamt.

171 Bundesarchiv Koblenz, Nachlass Wiedemann Nr. 671/5

172 29. November 1938 – Hohenlohe, Stephanie, S. 204

173 Boston University, Collection Bella Fromm

174 Bundesarchiv Koblenz, Nachlass Wiedemann Nr. 671/5

175 Hohenlohe, Stephanie, S. 181

176 Krise = Tschechienkrise

177 Wiedemann, Der Mann, der Feldherr werden wollte, S. 67

178 Wiedemann, Der Mann, der Feldherr werden wollte, S. 235

179 Kershaw, Hitler, Bd. 2, S. 67

180 Fröhlich (Hg.), Die Tagebücher von Joseph Goebbels, Teil 1: Aufzeichnungen 1924–1941, Bd. 3: 1937–1939, S. 559, vom 21. (lies 22.) Januar 1939

[181] Siehe dazu auch: Hagen, Die geheime Front, S. 153f.
[182] Bundesarchiv Koblenz, Nachlass Wiedemann Nr. 671/5
[183] Stoiber/Celovsky, Stephanie von Hohenlohe, S. 215
[184] Bundesarchiv Koblenz, Nachlass Wiedemann, Nr. 671/5
[185] Wiedemann, Der Mann, der Feldherr werden wollte, S. 234f.
[186] Die Hassell-Tagebücher 1938–1944, S. 88
[187] Spitzy, So haben wir das Reich verspielt, S. 160
[188] Riefenstahl, Memoiren, S. 324
[189] Wiedemann, Der Mann, der Feldherr werden wollte, S. 158
[190] Stoiber/Celovsky, Stephanie von Hohenlohe, S. 212
[191] Below, Als Hitlers Adjutant 1937–1945, S. 145
[192] Bundesarchiv Koblenz, Nachlass Wiedemann Nr. 671/5
[193] Stephanie war außerordentlich gut informiert über den Antisemitismus an höchster Stelle. Am 9. November 1938 fand wie bereits erwähnt das Judenpogrom statt, die »Reichskristallnacht«.
[194] Hohenlohe, Stephanie, S. 180
[195] Hohenlohe, Stephanie, S. 180
[196] Stoiber/Celovsky, Stephanie von Hohenlohe, S. 220. Die Übersetzung der im deutschen Text enthaltenen englischen Sätze: »Ha, ha! Ich habe die Prinzessin seit 14 Monaten nicht gesehen. Ich wünschte, Sie würden Herrn von Ribbentrop sagen, dass ich sie als eine sehr indiskrete Frau ansehe. Ich glaube nicht, dass er sie mag, und ich glaube, dass sie nicht in der Botschaft in London empfangen wurde, als er hier Botschafter war. Sie müssen Herrn von Ribbentrop mitteilen, dass ich keine Beziehungen zu der Prinzessin H. habe und dass ich sie für sehr indiskret halte.«
[197] Fröhlich (Hg.), Die Tagebücher des Joseph Goebbels, Teil I: Aufzeichnungen 1924–1941, Bd. 3: 1937–1939, S. 642, vom 15.11.1939
[198] Stoiber/Celovsky, Stephanie von Hohenlohe, S. 229
[199] Stoiber/Celovsky, Stephanie von Hohenlohe, S. 223
[200] Hoover Institution Archives, Stanford, Hohenlohe, Box
[201] Boston University, Collection Bella Fromm
[202] Siehe dazu: Rimscha, Die Kennedys: Glanz und Tragik des amerikanischen Traums
[203] Hoover Institution Archives, Stanford, Hohenlohe, Box 5, Outline For The Memoirs of Princess Hohenlohe Waldenburg
[204] Stoiber/Celovsky, Stephanie von Hohenlohe, S. 240
[205] Hohenlohe, Stephanie, S. 21; Hoover Institution Archives, Stanford, Hohenlohe, Box 3
[206] Hohenlohe, Stephanie, S. 211f.
[207] Stoiber/Celovsky, Stephanie von Hohenlohe, S. 222
[208] Dr. Heinrich Brüning war von 1930 bis 1932 Reichskanzler, 1931 zugleich Reichsaußenminister, 1934 Flucht nach Holland, 1939 Pro-

fessor für Verwaltungswissenschaften in Harvard; Dr. Hermann Rauschning war 1932 Vorsitzender des Danziger Landbundes, 1933 Senatspräsident von Danzig, 1934 legte er sein Amt nieder, 1936 Flucht nach Polen und Emigration nach Lausanne. Er war Autor mehrerer Bücher, in denen er Hitler anklagte. Der deutsche Industrielle Fritz Thyssen, ab 1923 Mitglied der NSDAP, war einer der frühen Förderer Hitlers. Er wandte sich 1936 von Hitlers Ideologie ab, war von 1940 bis 1945 in den Konzentrationslagern Oranienburg, Buchenwald und Dachau. Er rechnete mit Hitler in seinem Buch »I Paid Hitler« ab.

209 Das a.Cz. hatte sich Kommer selbst verliehen. Es bedeutete »aus Czernowitz«, dem Geburtsort, der in der Kaiserstadt Wien als Synonym für jüdische Herkunft galt. Stephanies Ghostwriter, auch Käthchen genannt, starb im März 1943. Da er keine Erben hatte, fiel sein Vermögen an die öffentliche Hand. Das Manuskript, das er mit Stephanie erarbeitet hatte, verschwand.

210 Stoiber/Celovsky, Stephanie von Hohenlohe, S. 39. Siehe dazu Franklin D. Roosevelt Library, Hyde Park: Henry Morgenthau Jr. Diaries (Book 375-A)

211 Hohenlohe, Stephanie von Hohenlohe, S. 209f.

212 Franklin D. Roosevelt Library, Memorandum vom 28.10.1941

213 Stoiber, Des Führers Prinzessin, S. 107

214 Wiedemann war damals 57 und nicht 47 Jahre alt. Der Zeitungsabschnitt ist ohne Datum archiviert.

215 Der amerikanische Finanzminister Henry Morgenthau jr. (1891–1967) entwickelte 1944 ein Programm der USA für die Behandlung des besiegten Deutschland – Program to prevent Germany from starting a World War III. In 14 Punkten sah es neben einer völligen Entwaffnung eine stufenweise Reagrarisierung des Landes vor durch Demontage der Industriekapazitäten und Stilllegung der Bergwerke. Darüber hinaus sollte die deutsche Wirtschaft für mindestens 20 Jahre international kontrolliert werden; umfangreiche Gebietsabtretungen sollten das Reichsgebiet schrumpfen lassen, auf dem zwei deutsche Staaten zu bilden seien. Im September 1944 wurde der Plan dem US-Präsidenten Roosevelt vorgelegt und fand seine Zustimmung sowie die von Churchill, doch verwarfen beide ihn wenig später als zu hart. Die NS-Propaganda gab den Plan dennoch als oberstes alliiertes Kriegsziel aus und nutzte ihn für Durchhalteparolen.

216 Hoover Institution Archives, Box Hohenlohe

217 Bundesarchiv Koblenz, Nachlass Wiedemann Nr. 671/5 – Complaint No. 21797 L, Datumsangabe fehlt

218 Boston University, Collection Bella Fromm

219 Hohenlohe, The Woman who almost stopped the War, San Francisco

220 Roosevelt Library, Treasure Department, Sekretariat Morgenthau, vom 30.12.1940, S. 57
221 Franklin D. Roosevelt Library, Hyde Park: Henry Morgenthau Jr. Diaries (Book 375-A)
222 Fröhlich (Hg.), Die Tagebücher des Joseph Goebbels, Teil I: Aufzeichnungen 1924–1941, Bd. 4, S. 442 vom 22.12.1940 – Siehe dazu auch: Aufzeichnungen Bd. 9, S. 63.
223 Hoover Institution Archives, Stanford, Hohenlohe, Box 3
224 Franklin D. Roosevelt Library, Nachlass Hohenlohe
225 Franklin D. Roosevelt Library, Nachlass Hohenlohe
226 Franklin D. Roosevelt Library, Nachlass Hohenlohe
227 Franklin D. Roosevelt Library, Nachlass Hohenlohe
228 Franklin D. Roosevelt Library, Nachlass Hohenlohe
229 Stoiber/Celovsky, Stephanie von Hohenlohe, S. 268
230 Franklin D. Roosevelt, Präsident Roosevelts Safe file
231 Hoover Institution Archives, Stanford, Hohenlohe, Box 3
232 Stoiber/Celovsky, Stephanie von Hohenlohe, S. 260
233 National Archives at College Park – Wiedemann apprehended in China 9/26/45
234 National Archives at College Park – Wiedemann apprehended in China 9/26/45
235 Franklin D. Roosevelt Library, Nachlass Hohenlohe
236 Stoiber/Celovsky, Stephanie von Hohenlohe, S. 273
237 Hoover Institution Archives, Stanford, Hohenlohe, Box 5
238 Franklin D. Roosevelt Library, Hyde Park: Henry Morgenthau Jr. Diaries (Book 375-A)
239 Franklin D. Roosevelt Library, Hyde Park: Henry Morgenthau Jr. Diaries (Book 375-A)
240 Franklin D. Roosevelt Library, Hyde Park: Henry Morgenthau Jr. Diaries (Book 375-A)
241 Franklin D. Roosevelt Library, Hyde Park: Henry Morgenthau Jr. Diaries (Book 375-A)
242 Stoiber/Celovsky, Stephanie von Hohenlohe, S. 280
243 Stoiber/Celovsky, Stephanie von Hohenlohe, S. 280f.
244 Langer, Das Adolf-Hitler-Psychogramm, S. 108
245 Hohenlohe, Stephanie, S. 325
246 Siehe dazu Langer, Das Adolf-Hitler-Psychogramm, S. 128
247 Stoiber/Celovsky, Stephanie von Hohenlohe, S. 282
248 Hohenlohe, Stephanie, S. 233ff.
249 Stoiber/Celovsky, Stephanie von Hohenlohe, S. 285
250 Hohenlohe, Stephanie, S. 237
251 Hohenlohe, Stephanie, S. 240ff.
252 Wiedemann hatte als Zeuge beim »Nürnberger Prozess« auszusagen

(7. Oktober 1945). Er war bis zum 5. Mai 1948 inhaftiert. 1964 schrieb er sein Buch »Der Mann, der Feldherr werden wollte«. Er starb am 24. Januar 1970 im Alter von 78 Jahren in Fuchsgrub.

253 Hohenlohe, Stephanie, S. 269

254 Bill Moyers war der Pressesekretär von Präsident Johnson.

255 Hohenlohe, Stephanie, S. 278

256 Hohenlohe, Stephanie, S. 279f.

257 Gerd Bucerius (1906–1995) prägte entscheidend die deutsche Presselandschaft. Er war 1946 Mitbegründer der Wochenzeitung *Die Zeit* und ab 1951 Mehrheitseigner des *stern*-Magazins.

258 Hoover Institution Archives, Stanford, Hohenlohe, Box 2, 1966 – Dieses Gespräch muss allerdings schon Ende Februar/Anfang März stattgefunden haben. Es existiert die Kopie eines Briefes von der Sekretärin Dagmar Pommerenke vom 10. März 1966. Darin schreibt sie, dass sie der Prinzessin »das gewünschte Briefpapier« zusende. Außerdem wollte sie dafür Sorge tragen, dass die Spesenabrechnungen der Prinzessin »promptenst« erledigt werde.

259 Henri Nannen (1913–1996) prägte als Herausgeber und langjähriger Chefredakteur der Illustrierten *stern* die deutsche Zeitschriftenlandschaft der Nachkriegszeit. *stern* wurde das auflagenstärkste Magazin Europas.

260 Genf, 16. Dezember 1966

261 Hohenlohe, Stephanie, S. 284

262 Der Großverleger Axel Springer (1912–1985) wurde in den 1960er-Jahren zur Symbolfigur des konservativen Deutschlands. Springer gründete 1946 die Rundfunkzeitschrift *Hörzu* und baute in der Folge einen mächtigen Pressekonzern auf, zu dem u. a. das Boulevardblatt *Bild* und die Zeitung *Die Welt* gehören ebenso wie der Ullstein Verlag.

263 Stehle, »Sie machte die Mächtigen schwach (...). Das aufregende und abenteuerliche Leben der Prinzessin Stephanie von Hohenlohe«, in: *Die Zeit* vom 7. Oktober 1968

264 Stoiber, Des Führers Prinzessin, S. 107

265 Lyndon B. Johnson Library – Collection Papers of Drew Pearson, Box G86, 2 to 3

266 Stoiber/Celovsky, Stephanie von Hohenlohe, S. 316

267 Hohenlohe, Stephanie, S. 285

268 Stoiber/Celovsky, Stephanie von Hohenlohe, S. 317

269 Stoiber/Celovsky, Stephanie von Hohenlohe, S. 318

270 Der Augsburger Ernst Cramer (1913–2010) war der engste Mitarbeiter von Axel Springer und später Vorstandsvorsitzender der Axel-Springer-Stiftung.

271 Hohenlohe, Stephanie, S. 290f.

[272] Hohenlohe, Stephanie, S. 292

[273] Hoover Institution Archives, Stanford, Hohenlohe, Box 2, 1971

[274] Hohenlohe, Stephanie, S. 294

[275] Am 28. Juli 1972 veröffentlichte die *Frankfurter Allgemeine Zeitung* einen kleinen Artikel zum Tode der Prinzessin. Es heißt darin, dass Prinzessin Stephanie von Hohenlohe gestorben sei, ohne dass die Öffentlichkeit dies zur Kenntnis genommen habe. Auf diese Veröffentlichung, die acht Fehler aufwies, reagierte Prinz Franz aus Genf mit einem Leserbrief. Die Öffentlichkeit habe sehr wohl vom Tod seiner Mutter Kenntnis genommen. »Nicht weniger als zwölf Botschafter kamen zu ihrem Begräbnis. Nicht weniger als 300 syndikierte amerikanische Zeitungen haben darüber berichtet. Über eintausend Kondolenzen sind bis jetzt eingegangen.« Der Sohn berichtigte des Weiteren, dass seine Mutter nicht aus Ungarn stammte, sondern aus Österreich, dass sie nicht Fischer, sondern Richter hieß; außerdem habe weder sie noch Hauptmann Wiedemann je versucht, die englische Regierung zu einem Nachgeben zu bewegen. Letztendlich sei sie nicht als »angeblich gefährliche Ausländerin« interniert worden, sondern weil ihr Visum abgelaufen gewesen sei.

[276] Gespräch mit Dr. Kotzebue im Februar 2002

[277] Hoover Institution Archives, Stanford, Hohenlohe, Box 6

[278] Hohenlohe, Stephanie, S. 298f.

[279] Hohenlohe, The G.I. Prince, Desert Hot Springs, Event Horizon Press, 1995. In Planung: The Sailor Prince

[280] Dieser Brief ist nur in der englischen Fassung archiviert. Er wurde rückübersetzt von Florian Ermacora. Siehe dazu: Hohenlohe, Stephanie, S. 301

[281] Hohenlohe, Stephanie, S. 205

[282] Hohenlohe, Stephanie, S. 406

[283] Hohenlohe, Stephanie, S. 506

Literatur

Unveröffentlichte Quellen

Boston University, Massachusetts
Bella Fromm Collection in the Special Collections at Boston University

Franklin D. Roosevelt Library, Hyde Park, N.Y.
President's Secretary's File,
Justice Department, Hoover, Box 57
Treasury Department, Morgenthau, Box 80
Official Files, Federal Bureau of Investigation, File 10-B, Box 12 and 13

Hoover Institution, Stanford, CA
Stephanie von Hohenlohe 1914–1972
Drew Pearsons Documents
Fritz Wiedemann 1934–1941

National Archives Washington, D.C.
US-Militärgeheimdienstakten betreffend Hauptmann Fritz Wiedemann, Felicitas von Reznicek, Sir William Wiseman, Stephanie Hohenlohe. G-2 Akten
Dokumente des Reichsaußenministeriums und der Dienststelle Ribbentrop, Mikrofilmsammlung, Serie 71, 74, 81, 120, 175

National Archives College Park, MD
Headquarters Office of Strategic Services China: Wiedemann apprehended in China 9/26/45. Wiedemann F. apprehension of a German spy in China. Testimony of a highlevel debriefing in Kunming.
Fritz Wiedemann – Still pictures
Princess Hohenlohe File SFHQ, Document No. 023/28/001

Lyndon B. Johnson Library and Museum, Austin/Texas
Collection Personal Papers of Drew Pearson, »Quick No. 1«, Box G 205
Hohenlohe, Stephanie, Box G 80, 1948–1969
Princess Hohenlohe, Box G 285
Springer, Axel, Box 86
Springer, Axel, Box G 282, 1968–1969

Bundesarchiv Koblenz
Dokumente der Reichskanzlei, Kleine Erwerbungen 671
Fritz Wiedemann und Stephanie Hohenlohe
Alice Crickett – Complaint No. 21797 L

Institut für Zeitgeschichte, München
Stephanie von Hohenlohe-Waldenburg-Schillingsfürst

Veröffentlichte Materialien

Aigner, Dietrich: Das Ringen um England: Das deutsch-britische Verhältnis; die öffentliche Meinung 1933–1939; Tragödie zweier Völker, München 1969
Astor, Nancy: My Two Countries, London 1923
Bakos, Eva: Wilde Wienerinnen. Leben zwischen Tabu und Freiheit, Wien 1999
Balsan, Consuelo Vanderbilt: Glanz und Gold. Aus dem Leben einer Herzogin von Marlborough, Düsseldorf 1955
Barrow, Andrew: Gossip: A History of High Society from 1920 to 1970, London 1978
Barth von Wehrenalp: Auf den Spuren des Secret Service, Berlin 1940
Bedürftig, Friedemann: Lexikon Drittes Reich, München/Zürich 1997
Below, Nicolaus von: Als Hitlers Adjutant 1937–1945, Mainz 1980
Benz, Wolfgang: Geschichte des Dritten Reiches, München 2000
Berg, Scott A.: Charles Lindbergh, München 1999
Bielenberg, Christabel: Als ich Deutsche war, 1934–1945. Eine Engländerin erzählt, München 2000
Bloch, Michael: Ribbentrop, London 1994
Broszat, Martin: Der Führerstaat. Nationalsozialistische Herrschaft 1933 bis 1945, München 1987
Brook-Shepherd, Gordon: Zita. Die letzte Kaiserin, Augsburg 1996
Burckhardt, Carl J.: Meine Danziger Mission 1937–1939, München 1962
Cerruti, Elisabetta: Frau eines Botschafters, Frankfurt am Main 1953
Charles-Roux, Edmonde: Coco Chanel. Eine Legende, Berlin 1985
Clemens, Detlev: Herr Hitler in Germany. Wahrnehmungen und Deutungen des Nationalsozialismus in Großbritannien 1920 bis 1939, Göttingen/Zürich 1996
Cockett, Richard: David Astor and The Observer, London 1991
Collis, Maurice: Nancy Astor, New York 1960
Cooper, Diana: Die Memoiren der Lady Diana Cooper, Frankfurt am Main 1962
Dallek, R.: Democrat and Diplomat, New York 1968
Decaux, Alain: Eduard VIII. und Wallis Simpson, Düsseldorf 1996
Deschner, Günther: Reinhard Heydrich. Statthalter der totalen Macht, Esslingen am Neckar 1992
Diner, Dan: America in the Eyes of the Germans, Frankfurt am Main 1993

Dirksen, Herbert v.: Moskau, Tokio, London. Erinnerungen und Betrachtungen zu 20 Jahren deutscher Außenpolitik 1919–1939, Stuttgart o. J.
Dodd, Martha: Aus dem Fenster der Botschaft, Berlin 1947
Ebel, Ingeborg/Theiß, Gertrud: Die Windsors. Briefe einer großen Liebe. Die private Korrespondenz der Herzogin von Windsor, München 1986
Eduard Duke of Windsor: A King's Story, London 1951
Emde, Heiner: Verrat und Spionage in Deutschland, München/Zürich 1980
Fest, Joachim C.: Das Gesicht des Dritten Reiches. Profile einer totalitären Herrschaft, München/Zürich 5. Aufl. 1997
Fest, Joachim C.: Hitler. Eine Biographie, Frankfurt/Berlin/Wien 1973
Fest, Joachim: Speer. Eine Biographie, Berlin 1999
Flanner, Janet: Paris, Germany (...). Reportagen aus Europa 1931–1950, München 1992
Fox, James: Five Sisters. The Langhornes of Virginia, New York 2000.
François-Poncet, André: Als Botschafter im »Dritten Reich«. Die Erinnerungen des französischen Botschafters, Berlin/Mainz 1980
Fröhlich, Elke (Hg.): Die Tagebücher des Joseph Goebbels, Teil I: Aufzeichnungen 1924–1941: Sämtliche Fragmente, Bände 1–5, München 1987ff.
Fröhlich, Elke (Hg.): Die Tagebücher des Joseph Goebbels, Teil II: Diktate 1941–1945, München 1993ff.
Fromm Welles, Bella: Die Engel weinen, Nürnberg 1961
Fromm, Bella: Als Hitler mir die Hand küßte, Reinbek bei Hamburg 1993
Fromm, Bella: Blood and Blanquet. A Berlin Social Diary, New York 1942/43
Geyr von Schweppenberg, Leo: Erinnerungen eines Militärattachés in London 1933–1937, Stuttgart 1949
Gilbert, Gustav M.: Nürnberger Tagebuch. Gespräche der Angeklagten mit dem Gerichtspsychologen, Frankfurt am Main 1996
Gilbert, Martin/Gott, Richard: Der gescheiterte Frieden. Europa 1933–1939, Stuttgart 1964
Gisevius, Hans Bernd: Adolf Hitler. Versuch einer Deutung, München 1963
Gisevius, Hans Bernd: Bis zum bitteren Ende, 2 Bände, Darmstadt 1947
Göring, Emmy: An der Seite meines Mannes, Preußisch Oldendorf 1972
Gottlieb, Julie von: Feminine Fascism, Women in Britain's Fascist Movement, 1923–1945, London/New York 2000
Graml, Hermann: Europas Weg in den Krieg. Hitler und die Mächte 1939, München 1990
Griesser-Pečar, Tamara: Zita. Die Wahrheit über Europas letzte Kaiserin, Bergisch Gladbach 1991

Griffiths, Richard: Fellow Travellers of the Right. British Enthusiasts for Nazi Germany 1933–1939, London 1980
Gross, Felix: Hitler's Girls, Guns and Gangsters, London 1941
Gross, Felix: I Knew Those Spies, London 1941
Gun, Nerin E.: Eva Braun-Hitler. Leben und Schicksal, Kiel 1994
Haag, Lina: Eine Handvoll Staub. Widerstand einer Frau 1933–1945, Frankfurt am Main 1995
Haffner, Sebastian: Churchill. Eine Biographie, Reinbek bei Hamburg 1967
Haffner, Sebastian: Geschichte eines Deutschen. Die Erinnerungen 1914–1933, Stuttgart/München 2001
Halifax, Earl of: Fulness of Days, London 1957
Halperin, John: Eminent Georgians. The lives of King George V., Elisabeth Bowen, St. John Philby & Nancy Astor, Basingstoke/London 1995
Hanfstaengl, Ernst: 15 Jahre mit Hitler. Zwischen Weißem und Braunem Haus. Erinnerungen eines politischen Außenseiters, München 1980
Hassell, Ulrich von: Die Hassell-Tagebücher 1938–1944. Aufzeichnungen vom Andern Deutschland, Berlin 1988
Hastings, Selina: Nancy Mitford. Eine Biographie, Reinbek bei Hamburg 1994
Heiber, Beatrice und Helmut (Hg.): Die Rückseite des Hakenkreuzes. Absonderliches aus den Akten des Dritten Reiches. München [3]1995
Heideking, Jürgen/Mauch, Christof (Hg.): USA und deutscher Widerstand. Analysen und Operationen des amerikanischen Geheimdienstes im Zweiten Weltkrieg, Tübingen 1993
Hoare, Samuel: Neun bewegte Jahre, Düsseldorf 1955
Hoffmann, Peter: Widerstand, Staatsstreich, Attentat. Der Kampf der Opposition gegen Hitler, München/Zürich 1975
Hohenlohe, Franz von: Steph – The Fabulous Princess, London 1976
Hohenlohe, Franz von: Stephanie – Das Leben meiner Mutter, Wien/München 1991
Horthy, Nikolaus von: Ein Leben für Ungarn, Bonn 1953
Janßen, Karl-Heinz: Der Sturz der Generäle, München 1994
Joachimsthaler, Anton: Adolf Hitler 1908–1920. Korrektur einer Biographie, München 1989
Jochmann, Werner (Hg.): Adolf Hitler. Monologe im Führerhauptquartier 1941–1944. Die Aufzeichnungen Heinrich Heims, Hamburg 1980
Jürgs, Michael: Der Fall Axel Springer. Eine deutsche Biographie, München 1995
Jones, Thomas: A Diary With Letters 1931–1950, London 1960
Kahn, David: Hitler's Spies, New York 2000
Kaus, Gina: Luxusdampfer. Roman einer Überfahrt, Berlin 1961
Kaus, Gina: Und was für ein Leben (…) mit Liebe und Literatur, Theater und Film, Hamburg 1979

Kershaw, Ian: Hitler 1889–1936, München 1998
Kershaw, Ian: Hitler 1935–1945, München 2000
Kessler, Harry Graf: Tagebücher 1918 bis 1937, Frankfurt am Main 1961
King, Gregory: The Duchess of Windsor, New York 1999
Knopp, Guido: Hitlers Helfer, München 1998
Kordt, Erich: Nicht aus den Akten, Stuttgart 1950
Kordt, Erich: Wahn und Wirklichkeit, Stuttgart 1947
Kube, Alfred: Pour le mérite und Hakenkreuz. Hermann Göring im Dritten Reich, München 1987
Langer, Walter C.: Mind of Hitler, New York 1973
Langer, Walter C.: Das Adolf-Hitler-Psychogramm. Eine Analyse seiner Person und seines Verhaltens, verfaßt für die psychologische Kriegsführung der USA, Wien 1973
Large, David: Hitlers München, 1998
Leber, A.: Das Gewissen steht auf, Berlin/Frankfurt am Main 1960
Leutheusser, Ulrike (Hg.): Hitler und die Frauen, München 2001
Lovell, Mary S.: The Sisters. The Saga of the Mitford Family, London 2001
Low, David: Years of Wrath. A Cartoon History 1932–1945, London 1949
Lukacs, John: Churchill und Hitler. Der Zweikampf, Stuttgart 1993
Manchester, William: The Last Lion: Winston Spencer Churchill. Vision of Glory, Boston/Toronto 1983
Mann, Erika: Zehn Millionen Kinder, München 1986
Martin, Ralph G.: Jennie. The Life of Lady Randolph Churchill. The Romantic Years 1854–1895, New York 1969
Martin, Ralph G.: Jennie. The life of Lady Randolph Churchill. The Dramatic Years 1895–1921. Volume II, New York 1972
Maser, Werner: Adolf Hitler »Mein Kampf«. Geschichte, Auszüge, Kommentare, Esslingen 1995
Mauch, Christof: Schattenkrieg gegen Hitler, Stuttgart 1999
Michalka, Wolfgang: Ribbentrop und die deutsche Weltpolitik 1933–1945. Außenpolitische Konzeptionen und Entscheidungsprozesse im Dritten Reich, München 1980
Möller, Horst, u. a. (Hg.): Die tödliche Utopie. Bilder, Texte, Dokumente, Daten zum Dritten Reich, München 1999
Morgenthau, Henry: Das Morgenthau-Tagebuch, Leoni am Starnberger See 1970
Morton, Frederic: The Rothschilds, New York 1976
Ogden, Christopher: Life of the Party. The Biography of Pamela Digby, Churchill, Hayward, Harriman, New York 1995
Picker, Henry (Hg.): Hitlers Tischgespräche im Führerhauptquartier, Stuttgart 1991

Pilgrim, Volker Elis: »Du kannst mich ruhig ›Frau Hitler‹ nennen«. Frauen als Schmuck und Tarnung der NS-Herrschaft, Reinbek bei Hamburg 1994
Pool, James u. Suzanne: Hitlers Wegbereiter zur Macht, München 1978
Pope, Ernest R.: Munich Playground, New York 1941
Preußen, Louis Ferdinand Prinz von: Die Geschichte meines Lebens, Göttingen 1968
Pryce-Jones, David: Unity Mitford – A Quest, London 1976
Pückler, Carl E.: Einflußreiche Engländer, Berlin 1938
Rein, Adolf: Die Wahrheit über Hitler aus englischem Mund, Berlin 1940
Reinhardt, G.: Der Liebhaber. Erinnerungen seines Sohnes an Max Reinhardt, Zürich 1974
Reuth, Ralf Georg: Goebbels Tagebücher, Bd. 5, München/Zürich 1992
Ribbentrop, Annelies von: Deutsch-englische Geheimverbindungen. Britische Dokumente der Jahre 1938 und 1939 im Lichte der Kriegsschuldfrage, Wuppertal 1967
Ribbentrop, Annelies von: Die Kriegsschuld des Widerstandes. Aus britischen Geheimdokumenten 1938/39, Leoni am Starnberger See 1974
Ribbentrop, Joachim von: Zwischen London und Moskau. Erinnerungen und letzte Aufzeichnungen. Aus dem Nachlaß herausgegeben von Annelies von Ribbentrop, Leoni am Starnberger See 1962
Riefenstahl, Leni: Memoiren, München 1987
Rimscha, Robert von: Die Kennedys. Glanz und Tragik des amerikanischen Traums, Frankfurt am Main 2001
Robert, Andrew: The Holy Fox. A Biography of Lord Halifax, London 1991
Rothermere, Harold Sidney Harmsworth: My Campaign for Hungary, London 1939
Rothermere, Harold Sidney Harmsworth: My Fight to Rearm Britain, London 1939
Rothermere, Harold Sidney Harmsworth: Warnings and Predictions, London 1939
Rothermere, Harold Sidney Harmsworth: Warnungen und Prophezeiungen, Zürich 1939
Schad, Gustav: Germany In The Third Reich As Seen By Anglo-saxon Writers, Frankfurt am Main 1936
Schad, Martha und Horst (Hg.): Marie Valerie, Das Tagebuch der Lieblingstochter der Kaiserin Elisabeth von Österreich, München 1998
Schad, Martha: »Das Auge war vor allen Dingen ungeheuer anziehend«, in: Hitler und die Frauen, hg. v. Ulrike Leutheusser, München 2001, S. 21–128
Schad, Martha: Sie liebten den Führer. Wie Frauen Hitler verehrten, München 2009

Schad, Martha: Frauen gegen Hitler. Schicksale im Nationalsozialismus, München 2010
Schädlich, Karlheinz: Die Mitford Sisters, München 1990
Schilling-Strack, Ulrich: Sie wollte »Nazi-Queen« werden, in: Augsburger Allgemeine vom 5.12.1996
Schlie, Ulrich (Hg.): Albert Speer: »Alles, was ich weiß«. Aus unbekannten Geheimdienstprotokollen vom Sommer 1945. Mit einem Bericht »Frauen um Hitler« von Karl Brandt, München 1999
Schmidt, Paul: Als Statist auf diplomatischer Bühne. Erlebnisse des Chefdolmetschers im Auswärtigen Amt mit den Staatsmännern Europas. Frankfurt am Main/Bonn 1968
Scholtyseck, Joachim: Robert Bosch und der liberale Widerstand gegen Hitler 1933–1945, München 1999
Schroeder, Christa: Er war mein Chef. Aus dem Nachlaß der Sekretärin von Adolf Hitler, hg. v. Anton Joachimsthaler, München/Wien 1985
Schwarz, Paul: This Man Ribbentrop, New York 1943
Sheean, Vincent: Dorothy and Red. Die Geschichte von Dorothy Thompson und Sinclair Lewis, München/Zürich 1964
Shirer, William Lawrence: Berliner Tagebuch. Aufzeichnungen eines Auslandskorrespondenten 1934–1941, Leipzig 1995
Spitzy, Reinhard: So haben wir das Reich verspielt, München 1986
Steinert, Marlis: Hitler. Eine politische Biographie, Düsseldorf/München 1994
Stoiber, Rudolf: »Des Führers Prinzessin«, in: Wiener, Wien 1986, S. 98–107
Stoiber, Rudolf/Celovsky, Boris: Stephanie von Hohenlohe. Sie liebte die Mächtigen der Welt, Hamburg 1995
Thimig-Reinhardt, G.: Wie Max Reinhardt lebte. Eine Handbreit über dem Boden, Percha 1973
Toland, John: Adolf Hitler. Band 1: 1889–1938 Werden und Weg. Führer und Reichskanzler, Bergisch-Gladbach 1977
Toland, John: Adolf Hitler. Band 2: 1938–1945 Krieg und Untergang, Bergisch Gladbach 1971
Turner, Henry Ashby jr.: Die Großunternehmer und der Aufstieg Hitlers, Berlin 1985
Ueberschär, Gerd R.: Hitlers militärische Elite. Von den Anfängen des Regimes bis Kriegsbeginn, Darmstadt 1998
Vanderbilt, Arthur T.: Fortune's Children. The Fall of the House of Vanderbilt, London 1991
Vanderbilt, Gloria/Furness, Lady Thelma: Double Exposure, London 1959
Vansittart, Lord Robert G.: The Mist Procession. The Autobiography, London 1953

Wagner, Friedelind: Nacht über Bayreuth. Die Geschichte der Enkelin Richard Wagners. Mit einem Nachwort von Eva Weissweiler, Köln 1994

Wassiltschikow, Marie »Missie«: Die Berliner Tagebücher 1940–1945, Berlin 1987

Weidenfeld, George: Von Menschen und Zeiten. Die Autobiographie. München 1995

Weitz, John: Joachim von Ribbentrop, Hitlers Diplomat, London 1992

Wiedemann, Friedrich: Der Mann, der Feldherr werden wollte. Erlebnisse und Erfahrungen des Vorgesetzten Hitlers im Ersten Weltkrieg und seines späteren persönlichen Adjutanten, Velbert/Kettwig 1964

Wood, A.: The True History of Lord Beaverbrook, London 1965

Ziegler, Philipp: King Edward VIII. The Official Biography, London 1990

Personenregister

Abetz, Otto 28
Aga Khan 21
Albrecht, Erzherzog 31
Alfonso XIII., König von Spanien 57f.
Amann, Max 55f.
Anderson, Jack 205
Anderson, Paul R. 209
André, François 24
Arvad, Inga 139
Astor, David 69f.
Astor, Lady Nancy 67, 69ff., 73, 75
Astor, Lord Vincent William 69
August Wilhelm, Prinz 33

Bach, Herbert 212
Baldwin, Stanley 47
Baroda, Maharadscha von 21
Batthyány, Emanuela (»Ella«) Gräfin 20
Beaverbrook, Lord William Maxwell 50, 73
Bechstein, Edwin 114
Bechstein, Helene 114
Beckmann, Max 58
Bedaux, Charles 113
Beecham, Sir Thomas 21, 68
Below, Nicolaus von 127f.
Berndt, Alfred 51
Bernet, Philippe 210
Bernstiel, Julius 22
Bethlen, Stefan Graf 28
Biddle, Francis 168, 172f., 177, 182, 184
Bielstein, SS-Obersturmführer 123
Blomberg, Werner von 64
Bodenschatz, Karl 112
Borchers, Hans 82, 151
Bormann, Albert 56
Bormann, Martin 55, 90, 112
Brandt, Willy 206ff.
Braun, Eva 51, 77, 86, 180, 186
Braun, Gretl 86
Brisson, Jean François 210
Brocket, Lord 21
Brook-Shepherd, Gordon 30
Brown, Curtis 140f.
Brückner, Wilhelm 56, 93
Brüning, Heinrich 224
Bucerius, Gerd 198f.
Bull, Harry 140ff.
Bullock, Joseph J. 160, 164
Butler, P. D. 146, 182

Cadogan, Sir Alexander 98
Canaris, Wilhelm 124, 157
Capra, Frank 209
Carisbrooke, Lord 21
Carr, Philipp 113
Carstairs, Carrol 113
Celovsky, Boris 203
Chamberlain, Neville 21, 65, 98, 119f.
Chamberlain, Sir Joseph Austen 62
Chanel, Coco 23
Chaplin, Charlie 143
Chaplin, Viscount Henry 68
Chirico, Giorgio de 58
Chotek, Sophie Gräfin 15, 73
Chruschtschow, Nikita 194
Chrysler, Walter Percy 78
Churchill, Randolph 77
Churchill, Sir Winston 50, 65, 71, 134
Clemenceau, Georges 21, 24
Clemenceau, Michel 24
Cockburn, Claude 70f.
Cocteau, Jean 58
Collins, Alan 141, 144
Colloredo-Mannsfeld, Graf Rudolf (»Rudi«) 11f., 14, 23
Cooper, Duff 66

Cramer, Ernst 207, 209
Crickett, Alice 151ff.
Cunard, Lady Emerald 21, 68, 75
Cunard, Sir Bache 68
Cushing jr., Harry 78
Cushing sr., Harry 24
Cushing, Earl A. 164

Dalí, Salvador 58
Davies, Marion 143
Dawson, Geoffrey 21
DeWitt Wallace, »Wally« 210
Diaghilew, Sergej 26
Dieckhoff, Heinz Heinrich 83
Dietrich, Marlene 143
Dilling, Elisabeth 138
Dimitri, Großfürst 23
Dirksen, Herbert von 59, 104f., 114
Dirksen, Viktoria von 114f.
Dirksen, Willibald von 114
Dix, Otto 58
Dodd, Martha 54
Dodd, William E. 81
Donovan, William J. 178f.
Doudeauville, Duc de 211
Doudeauville, Duchesse de 211
Draeger, Friedhelm 153
Dufferin, Lady 135
Duveen, Lord Joseph 118

Eden, Anthony 65
Edward VIII., König von Großbritannien *siehe* Windsor, Herzog von
Eichmann, Adolf 123f.
Elibank, Lord 68
Elisabeth, Kaiserin von Österreich 13, 15, 213
Engemann, Hedwig 138
Ernst, Max 58
Esterházy von Galántha, Franziska Gräfin, verh. von Hohenlohe 13

Farah Diba, Kaiserin von Persien 201
Farrelly, Inspektor 159
Feldmann, Helmuth von 86f.
Ferenczy, Josef von 197
Fest, Joachim 62
Ford, Henry 153, 215
Forster, Albert 126
Franco y Bahamonde, Francisco 50
François-Poncet, André 100, 114f.
Franz Ferdinand, Erzherzog 15, 73
Franz Joseph I., Kaiser von Österreich 13
Franz Salvator, Erzherzog von Österreich-Toskana 13, 15ff.
Friederike, Königin von Griechenland 193
Friedmann, Anneliese 202
Frischauer, Eduard 102
Frischauer, Willi 102
Fromm, Bella 28, 35f., 106, 119, 138, 154

Gallascher, Willie 75
Gamelin, Maurice 65
Garthwaite, Sir William 23
George VI., König von Großbritannien 64f.
Geyr von Schweppenburg, Theodor Freiherr 131f.
Gide, André 26
Gienanth, Karl Ludwig Freiherr von 138
Gisycki, Joseph Graf 10, 15, 192
Goddard, Rechtsanwalt 132
Goebbels, Joseph 45, 49ff., 61, 72, 76, 87, 90, 95, 103, 107, 111, 121, 123, 133, 153, 159, 225f.
Goebbels, Magda 45
Gömbös, Gyula 31f., 218
Göring, Emmy 45
Göring, Hermann 45, 60ff., 66, 76, 95ff., 107, 111, 114, 118, 127, 153, 225

Gracia Patricia, Fürstin von Monaco 201
Greenfield, Albert Monroe 190
Gregor, Joseph 128
Gritzbach, Erich 118
Gundy, John Murton 22
Gustav V., König von Schweden 21
Gwinner, Sina 129

Habe, Hans 197
Habig, Karl 22
Habsburg, Otto von 30f.
Hagen, Herbert 124
Hagen, Karl-Heinz 194ff., 202
Halder, Franz 155
Halifax, Lord Edward 66, 95, 97ff., 102f., 106f., 155f.
Hanfstaengl, Ernst »Putzi« 43f.
Harmsworth, Esmond 27, 44f., 68, 73
Hassell, Ulrich von 125
Hearst, William Randolph 143, 167
Helldorf, Wolf Heinrich Graf von 155
Henkell, Annelies *siehe* Ribbentrop, Annelies von
Henlein, Konrad 119, 186
Heppner, Colonel 168
Heß, Rudolf 55, 61f., 75
Heydrich, Reinhard 123
Hillman, William 67
Himmler, Heinrich 61, 93, 123, 138
Hitler, Adolf 33ff., 42ff., 46ff., 55ff., 74ff., 81, 85ff., 89, 91f., 95ff., 101ff., 106f., 110, 114, 119ff., 124ff., 130f., 133ff., 141ff., 146, 148, 151., 153ff., 159, 168ff., 178ff., 218, 219ff., 223ff., 228ff., 232ff., 238f.
Hofmannsthal, Hugo von 107
Hohenlohe, Fürst August Karl Christian Kraft von 13
Hohenlohe, Prinz Konrad Maria Eusebius von 17
Hohenlohe-Waldenburg-Schillingsfürst, Prinz Alfred Konstantin Chlodwig von 78
Hohenlohe-Waldenburg-Schillingsfürst, Prinz Chlodwig Karl Joseph von 13
Hohenlohe-Waldenburg-Schillingsfürst, Prinz Franz von (»Franzi«) 15, 19, 21f., 30, 53, 90, 108ff., 115ff., 121, 127, 129f., 158f., 162ff., 166, 176, 184, 187, 191, 200, 206, 211f.
Hohenlohe-Waldenburg-Schillingsfürst, Prinz Friedrich Franz von 12ff.
Hohenlohe-Waldenburg-Schillingsfürst, Prinz Nikolaus von 12
Hohenlohe-Waldenburg-Schillingsfürst, Prinzessin Felicitas von 78
Hohenlohe-Waldenburg-Schillingsfürst, Prinzessin Franziska Maria Anna von 13
Hombert, Octave 113
Hoover, Edgar J. 148f., 158, 167, 172f., 175, 181
Hopkins, Peggy 21
Hoppe, Marianne 76
Horn, Bruno 55
Horthy, Admiral Nikolaus von 21, 28, 31, 101, 117, 218, 237ff.
Humphrey, Hubert 196, 199

Ickornshaw, Philip Viscount of 90
Ilgner, Max 116
Ingalls, Laura 138
Ingersoll, Ralph 86
Innitzer, Theodor Kardinal 88

Jackson, Robert 165
Jenkins, Roy 200f.
Joel, Solly 24
Johnson, Lady Bird 202
Johnson, Lyndon B. 195f., 199ff.
Jost, Heinz 123
Joyce, James 21

Kalman de Szepessy, Baronin Ludmilla (geb. Kuranda) *siehe* Richter, Ludmilla
Kalman Negyessy de Szepessy, Baron 129
Kandinsky, Wassily 58
Karl I., Kaiser von Österreich 17
Karl Salvator, Erzherzog von Österreich-Toskana 13
Kaus, Gina 8f., 102
Kemoularia, Claude de 201
Kendall, Donald 208
Kennedy, Jacqueline 195
Kennedy, John F. 139, 194ff., 199
Kent, George Herzog von 65
Kershaw, Ian 122
Killinger, Baron Manfred 122
Kissinger, Henry 208f.
Klee, Paul 58
Kommer, Rudolf 25, 75, 78, 101, 106, 108ff., 114, 146, 154
Kotze, Legationsrat von 116
Kotzebue, Baronin Erika von 212
Krausnick, Helmuth 197f.
Kreisler, Fritz 21
Kruze, Annabelle 25
Kruze, James 25
Kuhn, Bankier 151
Kuranda, Ludmilla (»Milla«) 7, 11, 22 *siehe auch* Richter, Ludmilla
Kuranda, Olga 129
Kuranda, Robert 11
Kutcher, Irving H. 209

Laffert, Karl August von 114
Lammers, Hans Heinrich 37, 42
Langer, Walter C. 178ff.
Lawford, Lady Max 191
Lawford, Peter 191
Lewis, Sinclair 143
Ley, Robert 76
Likus, Rudolf 112
Lindbergh, Charles A. 153, 169
Lloyd George, David 21
Londonderry, Lady Edith Helen 21, 68f.
Londonderry, Lord 68
Lothian, Lord 146
Lukacs, Helen 189
Lukacs, John 189

Maier-Thurnwald, Generalkonsul 212
Mainz, Louise 16
Malcolm, Donald 24, 29, 158, 162
Manuel, König von Portugal 21
Marcuse, Herbert 204
Maria Immaculata von Bourbon-Sizilien 13
Maria Therese, Erzherzogin 16
Marie Valerie, Erzherzogin 13
Martin, Alice 78
Martin, John C. 79
Masaryk, Jan 101
Maurice, Sir Frederick 62
McGanon, Robert H. 209
McHugh, Ray 206, 208, 212
McNamara, Robert 196f.
Meller, Simon 118
Mensdorff, Gräfin Viktoria 30
Metternich, Prinzessin Franziska (»Fanny«) von 10f.
Metternich-Winneburg und Beilstein, Lothar Stephan Prinz von 10
Mitford, Diana 66, 91

Mitford, Nancy 66, 91
Mitford, Unity Valkyrie 66, 74, 89ff., 103f.
Moore, Sir Thomas 21, 239
Morgenthau, Henry jr. 151
Mosley, Oswald 36
Mostny, Chauffeur 24
Moyers, Bill 196
Mozart, Wolfgang Amadeus 111
Mussolini, Benito 31, 70, 119, 233
Mussolini, Edda 186

Nannen, Henri 198f., 202
Napoleon 18
Neurath, Konstantin Freiherr von 45
Nixon, Richard 207f.
Normann, Oberregierungsrat von 118
Normanton, Helena 74
Northcliffe, Lord Alfred Harmsworth 26, 32
Norton, Mrs. Richard 135
Nyári, Graf 22
Nyári, Gräfin 22

Oeler, Wally 63, 75, 82, 84f.
Oster, Hans 125
Oxford, Lady Emma Alice Margot Asquith 21, 216

Palmer, Honoré 78
Pantz, Baron Hubert 23
Parks, Mrs. 177
Patterson, Eleanor Medill 10
Paul I., König von Griechenland 193
Pawlowa, Anna 11
Pearson, Drew 10, 192ff., 199, 201ff.
Pearson, Felicia 10
Pieper, N. J. L. 156
Pius XI., Papst 21
Pius XII., Papst 21
Pope, Ernest 93
Porter, Cole 78
Price, Ward 44f., 63

Rainier, Fürst von Monaco 201
Rauschning, Hermann 144f.
Redesdale, Lady 66, 90
Redesdale, Lord David Bertram Ogilvy-Freeman-Mitford, 2. Baron 66, 90
Reinhardt, Gottfried 110
Reinhardt, Max 78, 106ff., 128f.
Reitter, Albert 111, 128f.
Remarque, Erich Maria 143
Renner, Karl 88
Reznicek, Baronin Felicitas von 146f.
Reznicek, Freiherr Emil Nikolaus von 146
Rheinbaben, Werner von 114
Ribbentrop, Annelies von 45f., 62
Ribbentrop, Joachim von 33, 45f., 61ff., 68, 70, 72, 74ff., 88, 97ff., 101ff., 114, 123, 126, 131f., 148, 151, 167f., 186
Ribbentrop, Lothar von 62
Riccardi, Abbe Bernard 212
Richter, Johann Sebastian 7f., 10
Richter, Ludmilla, geb. Kuranda, in 2. Ehe Kalman de Szepessy, Baronin 7f., 11, 16, 28, 79, 128f., 139, 150, 166, 172f.,175, 178, 184f., 188
Riefenstahl, Leni 126
Roboz, Hugo George 67
Roosevelt, Eleanor 166f., 184, 217
Roosevelt, Franklin D. 82f., 156, 163ff., 167, 175, 177, 184
Rothermere, Lady Mary Lillian 26
Rothermere, Lord Harold Sydney Harmsworth 25ff.,

39ff., 46ff., 50, 53f., 57, 61f., 64, 68, 73, 79f., 90, 92, 97, 110, 120, 127, 130ff., 141f., 168, 183, 186, 205f., 218f., 223, 227ff.
Rothschild, Baron 21
Ruark, Robert 185
Rubido-Zichy, Baron 27
Rudolf, Kronprinz 7, 15
Runciman, Lord Walter 119
Rusk, Dean 196f.
Rust, Bernhard 118

Sacher, Anna 20, 216
Sachsen-Coburg und Gotha, Carl Eduard Herzog von 58, 72
Salinger, Pierre 194
Sallet, Richard 138
Sargent, Sir Malcolm 21
Schacht, Hjalmar 122
Schaub, Julius 56, 122
Schleicher, Kurt von 96, 224
Schlick, Gefängnisgeistlicher 174f.
Schmidt, Paul 49, 76f.
Schmitz, Mathias 153
Schnitzler, Georg von 117
Schnitzler, Liselotte (»Lilo«) von 117
Schofield, Lemuel Bradley 164ff., 168f., 172, 175ff., 181, 185, 187ff., 209
Scholz, Herbert 117, 237f.
Schönbichler, Fritz 115
Schwinn, Hermann 153
Selby, Sir Walford 101
Sempill, Lord 68
Serédi, Justinian Kardinal 28
Shaw, George Bernard 62
Shaw, Robert Gould 69
Siemens, Frau von 82
Simpson, Wallis *siehe* Windsor, Herzogin von
Sinopoulos, Charalambos 86
Smith, Vilma (»Mimi«) Owler 159f., 164
Snowden, Lady Ethel 90, 97f., 135f., 139, 216
Sommer, Theo 199
Sonnemann, Emmy *siehe* Göring, Emmy
Speer, Albert 64
Spitzy, Reinhard 70, 126
Springer, Axel 191, 202ff., 209ff.
Stanley, Lady 134
Starhemberg, »Feichtl« 102
Starhemberg, Rüdiger Graf 102
Steed, Wickham 21
Stein, Lily Barbara 138
Stephanie, Kronprinzessin 7
Stokowski, Leopold 21, 113
Straus, Herbert N. 190
Strauss-Huppe, Robert 24
Streicher, Julius 61, 91
Sztójay, Döme 117

Tennant, E. W. C. 45
Thimig, Helene 107
Thompson, Dorothy 38, 143, 214, 217ff.
Thomsen, Hans 83
Thyssen, Fritz 144f.
Tibbett, Lawrence 81f., 87
Tornay, Gisèla 211
Toscanini, Arturo 21
Tucker, Richter 134

Vanderbilt, Kathleen 24, 78
Vetsera, Baroness Mary 15
Völkers, dt. Agent 157
Vorres, Anastasios Damianos 21

Woré, George de 21
Wagner, Richard 111
Wagner, Winifred 60

Walker, Jimmy 78
Warden, John 23
Warren, Earl 199
Westminster, Herzog von 23
Westminster, Herzogin von 134
White, Clothilde 11
White, Herbert Arthur 11
White, Rechtsanwalt 164
Whitney, Jack 78
Wiedemann, Anna-Luise (»Gueggi«) 54, 56f., 78, 81, 83, 90, 106, 114, 121, 130, 150
Wiedemann, Anne Marie (»Mirle«) 148
Wiedemann, Fritz 53ff., 63ff., 75, 77f., 81ff., 86f., 90, 92, 95, 97ff., 101ff., 105ff., 109f., 112ff., 116ff., 128f., 131, 133, 139f., 146ff., 152ff., 156ff., 163, 167f., 175, 180ff., 184, 192
Wiley, John 151
Wilhelm II., deutscher Kaiser 32
Wilhelm, Kronprinz 32ff., 155, 223ff.
Wilson, »Del« 191
Wilson, Hugh 83
Windsor, Herzog von 72, 75f., 113
Windsor, Herzogin von 21, 68, 72ff., 132,
Wiseman, Sir William 154ff., 181, 183
Wittmann, Ernö 118
Worden, Helen 139
Woré, Georges de 21
Wurmbrandt, Ferdinand 22
Wurmbrandt-Stupach, Graf Karl 18

Zita, Kaiserin von Österreich 17, 29f.
Zuckerkandl, Prof. Dr. 16

Ein pikantes Stück Zeitgeschichte

Frauen aus allen Gesellschaftsschichten waren von Hitlers »charismatischer Herrschaft« fasziniert. Martha Schad porträtiert anhand von unbekanntem Archivmaterial und Interviews mit den Nachfahren acht dieser bis heute kontrovers diskutierten Frauengestalten des Dritten Reichs.

Nietzsches Schwester Elisabeth befeuerte den nationalsozialistischen Nietzschekult durch gefälschte Schriften, Mussolinis Lieblingstochter Edda Ciano stand bei Hitler so sehr in der Gunst, dass er sie nach dem Putsch gegen ihren Vater aus Italien befreien ließ. Quellen verraten, dass die anfängliche Hitlerverehrung Mathilde Ludendorffs besonders schillernd war – ihre grenzenlose Faszination für den »Führer« teilte sie mit der Pianistin Elly Ney, welche den Hitler-Mythos auch nach dem Zweiten Weltkrieg unbekehrbar weiterpflegte.

Martha Schad
Sie liebten den Führer

240 Seiten mit Abb., ISBN 978-3-7766-2613-1

HERBiG www.herbig-verlag.de